메코시코주쿠 유학생 대학수험 총서

일본유학시험 (EJU) 실전문제집 전10회수록
일본어
청독해 · 청해 Vol.1
JAPANESE AS A FOREIGN LANGUAGE

(주)해외교육사업단

監修	豊原 明（東京大学 PhD）
	陳 苾（東京大学）
編著	柏原 節子（早稲田大学大学院）
執筆	佐野 汐梨（早稲田大学）
	堀川 友良（早稲田大学）
	稲吉 史晃（成蹊大学）
	倉井 香矛哉（早稲田大学大学院）
	板垣 雅彦（早稲田大学）
音声ナレーション	打田マサシ（Timely Office）
	宮崎 綸（ワイスプロダクション）
	山本 紗織（アーティスト クルー）
	白石 れい

©2019 MEKO EDUCATION GROUP Co.,Ltd
All rights reserved. No part of this publication may be reproduced, stored in a retrieval system, or transmitted in any form or by any means, electronic, mechanical, photocopying, recording, or otherwise, without the prior written permission of the Publisher.
Published by MEKO EDUCATION GROUP Co.,Ltd
Dai-san Yamahiro Bldg. 2F, 4-1-1, Kita-Shinjuku, Shinjuku, Tokyo 169-0074, Japan
ISBN978-4-909907-04-2
First published 2019

머 리 말

일본유학시험(EJU)은 외국인유학생이 일본의 대학에 입학함에 있어 일본어 및 기초학력 평가를 목적으로 2002년부터 실시하고 있는 시험입니다. 2019년 현재, 6월과 11월에 연 2회 실시하고 있으며 일본에서만이 아닌 아시아를 중심으로 한 많은 나라에서 수험할 수 있습니다.

일본유학시험의 시험과목은 일본어, 이과(물리·화학·생물), 종합과목과 수학으로 크게 4과목으로 나뉘어져 있으며 이과는 물리·화학·생물의 3과목에서 2과목을 선택하고, 수학은 코스1과 코스2 중 하나의 코스를 선택합니다. 각 과목의 시간배분은 일본어가 125분, 일본어 이외의 과목은 80분입니다. 배점은 일본어가 450점 만점, 다른 과목은 각 200점 만점입니다. 각 과목에는 전문용어도 다수 쓰이고 있기 때문에 어휘력, 또한 문제에 따라서는 독해력도 필요합니다.

메코시코주쿠에서는 일본유학시험의 경향, 분석 등의 연구를 평소 철저히 실시하고 있습니다. 본교에서 작성한 실전문제를 수업에 도입한 결과, 실제 시험에서 고득점을 얻은 본교의 학생으로부터 "수업에서 푼 실전문제가 많은 도움이 되었다."라는 의견이 있었습니다. 그러한 경위에서 한 사람이라도 더 많게 일본유학시험을 수험하는 분에게 힘이 되고 싶다는 생각에서 이 책을 출판하였습니다.

이 책은 과거 일본유학시험의 출제내용에 기초하여 작성하였고 각 과목마다 과거에 출제된 문제에 매우 가까운 내용으로 구성되어 있습니다. 난이도나 출제범위의 경향도 확실히 파악하고 매년 조금씩 변화해가는 경향에도 대처하고 있습니다.

학습에 있어서는 마크시트 출제형식에 익숙해지는 것과 더불어 틀린 문제는 반복해서 풀어봅시다. 단순히 암기하는 것만이 아니라 "왜 이러한 답이 되는가?"라는 해답의 의미까지 확실하게 이해합시다.

이 책을 다루신 여러분이 실제 시험에서 고득점을 달성하여 목표로 하는 대학으로 진학하는 꿈을 실현할 수 있도록 마음 속 깊이 응원하고 있습니다.

2019년 11월

메코시코주쿠

이 책에 대하여

이 책의 특징과 활용법

　이 책을 입수한 수험생 여러분은 일본의 일류 대학에 진학을 목표로 하고 첫 관문으로써 일본유학시험을 수험하는 것이겠지요. 어떻게 하면 시험에서 고득점을 얻을 수 있는가? 무엇을 공부하면 좋은가? 등에 대한 답은 이 『실전문제집』입니다.

　이 책에는 일본유학시험의 경향에 입각하여 작성된 10회분의 실전문제와 해답이 수록되어 있습니다. 조금씩 풀어가도 좋지만 가능하다면 실제 시험을 상정하여 풀도록 하고, 쉬지 않고 계속해서 듣는 체험을 해 두는 것이 좋습니다. 실제 시험 때 고득점을 받기 위해서는 높은 집중력으로 음성을 들어야 함은 절대적으로 필요합니다. 한 순간 긴장의 느슨함이 실점으로 연결될 수 있습니다.

　그리고, 다 풀었다면 자기 채점을 하여 지금 자신의 레벨과 실제 시험 때의 레벨의 차이를 인식하는 것이 중요합니다. 또한, QR코드로 접속할 수 있는 Web페이지에서 다른 수험생들과 득점 비교도 가능하므로 자신의 학습 진척도를 확인하는 데에 활용해 주시기 바랍니다.

　아래에 일본유학시험「청독해」「청해」의 분석과 각각에 대한 학습 어드바이스를 기재해둡니다. 실전문제에 몰두함과 더불어 시험공부의 마음가짐이 되길 바랍니다.

일본유학시험「청독해」・「청해」

【묻고 있는 점】

1. 강의나 강연, 학습과 생활상의 상담 등에 대한 내용을 정확하게 이해하는가
2. 들은 내용을 이해하고 그 내용의 구체화나 추상화가 되는가
3. 들은 내용을 이해하고 그 이해를 바탕으로 다음의 전개를 추측할 수 있는가

※ 청독해는 도표나 문자 등의 시각정보와 음성이 주어지므로 이 두 가지를 관련 지어서 생각할 필요가 있습니다. 이것에 대해 청해는 음성만 주어집니다.

【출제되는 문장】

　강의, 강연, 연습, 학습과 학생의 생활상의 상담 등, 대학에 입학하여 듣게 될 내용. 그리고 혼자 말하는 형식과 회화형식이 있습니다. 강의 등의 구체적 내용은 아래와 같습니다.

　　인문과학 : 심리, 교육, 문화 등
　　사회과학 : 마케팅의 제반 이론, 소비자의 행동과 기업경영, 지방자치, 생활의 안전 등
　　자연과학 : 과학기술, 동물과 식물의 생태, 실험 등.

그리고 이들 분야의 중간 영역인 「학제적」인 화제도 자주 출제됩니다. 예를 들면 AI에 관한 이야기는 과학기술의 진보에 관한 이야기이며, 사회의 변혁과 인간의 삶의 이야기에도 관련되어 갑니다.

【어드바이스】

> 청독해

　청독해는 음성으로서 듣는 내용은 청해 보다는 볼륨이 있으며, 또한 내용도 고도하고 도표와 문자 등의 시각정보와 비교하거나 대조하면서 이해하면 됩니다. 설문도 4개의 선택지도 시각정보로써 미리 주어지므로 음성을 들으면서 메모를 하거나 "이것은 다르네"라고 미리 판단되는 것에는 X표를 하는 등, 즉시에 손을 움직여 가면 음성을 모두 들은 시점에는 해답에 망설임이 적어 집니다. 청해와 달리 청독해에서는 소거법으로 답을 찾는 문제가 적지 않습니다.

　그렇지만, 청독해에 익숙지 않은 수험생은 시각 청각 양쪽을 발휘하여 정답을 찾는 일은 매우 어려운 일입니다. 청독해에서 득점을 늘리기 위해서는 연습량이 절대적이어야 합니다. 일본유학시험의 청독해는 약간 특수한 영역이기에 의식하여 연습을 반복해 두는 것이 필요합니다. 그러하기 위해서는 필히 이 책을 활용해 주시기 바랍니다.

> 독　해

　독해는 문자정보가 아무것도 주어지지 않습니다. 약간만이라도 주의가 산만해지면 듣기를 놓치게 되어 내용을 알 수 없게 되므로 높은 집중력이 요구됩니다. 음성이 나오기 시작하면 먼저 화재와 설문을 확실하게 파악할 필요가 있습니다. 설문은 기본적으로는 본문 전체를 모두 듣지 않으면 답을 도출해 내기 어렵게 되어 있습니다. 따라서 전체를 주의 깊게 듣지 않으면 안되지만, 특히 「大切なのは~」「~よりも~が重要だ」「~ではなく~だ」「~ではないでしょうか」「~すべきだ」「つまり~ということだ」 이와 같은 말이 나오면 그것이 정답과 매우 깊게 관계되고 있음을 염두에 둘 필요가 있습니다. 듣고만 있으면 기억이 흐려질 수 있으므로 청해와 마찬가지로 메모를 하는 등의 방법을 동원하면 좋습니다.

　마지막으로 평소에 주의할 점을 추가해 둡니다. 그것은 청독해, 청해에 필요한 리스닝 능력의 향상을 위해서 평소에도 일본어에 의한 뉴스나 교육방송 등, 일정한 질과 량을 시청해 두는 것이 좋습니다. 또한 아카데믹한 용어나 설명에 익숙해지기 위해서는 각 학문분야의 입문서 등을 읽어 두는 것이 효과적입니다.

득점분포의 확인

● **STEP 1**
먼저 각 회의 실전문제 표지 오른쪽 아래에 있는 QR코드를 스마트폰으로 읽어냅니다.

● **STEP 2**
읽히게 되면 해답용지가 표시됩니다. 정답이라고 생각하는 번호를 클릭하여 진행해봅시다. 마지막까지 다 풀었다면 화면 아래에 있는 「제출과 정답표」 버튼을 누릅니다.

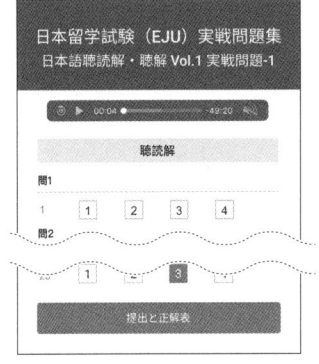

● **STEP 3**
정답표가 표시됩니다. 틀린 문제는 정답번호가 빨갛게 표시되므로 확실히 복습합시다. 「해설」 버튼을 누르면 해설을 확인할 수 있습니다. 또한, 화면 아래쪽의 「득점분포를 본다」라는 버튼을 누르면 자신의 득점과 전체 수험자 중에서 자신의 위치를 확인할 수 있습니다.

※ 확인하기 위해서는 등록과 로그인이 필요합니다. (→조작방법은 STEP4에서 확인하실 수 있습니다.)

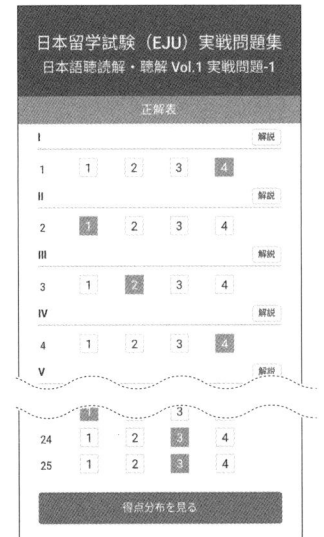

● **STEP 4**
「득점분포를 본다」라는 버튼을 누르면 등록화면이 표시됩니다. 필수항목을 모두 기입하고 「등록」 버튼을 눌러주십시오.

● **STEP 5**
자신의 득점 및 득점분포가 표시됩니다.

※ 실전문제는 몇 번이든지 수험할 수 있습니다만 득점과 득점분포의 산출은 1인당 1회만 가능합니다.

※ 일본유학시험과 거의 동일하게 항목반응이론에 의한 득점등화를 실시하고 있습니다.

※ 수험자수가 증가함에 따라서 득점기준이 변화하는 점을 양해바랍니다.

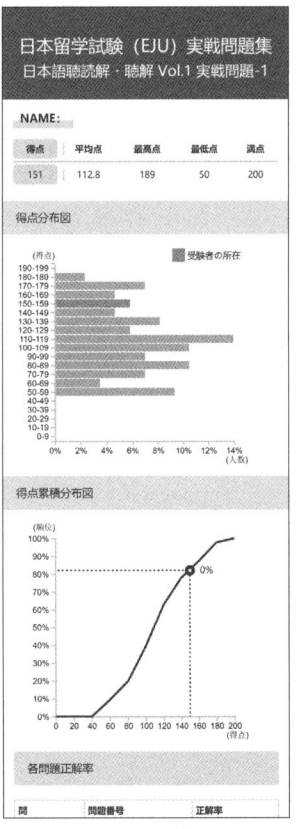

일본유학시험(EJU) 실전문제집
일본어 청독해 · 청해 Vol.1

CONTENTS

003 머리말
004 이 책에 대하여
006 득점분포 확인

009 제 1 회   실전문제
025 제 2 회   실전문제
041 제 3 회   실전문제
057 제 4 회   실전문제
073 제 5 회   실전문제
089 제 6 회   실전문제
105 제 7 회   실전문제
121 제 8 회   실전문제
137 제 9 회   실전문제
153 제10 회   실전문제

169 스크립트
286 해답용지
287 해답

第1回

実戦問題
解答時間 55分

音声の再生及び得点分布の確認

QRコードを読み取ってオンライン解答用紙に解答を記入し、正解と得点分布を確認してください。

聴読解問題
説明

聴読解問題は，問題冊子に書かれていることを見ながら，音声を聴いて答える問題です。

<u>問題は一度しか聴けません。</u>

それぞれの問題の最初に，「ポーン」という音が流れます。これは，「これから問題が始まります」という合図です。

問題の音声の後，「ポーン」という，最初の音より少し低い音が流れます。これは，「問題はこれで終わりです。解答を始めてください」という合図です。

選択肢1，2，3，4の中から答えを一つだけ選び，聴読解の解答欄にマークしてください。

1番

先生が，プラスチックごみの処理について話しています。この先生が，技術をもっと発達させるべきだと考えているのは図のどの部分ですか。　1

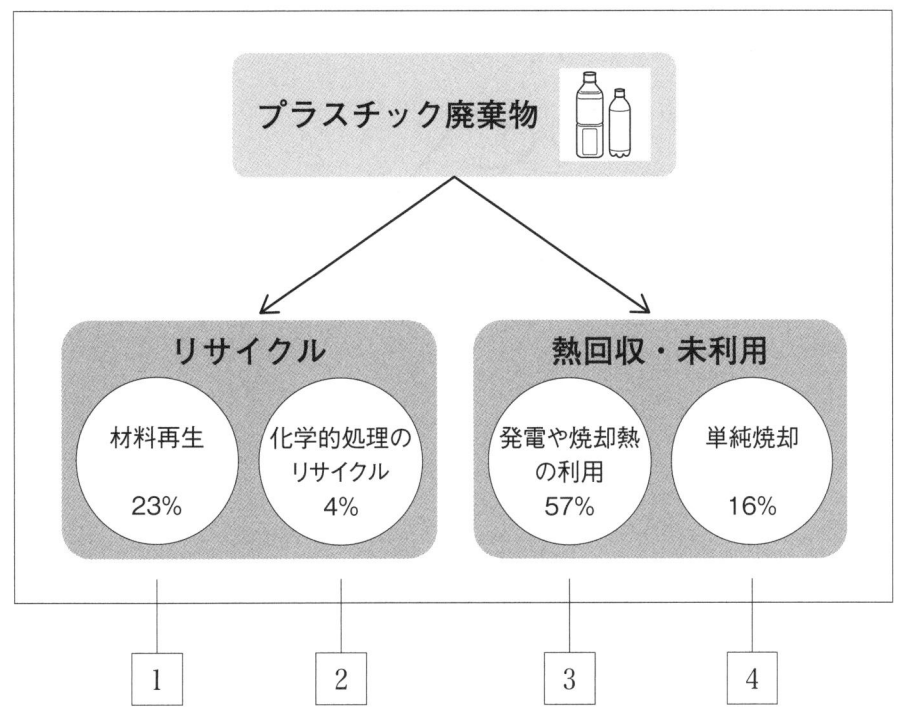

第1回　実戦問題

2番

先生が授業で，物の長さを測る単位について話しています。この先生が最後にする質問の答えはどれですか。　　2

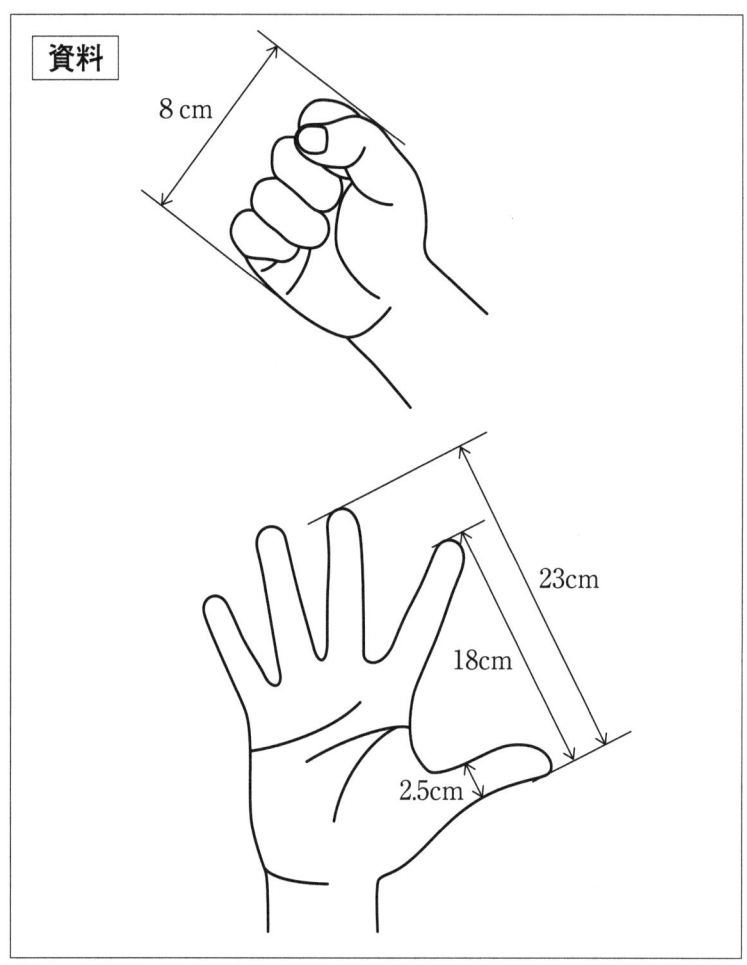

1. 2.5 cm ×1.5 = 3.75 cm
2. 8 cm ×1.5 = 12 cm
3. 18 cm ×1.5 = 27 cm
4. 23 cm ×1.5 = 34.5 cm

3番

先生が、バリアフリーについて説明しています。この先生が最後に挙げる例は、どのバリアに対策を行ったことになりますか。　3

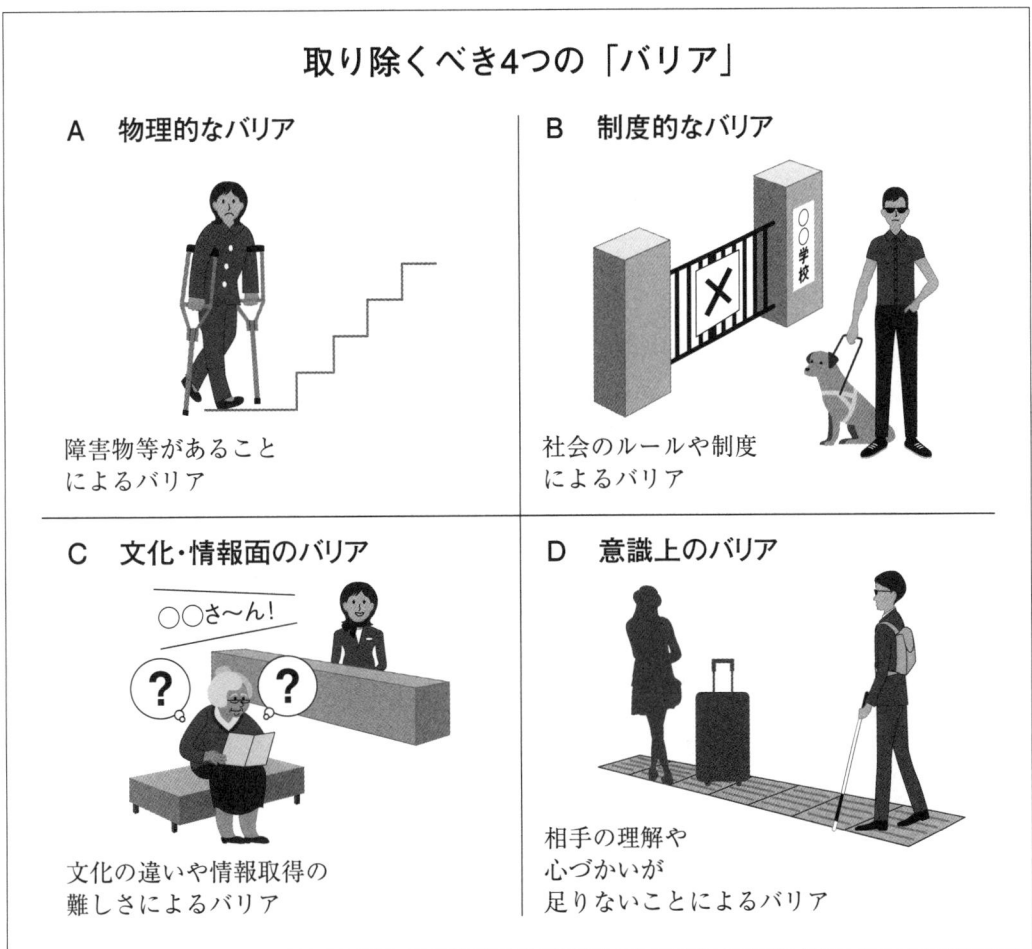

1. AとB
2. BとC
3. AとD
4. CとD

4番

女子学生と男子学生が、労働者が勤務時間を柔軟に決めるフレックスタイム制について話しています。この男子学生の意見は、アンケートのどの意見と同じですか。

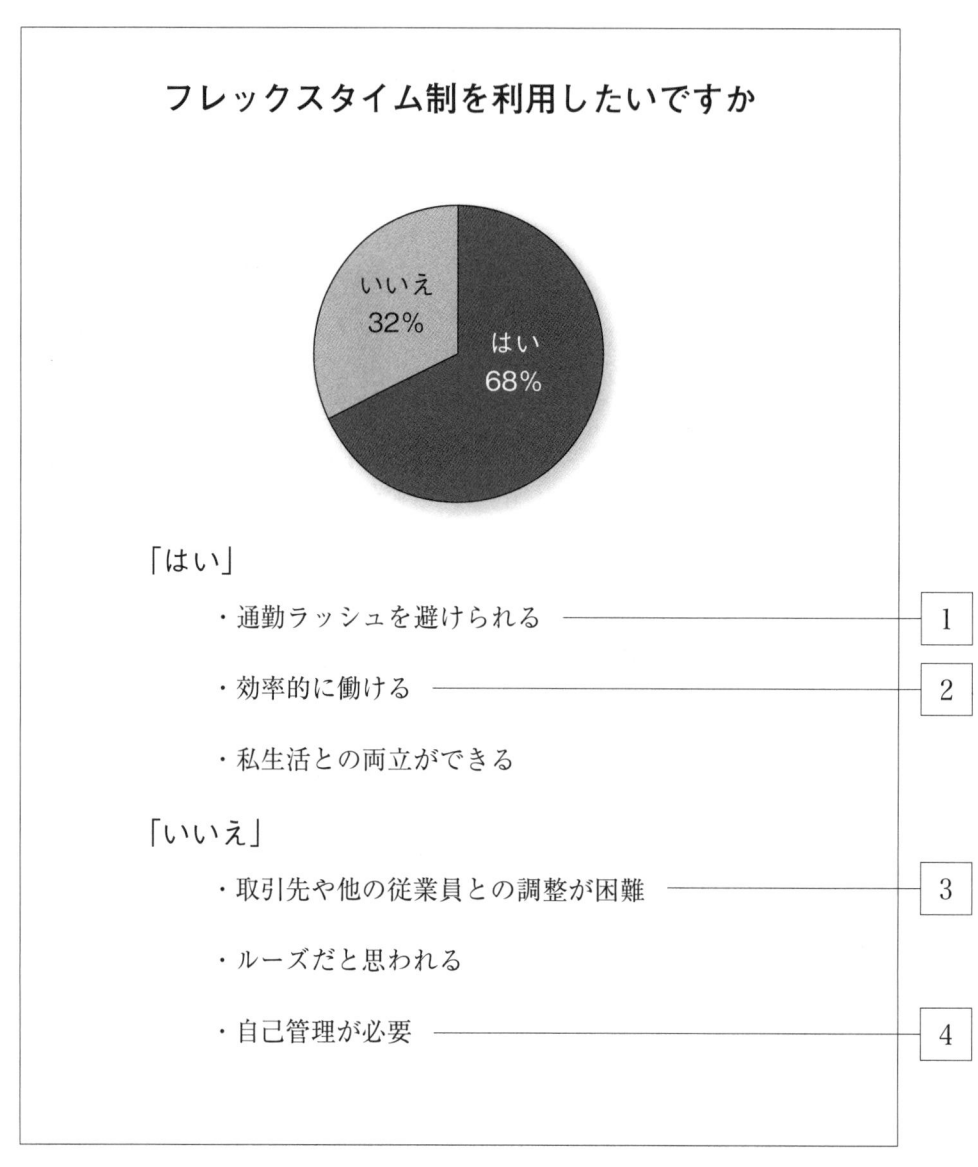

5番

先生が授業で，プレゼンテーションで使うスライドについて話しています。この先生が見せているスライドはどれですか。 5

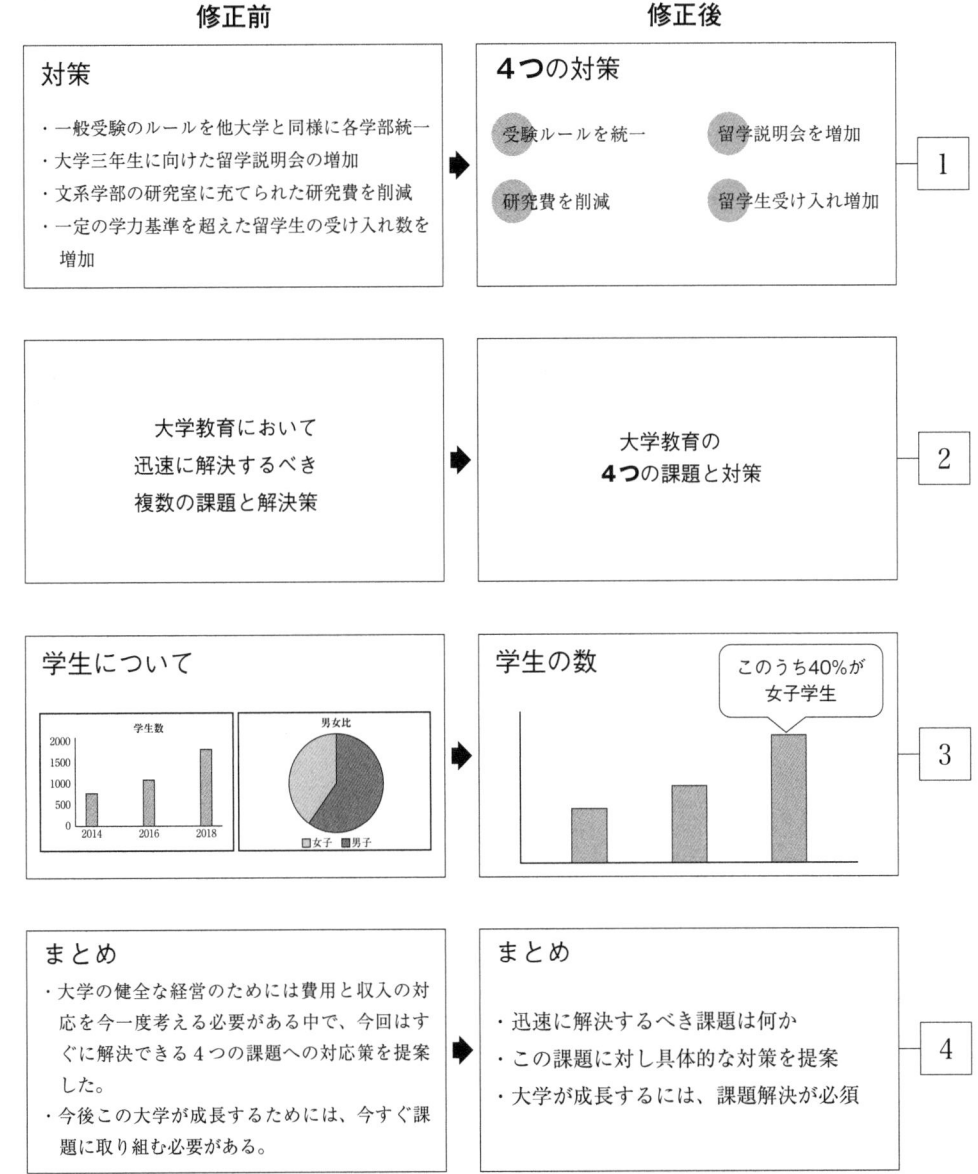

第1回　実戦問題

6番

先生が，イルカという生き物について話しています。この先生が驚いたと言っているのは図のどの部分に関してですか。

6

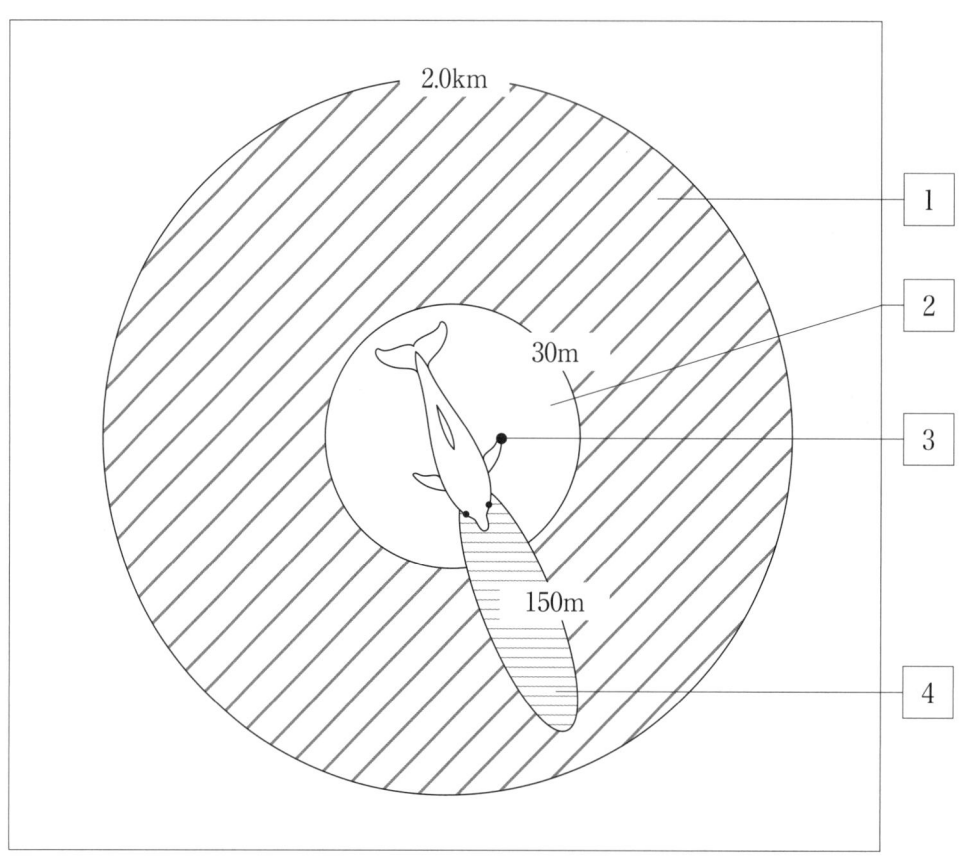

7番

先生が，環境学の授業で，リサイクルについて話しています。この先生が一番力を入れて取り組まなければならないと言っているのは，図のどの部分ですか。 7

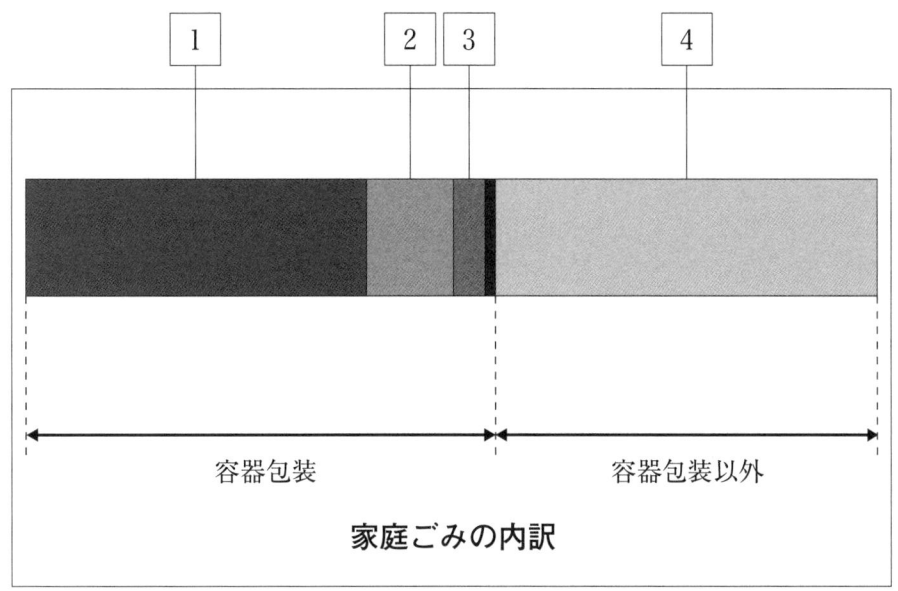

家庭ごみの内訳

8番

先生が経営学の授業で，企業戦略について話しています。この先生が最後に挙げる例は，図の中のどの戦略ですか。　8

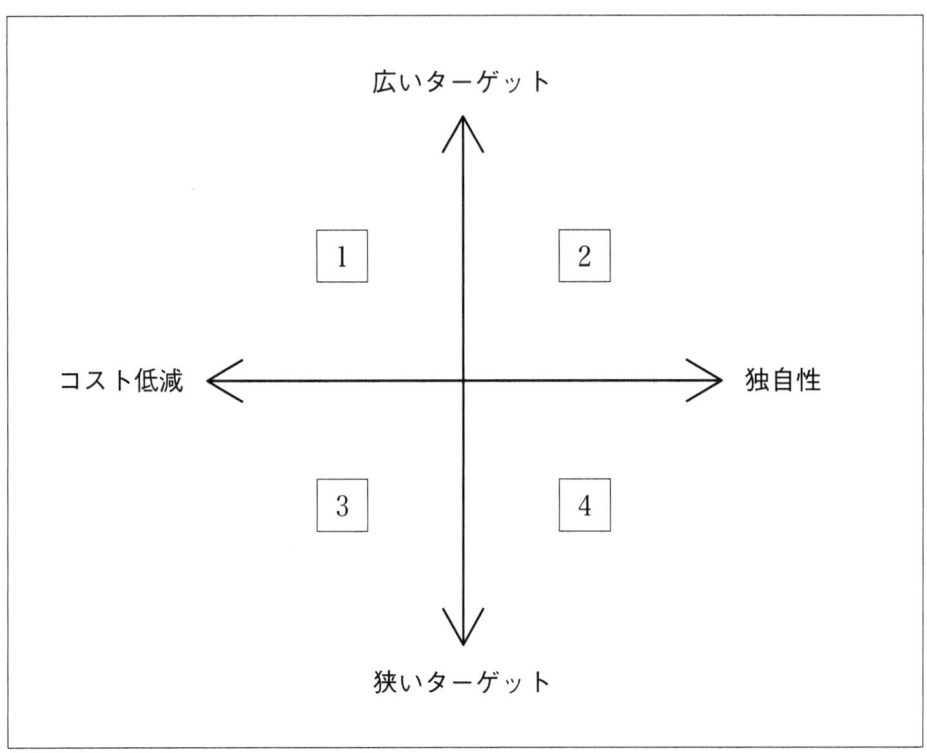

9番

男子学生と女子学生が，外国人に行ったアンケート調査について話しています。この男子学生が，最後に「実感がわかない」と言った項目はどれとどれですか。 9

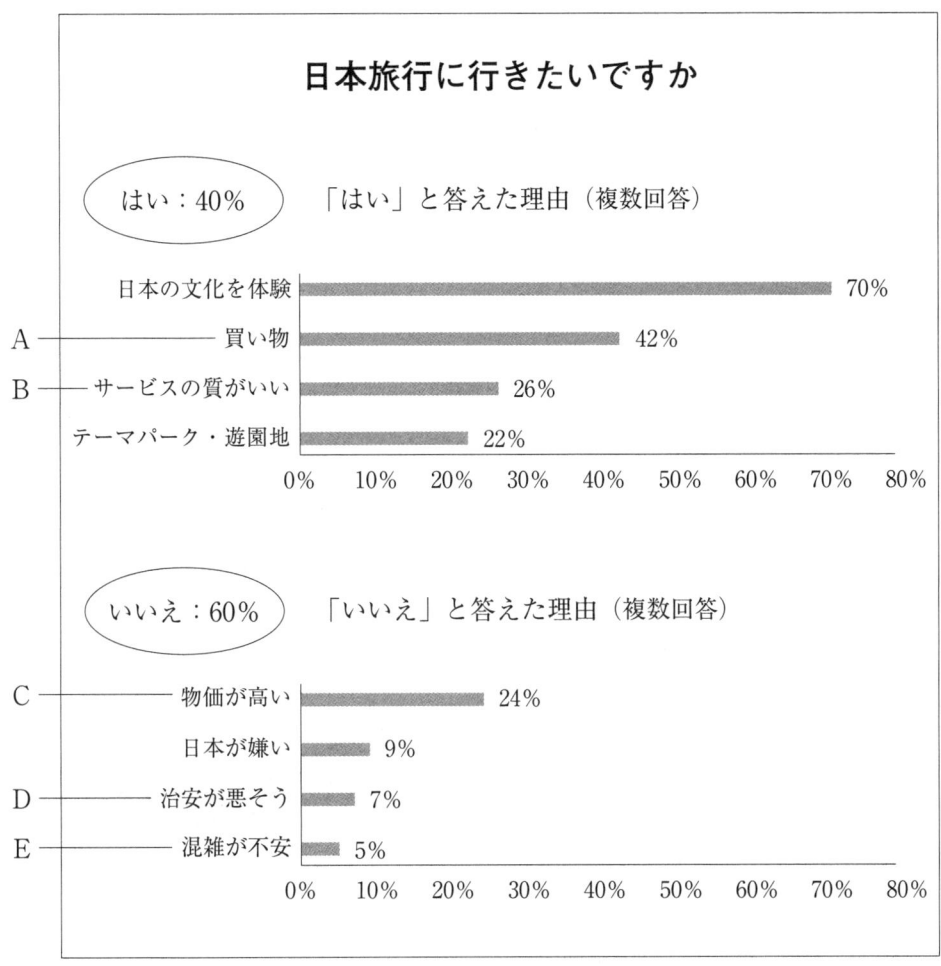

1. AとC
2. BとC
3. CとD
4. DとE

10番

先生が地理学の授業で、地形図の読み取り方について話しています。この先生の説明によると、最も安全な道はどれですか。

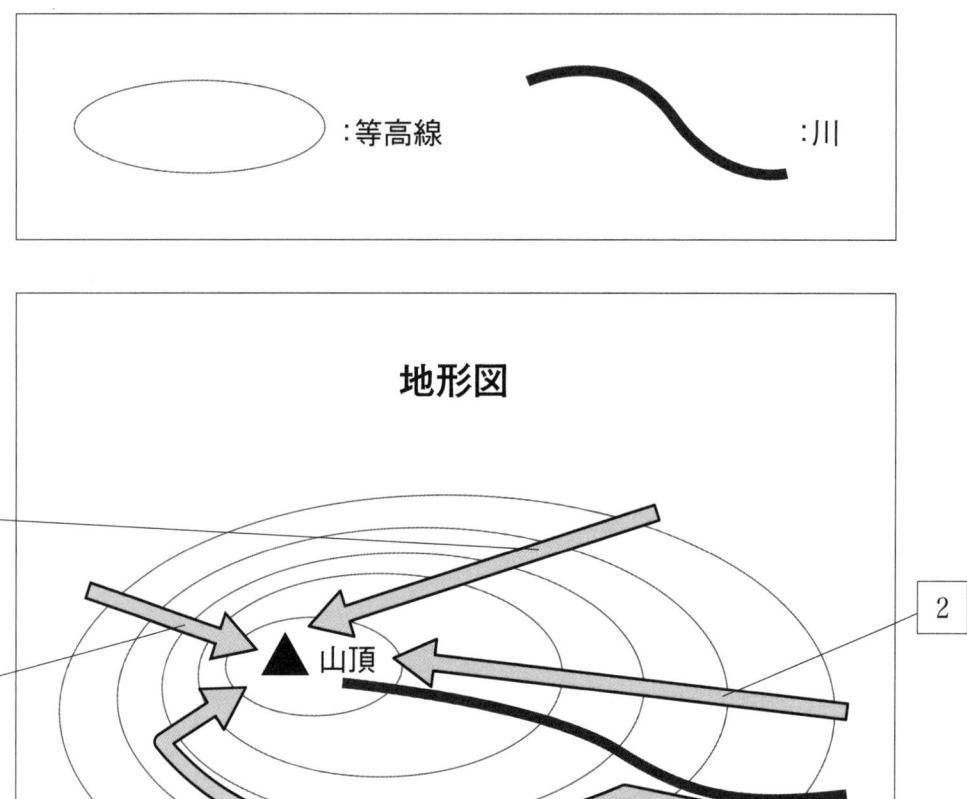

11番

先生が，ディープ・ラーニングについて話しています。この先生が，この話の中で，今後の課題だと言っていることはどれですか。　11

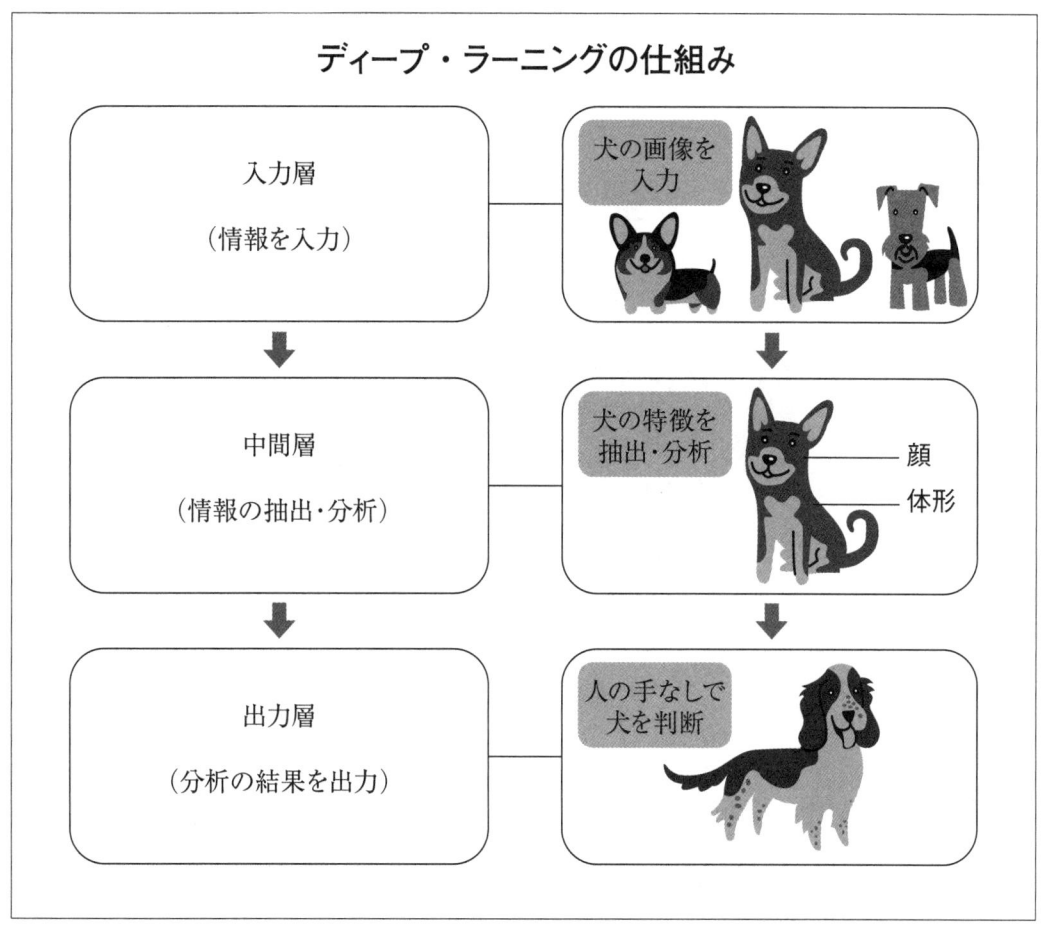

1．入力層を増やすこと
2．中間層を増やすこと
3．出力層を増やすこと
4．入力層と出力層を増やすこと

12番

先生が、ある水墨画について話しています。この先生によると、この水墨画が描かれたのは、図のどの時期ですか。 12

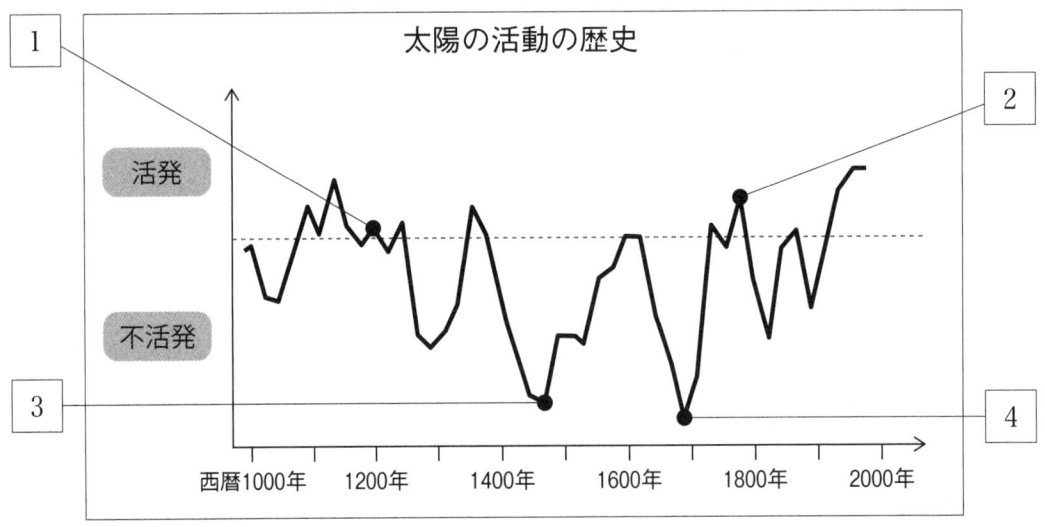

聴解問題
説明

　聴解問題は，音声を聴いて答える問題です。問題も選択肢もすべて音声で示されます。問題冊子には，何も書かれていません。

<u>問題は一度しか聴けません。</u>

　このページのあとに，メモ用のページが1ページあります。音声を聴きながらメモをとるのに使ってもいいです。

　聴解の解答欄には，『正しい』という欄と『正しくない』という欄があります。選択肢1，2，3，4の一つ一つを聴くごとに，正しいか正しくないか，マークしてください。正しい答えは一つです。

― メ モ ―

第1回の問題はこれで終わりです。
解答はp.287を参照してください。

第 **2** 回

実戦問題
解答時間 **55分**

音声の再生及び得点分布の確認

QRコードを読み取ってオンライン解答用紙に解答を記入し、正解と得点分布を確認してください。

聴読解問題
説明

聴読解問題は，問題冊子に書かれていることを見ながら，音声を聴いて答える問題です。

<u>問題は一度しか聴けません。</u>

それぞれの問題の最初に，「ポーン」という音が流れます。これは，「これから問題が始まります」という合図です。

問題の音声の後，「ポーン」という，最初の音より少し低い音が流れます。これは，「問題はこれで終わりです。解答を始めてください」という合図です。

選択肢1，2，3，4の中から答えを一つだけ選び，聴読解の解答欄にマークしてください。

1番

先生が建築学の授業で，木材について話しています。この先生が，話の最後で指差しているのは，図のどの部分ですか。　1

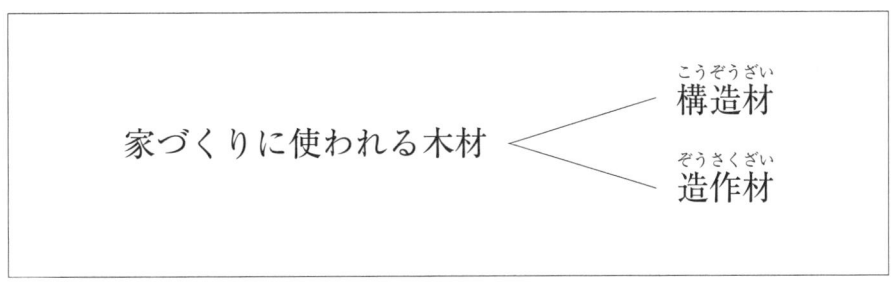

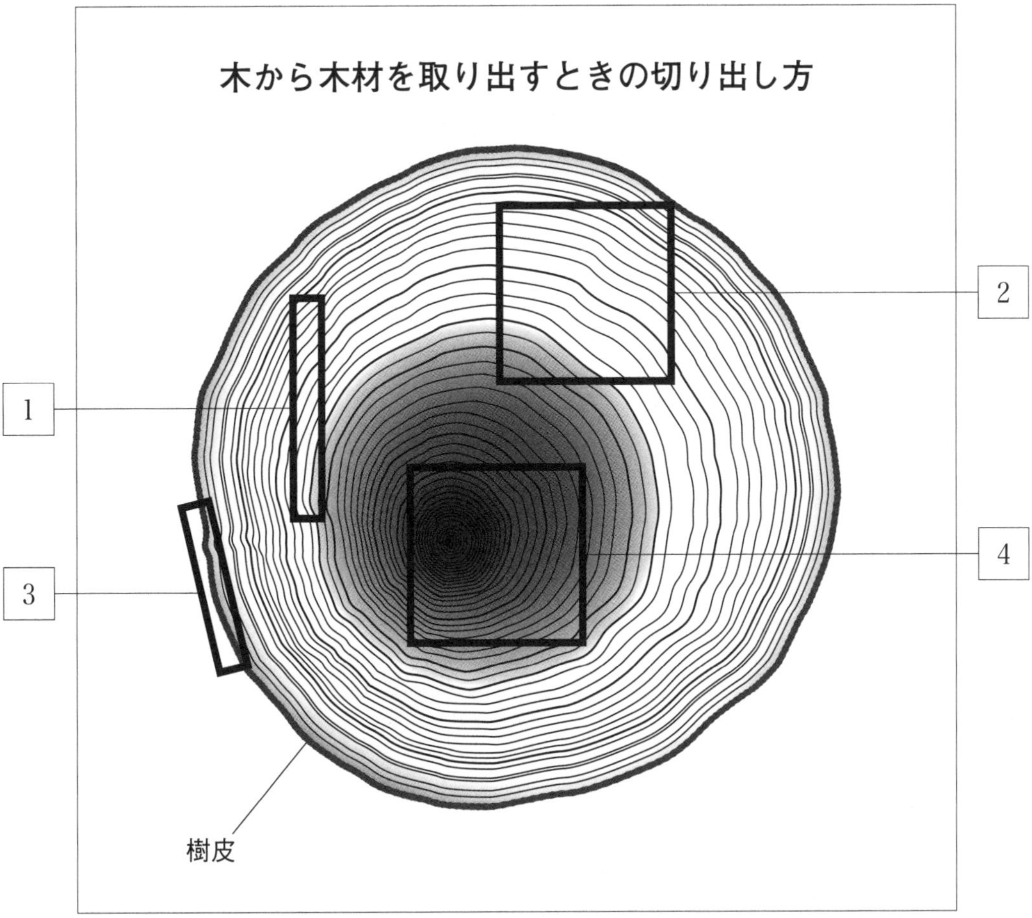

第2回　実戦問題

2番

　先生が社会学の授業で，シェアリングエコノミーの5つの領域について話しています。この先生が，話の最後で重要性を強調している領域はどれですか。

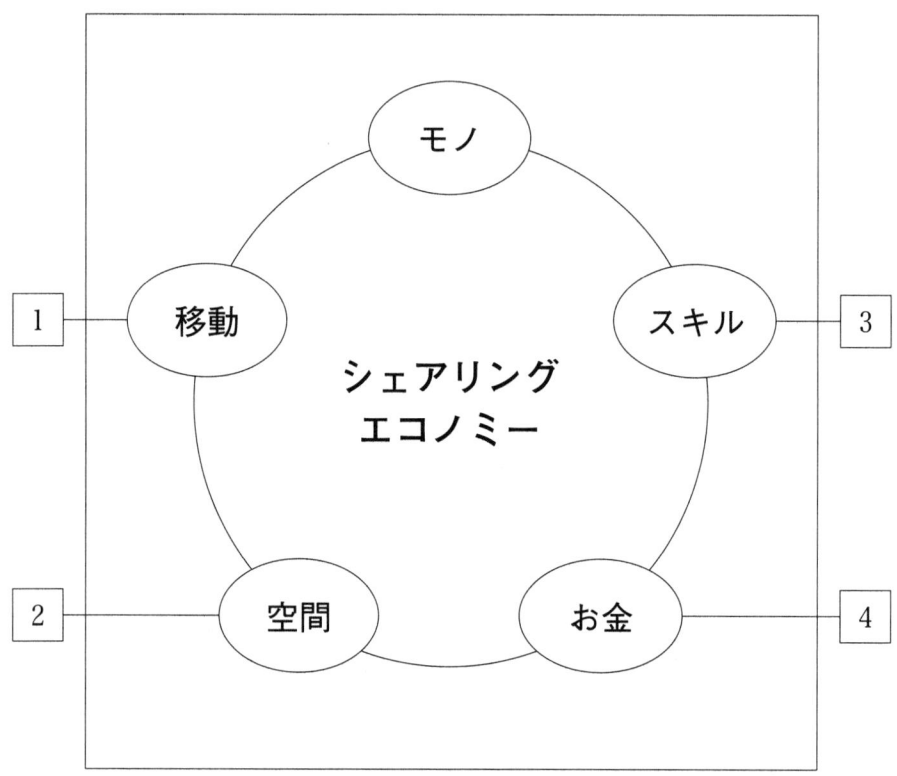

3番

女子学生と男子学生が、留学生を対象にしたイベントの案内を作成しています。この女子学生は、どの欄を書き直しますか。　　3

留学生向けイベント参加者募集			
内容	日にち	費用	集合時間
着物の着付け体験	8/23	無料	11時
米作り体験	8/20	無料 （現地までの交通費のみ）	9：00
日本人学生との交流会	8/25	食事代として¥1,000	午後3時
日本人家庭へのホームステイ	8/14～8/20	無料 （ただし生活費は自己負担）	14時

1．内容の欄
2．日にちの欄
3．費用の欄
4．集合時間の欄

4番

先生が，経営学の授業で，商品のライフサイクルと商品の宣伝について話しています。この先生が最後にする質問の答えはどれですか。

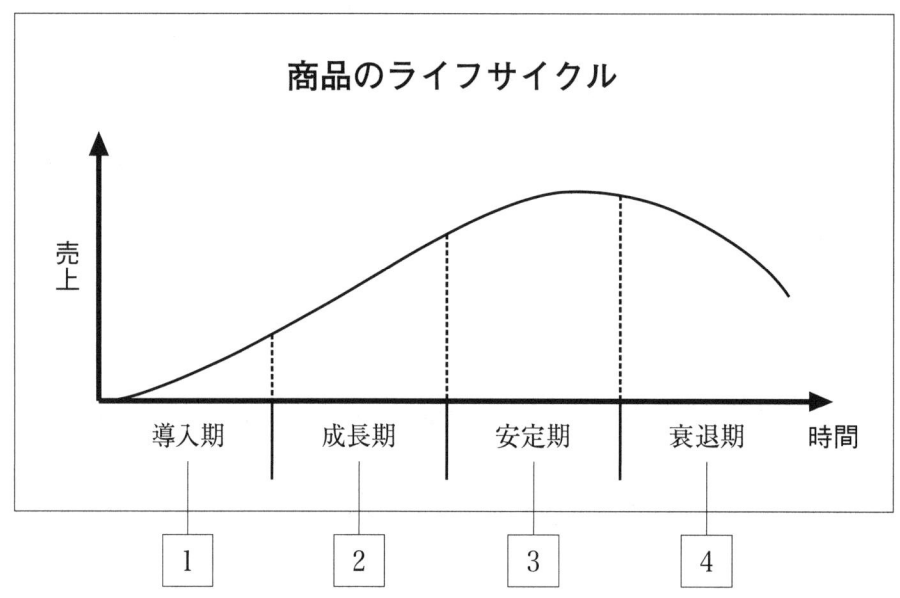

5番

先生が、人の歩行について話しています。この先生が最後にする質問の答えはどれですか。　5

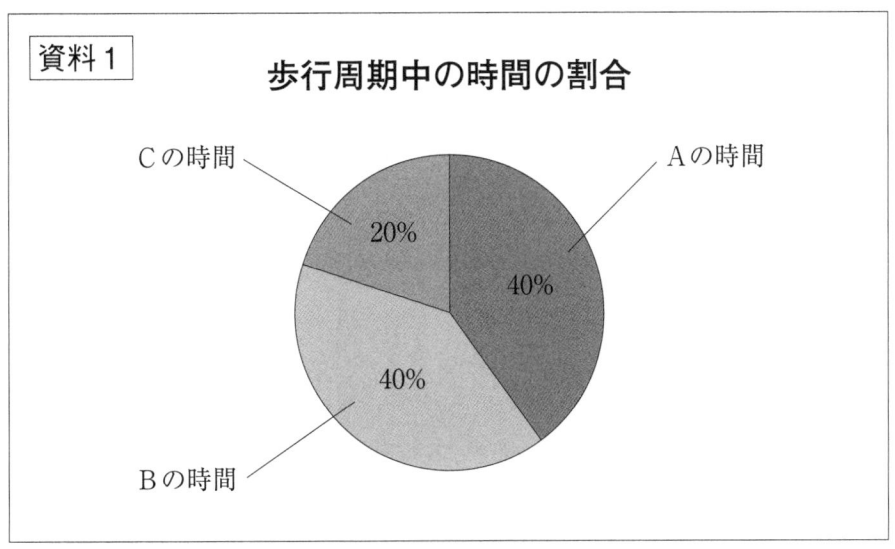

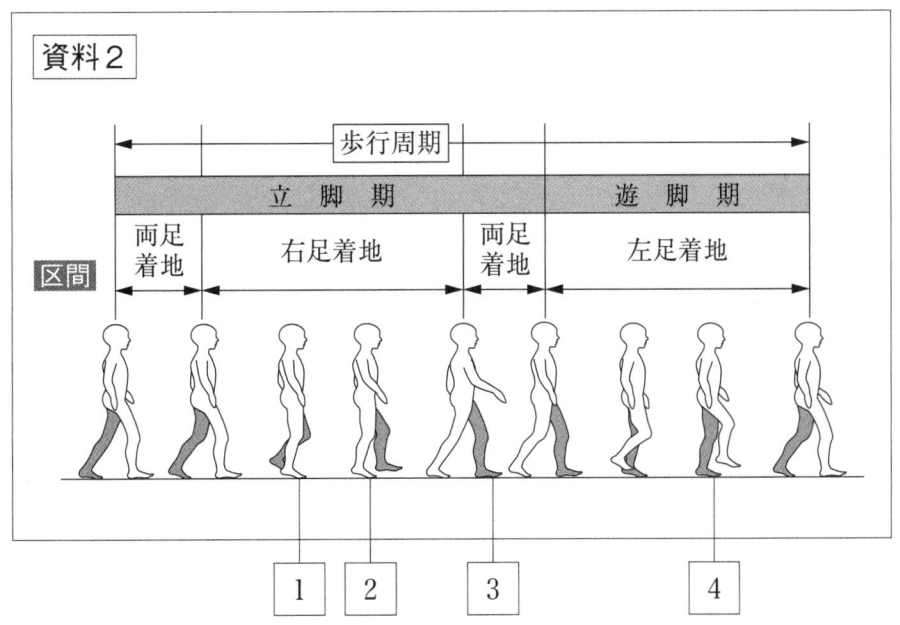

第2回　実戦問題

6番

先生が，住まいの安全について話しています。この先生が，このあと説明する対策はどれですか。

6

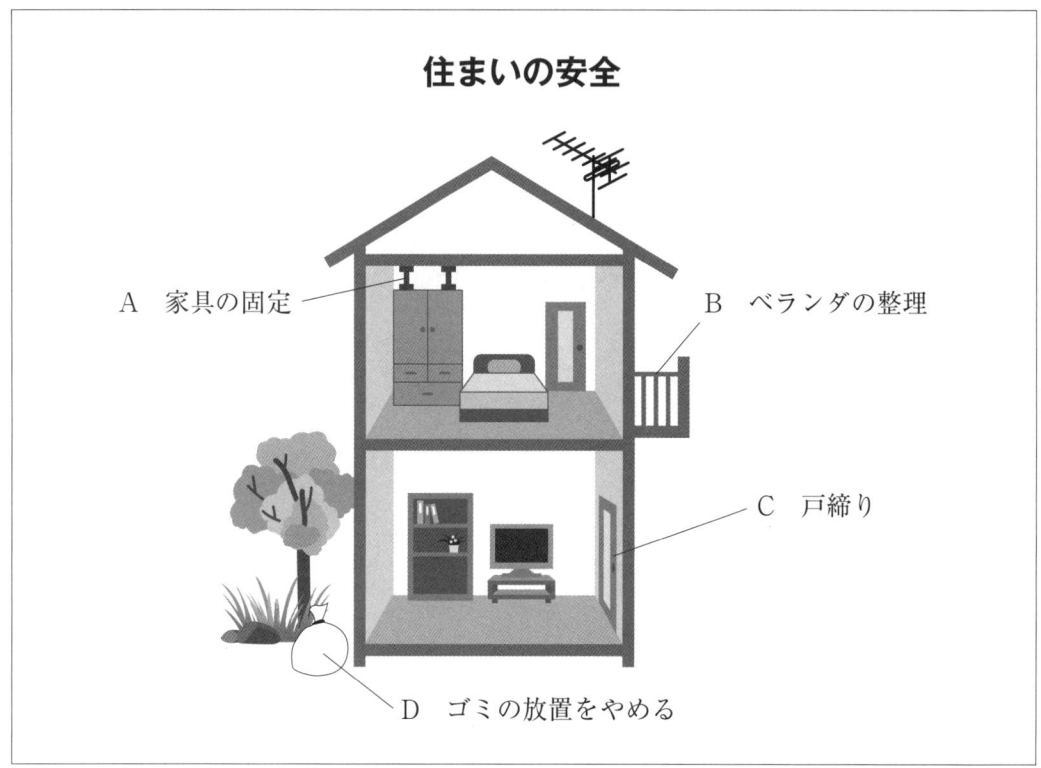

1. AとB
2. CとD
3. BとC
4. AとD

7番

先生が天文学の授業で，彗星について話しています。この先生が最後にする質問の答えはどれですか。　　　7

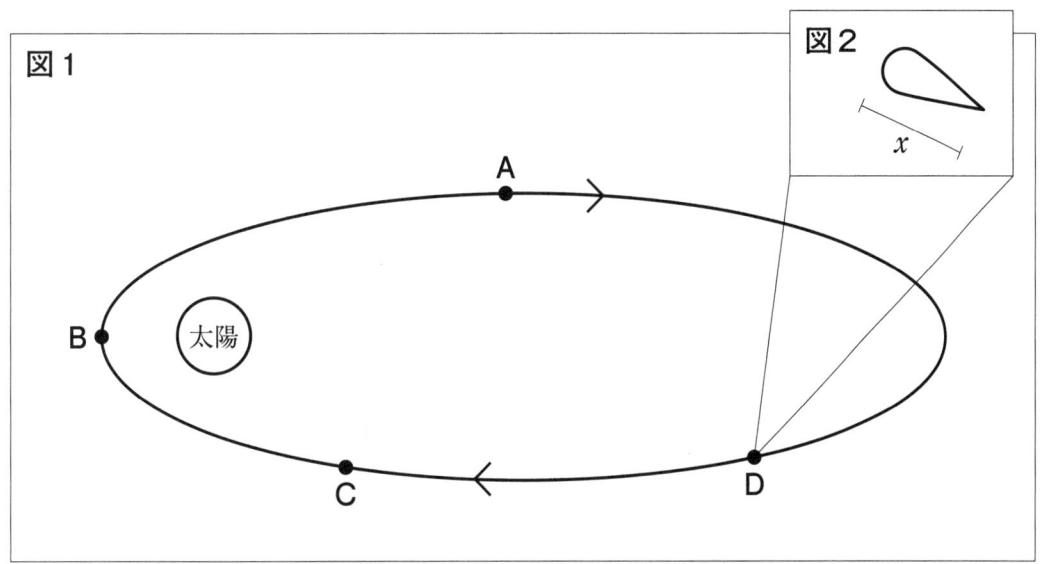

1.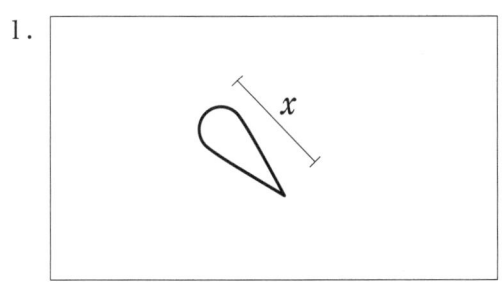

2.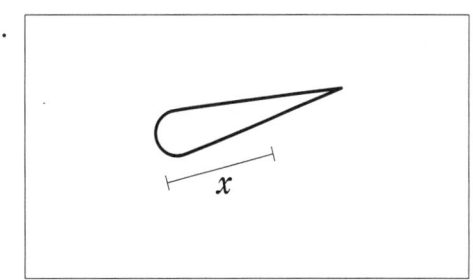

3.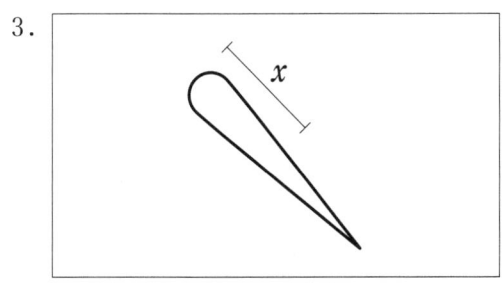

4.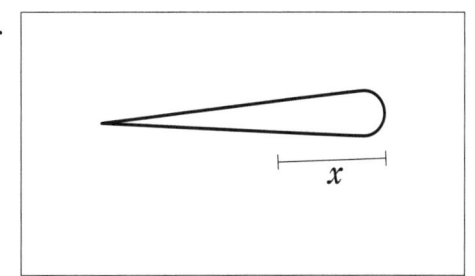

8番

男子学生と女子学生が、会議の進め方について話しています。この男子学生は、どの役割を行うことに決めましたか。 8

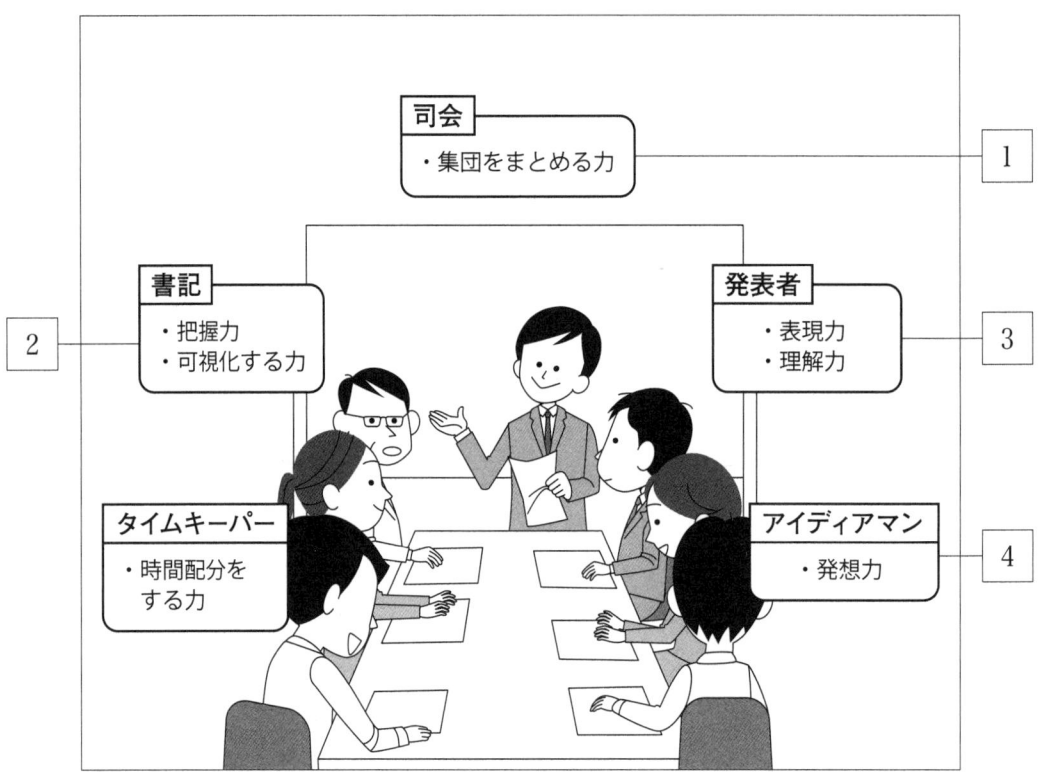

9番

先生が、生乳の加工について話しています。この先生が最後に紹介する食品の加工方法は、どの分類にあてはまりますか。　9

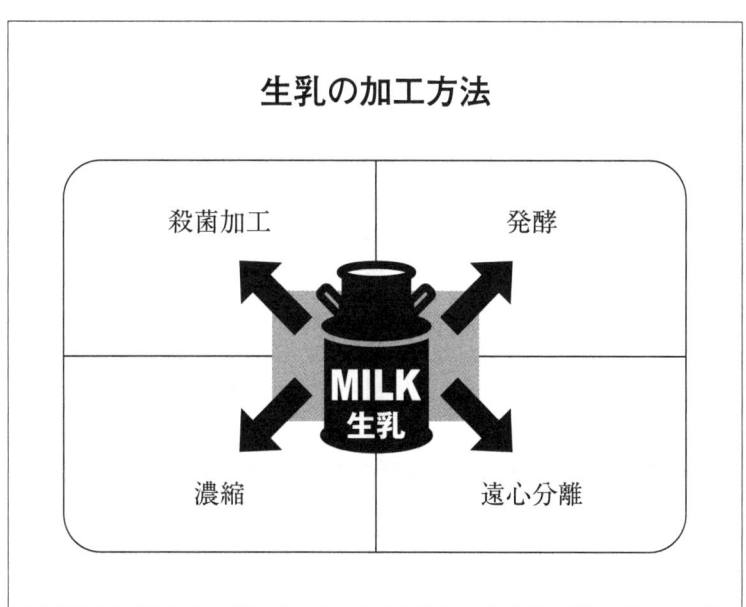

1. 殺菌加工と発酵
2. 殺菌加工と濃縮
3. 発酵と遠心分離
4. 濃縮と遠心分離

第2回　実戦問題

10番

先生が，企業の経営の違いについて話しています。この先生が見学に行った企業の例は，図のどの部分にあてはまりますか。　10

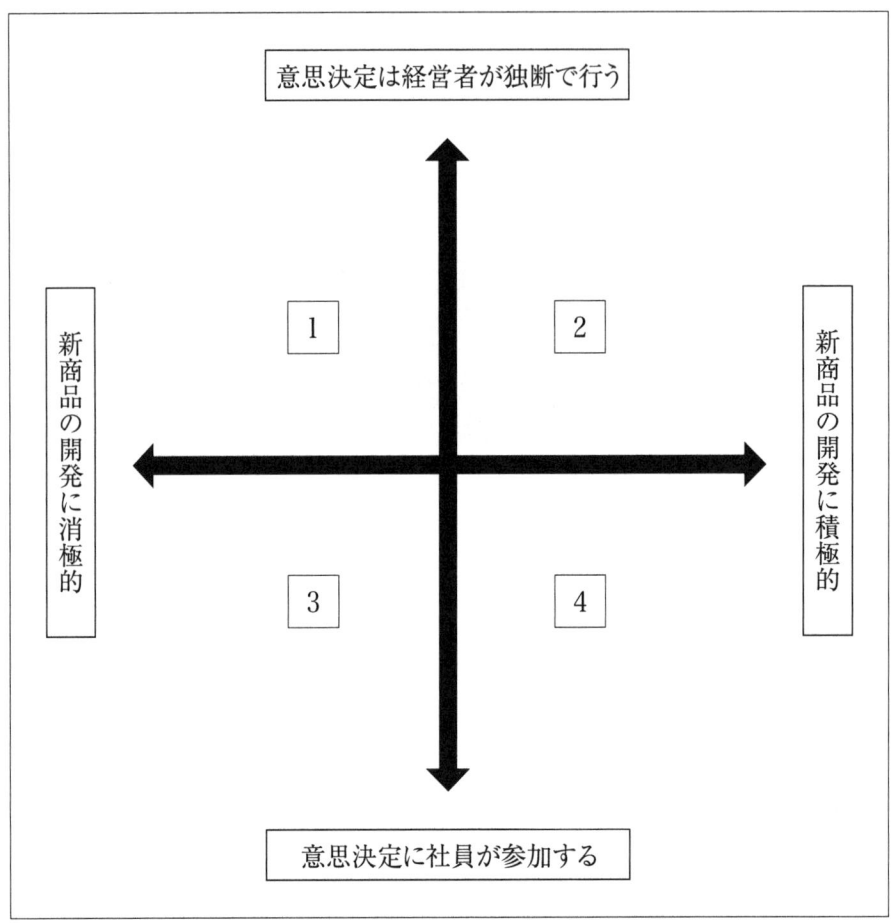

11番

先生が授業で,ヒトの進化と頭の骨の変化について話しています。この先生が以前発掘した骨の化石はどれですか。 | 11 |

1.
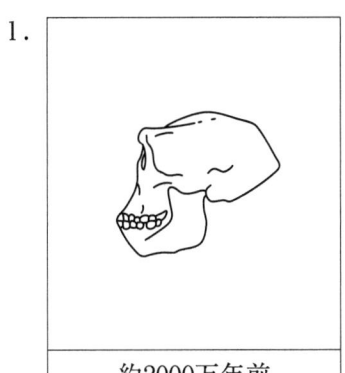
約2000万年前

2.
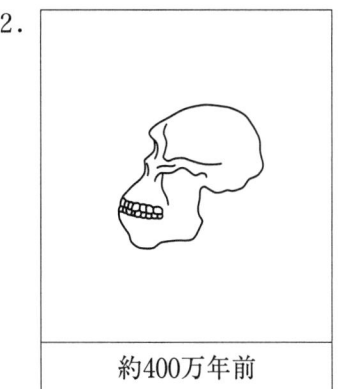
約400万年前

3.
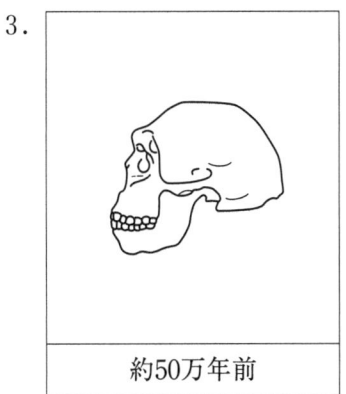
約50万年前

4.
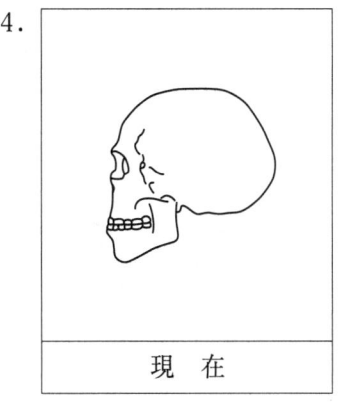
現　在

※ 後頭部:頭の後ろの部分

12番

先生が脳科学の授業で、文字の書き取りについて話しています。この先生が最後にする質問の答えはどれですか。　12

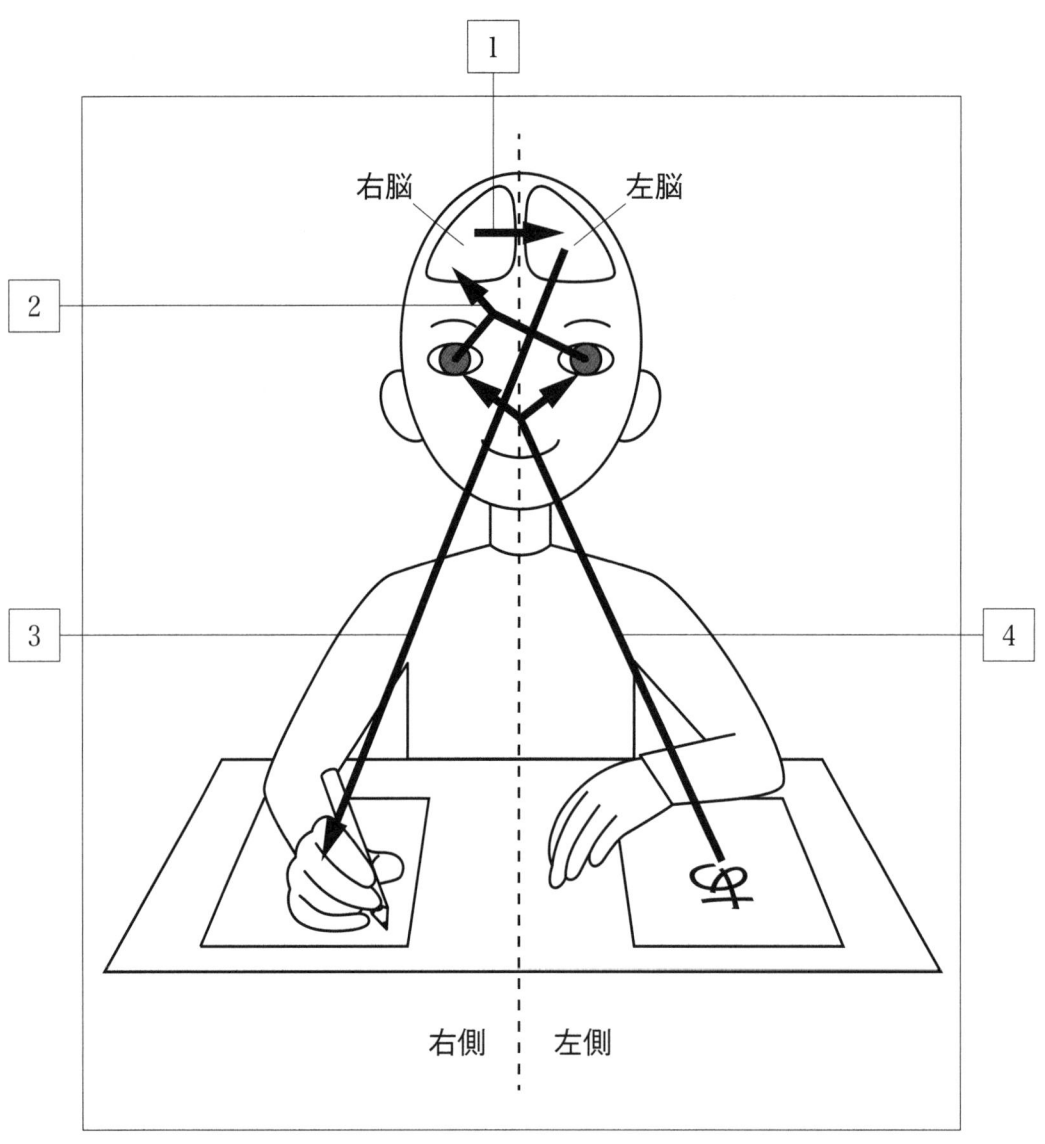

聴解問題
説明

聴解問題は，音声を聴いて答える問題です。問題も選択肢もすべて音声で示されます。問題冊子には，何も書かれていません。

<u>問題は一度しか聴けません。</u>

このページのあとに，メモ用のページが１ページあります。音声を聴きながらメモをとるのに使ってもいいです。

聴解の解答欄には，『正しい』という欄と『正しくない』という欄があります。選択肢１，２，３，４の一つ一つを聴くごとに，正しいか正しくないか，マークしてください。正しい答えは一つです。

― メ モ ―

第 2 回の問題はこれで終わりです。
解答は p.287 を参照してください。

第 **3** 回

実戦問題
解答時間 **55分**

音声の再生及び得点分布の確認
QRコードを読み取ってオンライン解答用紙に解答を記入し、正解と得点分布を確認してください。

聴読解問題
説明

聴読解問題は，問題冊子に書かれていることを見ながら，音声を聴いて答える問題です。

<u>問題は一度しか聴けません。</u>

それぞれの問題の最初に，「ポーン」という音が流れます。これは，「これから問題が始まります」という合図です。

問題の音声の後，「ポーン」という，最初の音より少し低い音が流れます。これは，「問題はこれで終わりです。解答を始めてください」という合図です。

選択肢1，2，3，4の中から答えを一つだけ選び，聴読解の解答欄にマークしてください。

1番

先生が，経営学の授業で，「ファイブ・フォース分析」という考え方について話しています。この先生が例に挙げた企業が抱えている深刻な脅威は，図のどれにあたりますか。

|1|

```
                    ファイブ・フォース
                   ┌─────────────┐
                   │   新規参入者    │
        |1|────────│  新規参入の脅威  │
                   └──────┬──────┘
                          ▼
   ┌─────────┐      ┌─────────┐      ┌─────────┐
   │ 供給業者 │─────▶│ 競争業者 │◀─────│  買い手  │
|2|│売り手の交渉力│   │業者間の敵対関係│   │買い手の交渉力│|4|
   └─────────┘      └─────────┘      └─────────┘
                          ▲
                   ┌──────┴──────┐
                   │    代替品     │
                   │代わりになるものの普及│
                   └─────────────┘
                          |3|
```

第3回 実戦問題

2番

女子学生と男子学生が，図を見ながら話しています。この男子学生は，授業の選び方をどのように変えましたか。

2

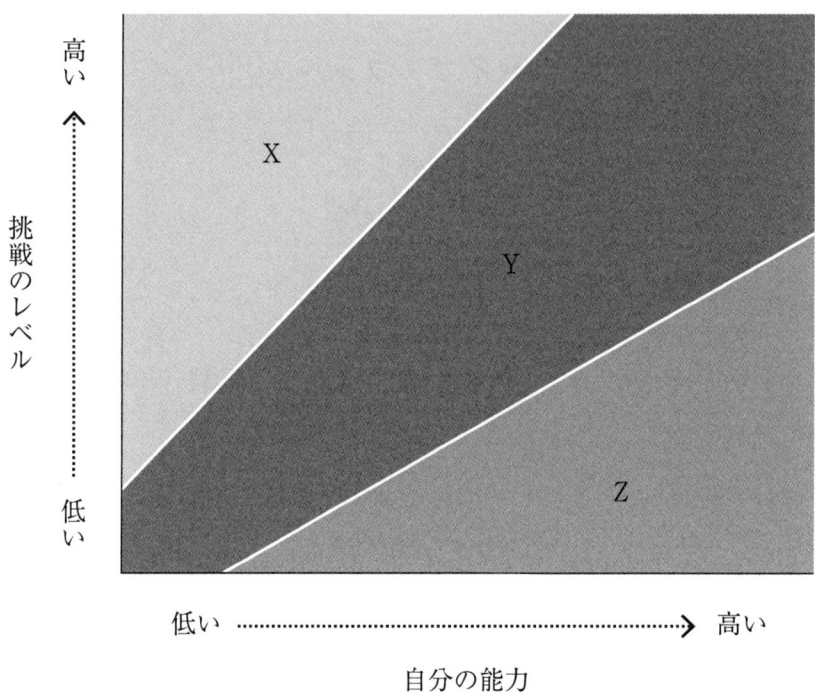

1．ZからYに変更した。
2．YからXに変更した。
3．XからYに変更した。
4．XからZに変更した。

3番

先生が工学の授業で、バイオミミクリーについて話しています。この先生が最後に挙げる技術開発の例で、参考にした生物はどれですか。

4番

先生が，日本語の文字について話しています。この先生が最後にする質問の答えはどれですか。

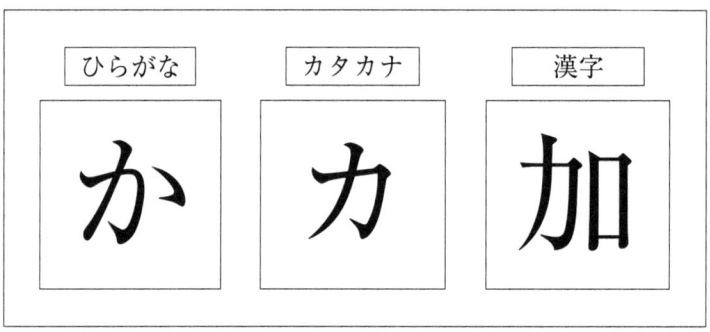

1.

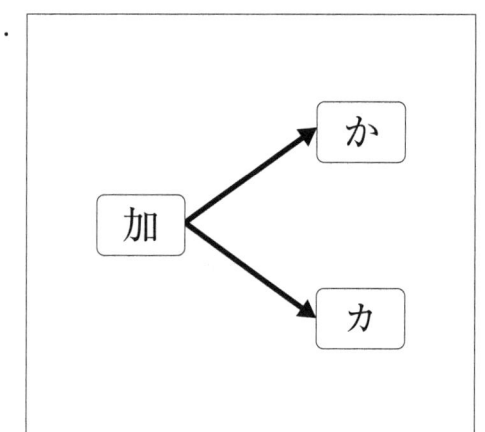

2.

3.

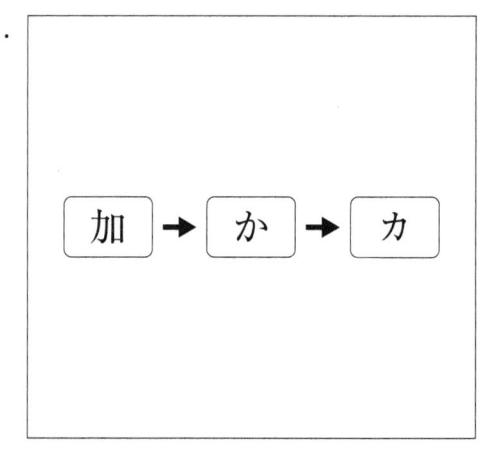

4.

5番

先生が授業で,「IT点呼」について話しています。この先生はIT点呼によって,何を減らすことができると言っていますか。

5

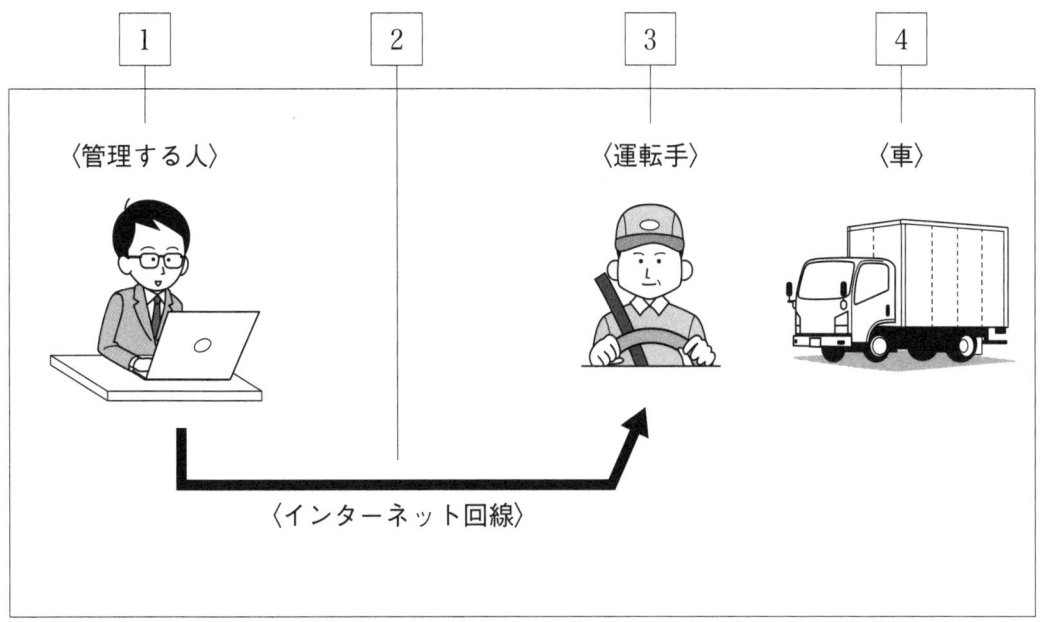

6番

先生が経営学の授業で，消費者の購買行動について話しています。この先生が最後にする質問の答えはどれですか。

6

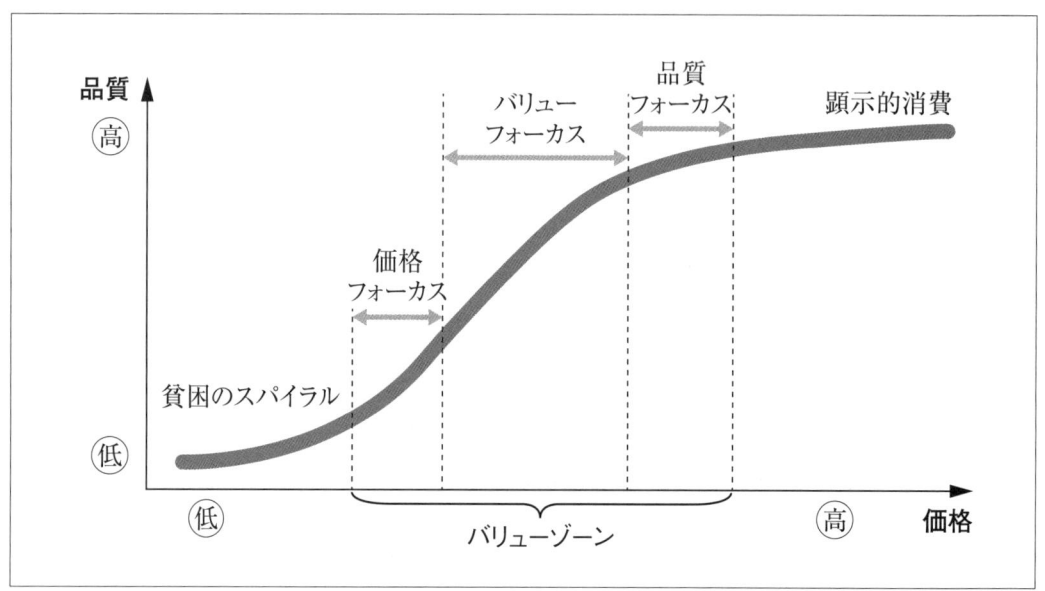

1．「貧困のスパイラル」と「顕示的消費」の集団
2．「貧困のスパイラル」と「価格フォーカス」の集団
3．「価格フォーカス」と「品質フォーカス」の集団
4．「品質フォーカス」と「顕示的消費」の集団

7番

先生が、ある探査機を小惑星に着陸させる計画について話しています。この先生が、課題が多かったと考えているのは、図のどの部分ですか。 [7]

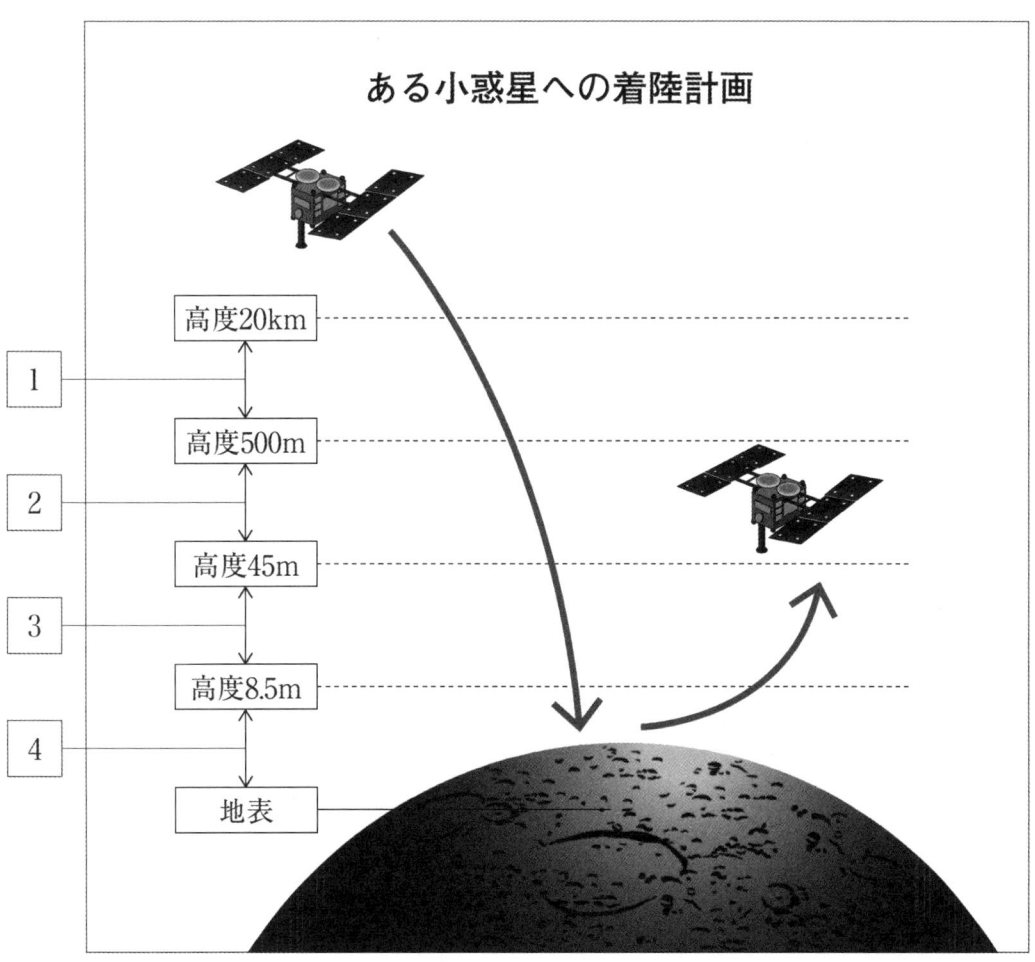

8番

女子学生と男子学生が、ワーク・ライフ・バランスについて話しています。この二人が最後に男女の差について比較しているのは、どの項目ですか。 8

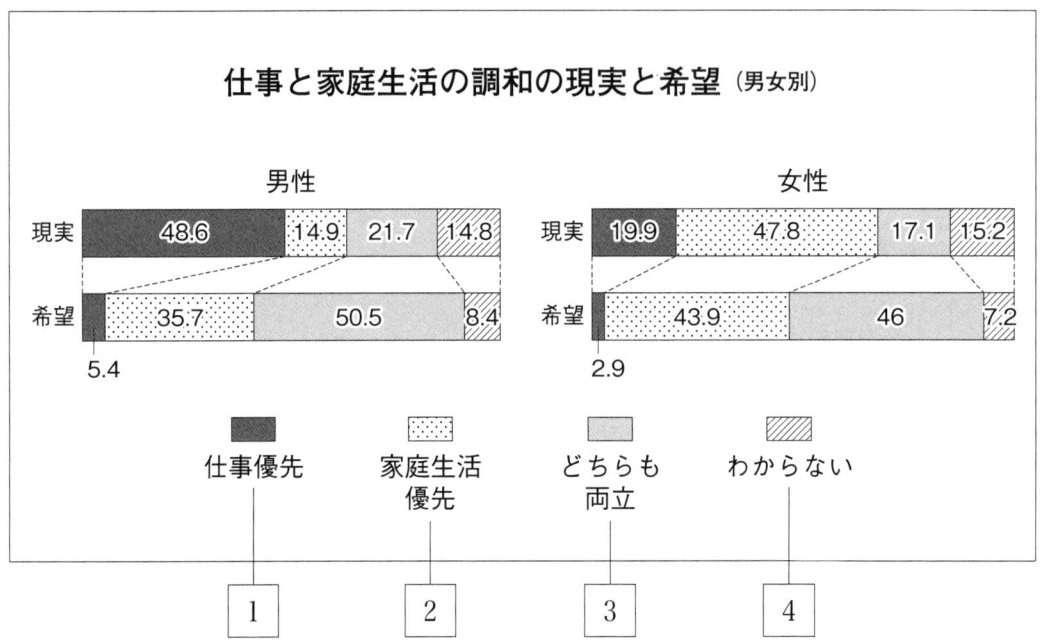

9番

先生が地学の授業で，地震について話しています。この先生が最後にする質問の答えはどれですか。　9

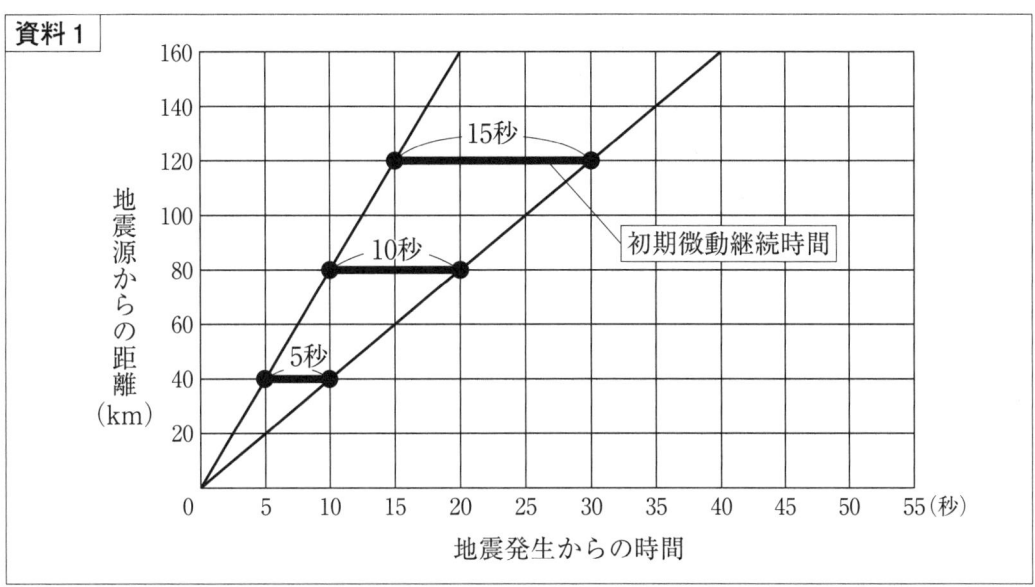

資料1

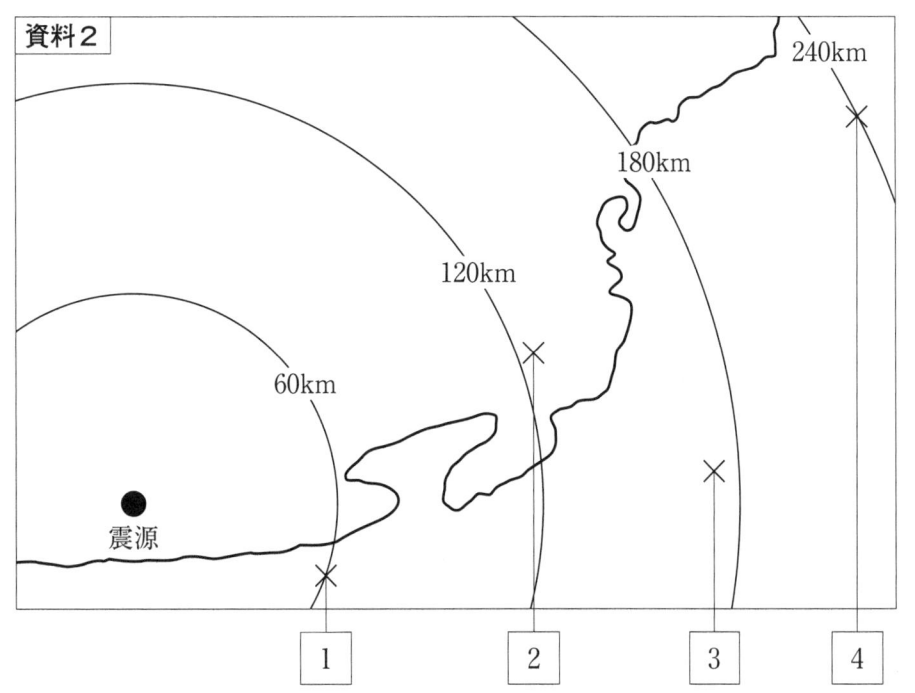

資料2

10番

先生が物理学の授業で，発光ダイオードについて話しています。この先生が最後にする質問の答えはどれですか。　10

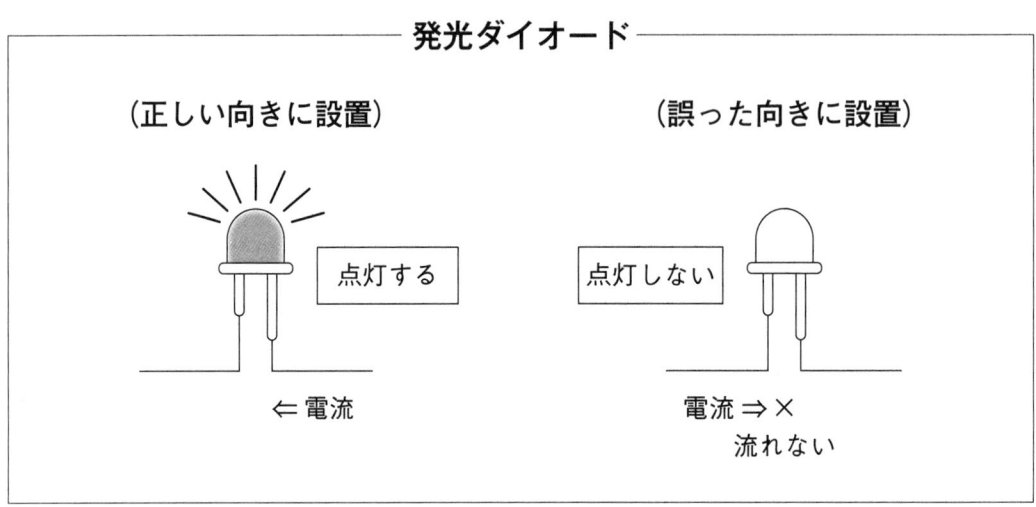

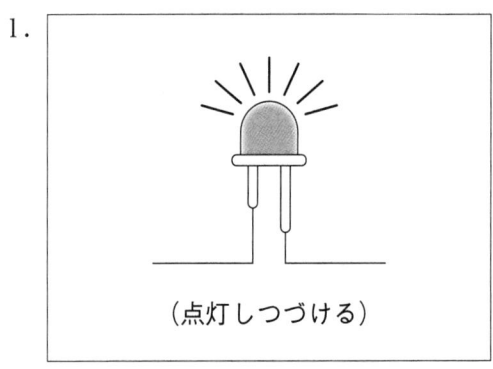

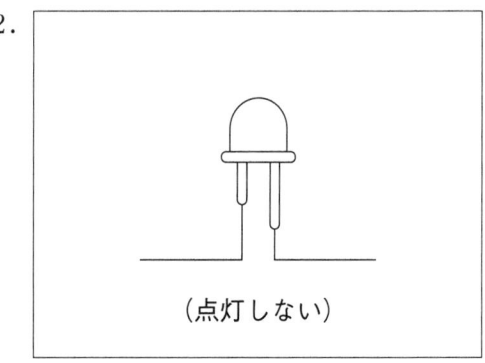

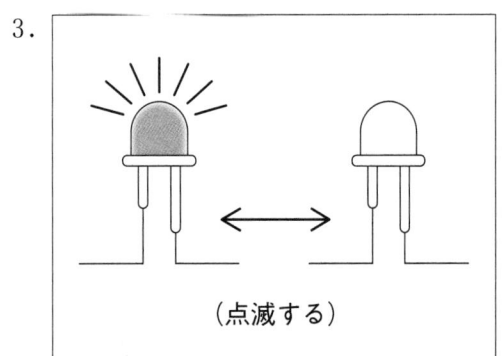

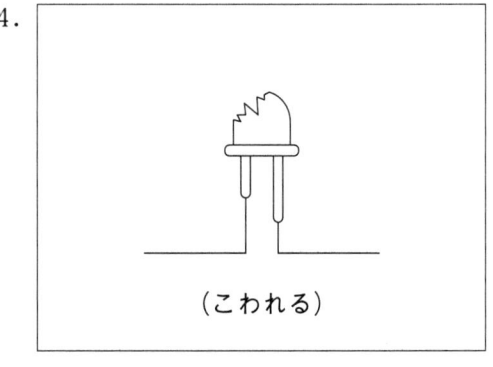

11番

先生が，図形を描く実験について話しています。この先生の説明によると，実験に参加した学生に丸と三角形を描かせたとき，どの順番に線を描く傾向がありましたか。 11

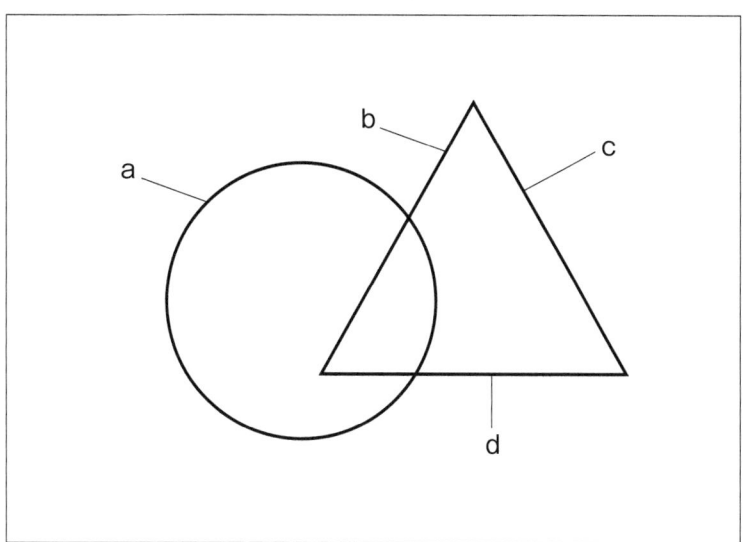

1. a → b → c → d
2. a → b → d → c
3. b → c → d → a
4. b → d → c → a

12番

先生が，カラスという鳥の捕食の仕方について話しています。この先生が意外だと言っているのはどの部分での行動ですか。

12

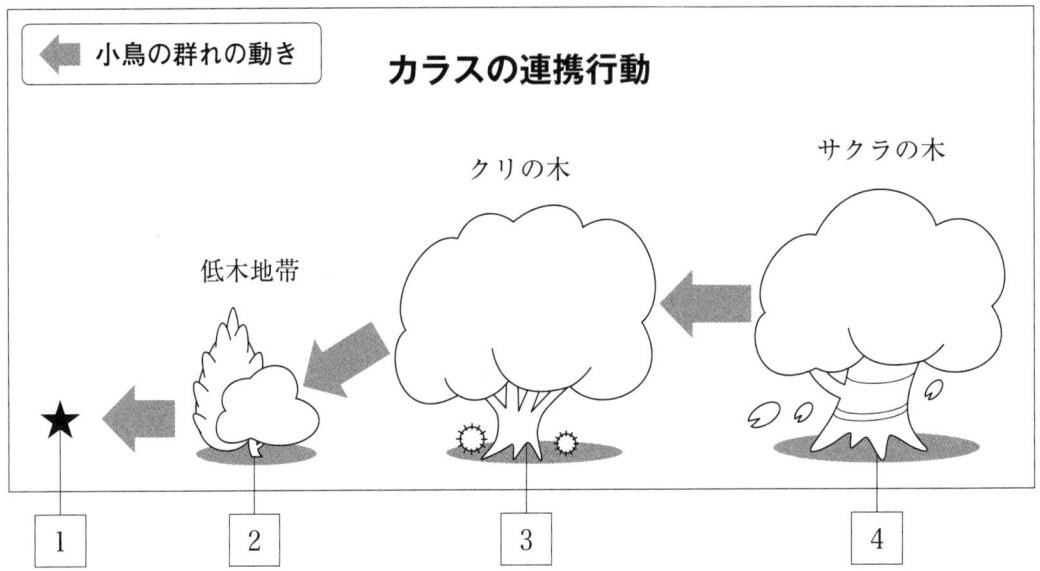

聴解問題
説明

　聴解問題は，音声を聴いて答える問題です。問題も選択肢もすべて音声で示されます。問題冊子には，何も書かれていません。

<u>問題は一度しか聴けません。</u>

　このページのあとに，メモ用のページが1ページあります。音声を聴きながらメモをとるのに使ってもいいです。

　聴解の解答欄には，『正しい』という欄と『正しくない』という欄があります。選択肢1，2，3，4の一つ一つを聴くごとに，正しいか正しくないか，マークしてください。正しい答えは一つです。

― メ モ ―

第 3 回の問題はこれで終わりです。
解答は p.287 を参照してください。

第 **4** 回

実戦問題
解答時間 **55**分

音声の再生及び得点分布の確認

QRコードを読み取ってオンライン解答用紙に解答を記入し、正解と得点分布を確認してください。

聴読解問題
説明

　聴読解問題は，問題冊子に書かれていることを見ながら，音声を聴いて答える問題です。

　<u>問題は一度しか聴けません。</u>

　それぞれの問題の最初に，「ポーン」という音が流れます。これは，「これから問題が始まります」という合図です。
　問題の音声の後，「ポーン」という，最初の音より少し低い音が流れます。これは，「問題はこれで終わりです。解答を始めてください」という合図です。

　選択肢1，2，3，4の中から答えを一つだけ選び，聴読解の解答欄にマークしてください。

1番

先生が経営学の授業で、企業の経営行動について話しています。この先生が挙げる例は、図のどの段階にあてはまりますか。　　　　　　　　　　　1

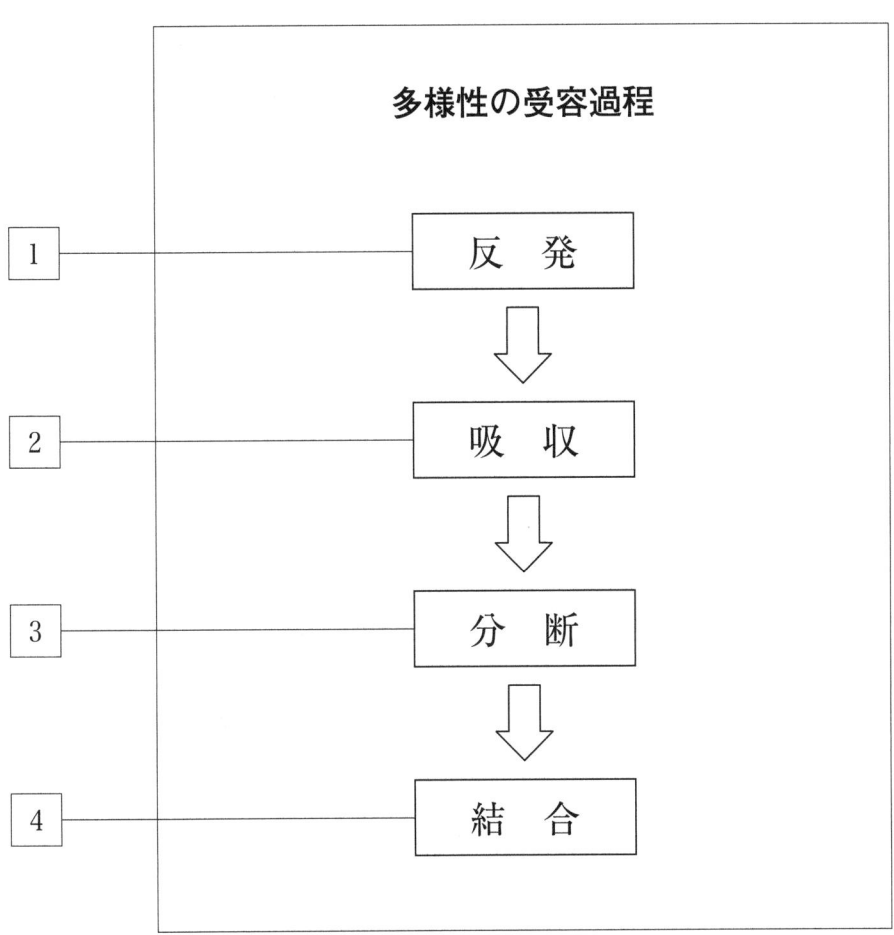

2番

女子学生と男子学生が，各学部の説明を見ながら話しています。この女子学生は，弟にどの学部の受験をすすめると考えられますか。

	学部名	学部で学べること	学部の特色	試験科目
1	国際教養学部	国際法 文化論 言語論	・小人数ゼミ ・留学補助制度	英語 数学 小論文
2	外国語学部	音声学 社会言語論 翻訳 外国の文化	・ネイティブの教員多数在籍 ・専門とする国への留学制度	英語 選択科目 （数学・日本史・世界史・政治経済から1科目）
3	総合政策学部	公共政策論 行政学 経営学	・1年生から専門科目を学べる ・英語での授業が多く開講されている	英語 小論文
4	政治経済学部	政治学 経済学 外国語	・夏期短期姉妹校への留学制度 ・ディベートを取り入れた授業	英語 選択科目 （数学・日本史・世界史・政治経済から1科目）

3番

先生が,図を見ながら顧客満足度を上げるための方法について話しています。この先生が,このあと説明するのはどの戦略ですか。 3

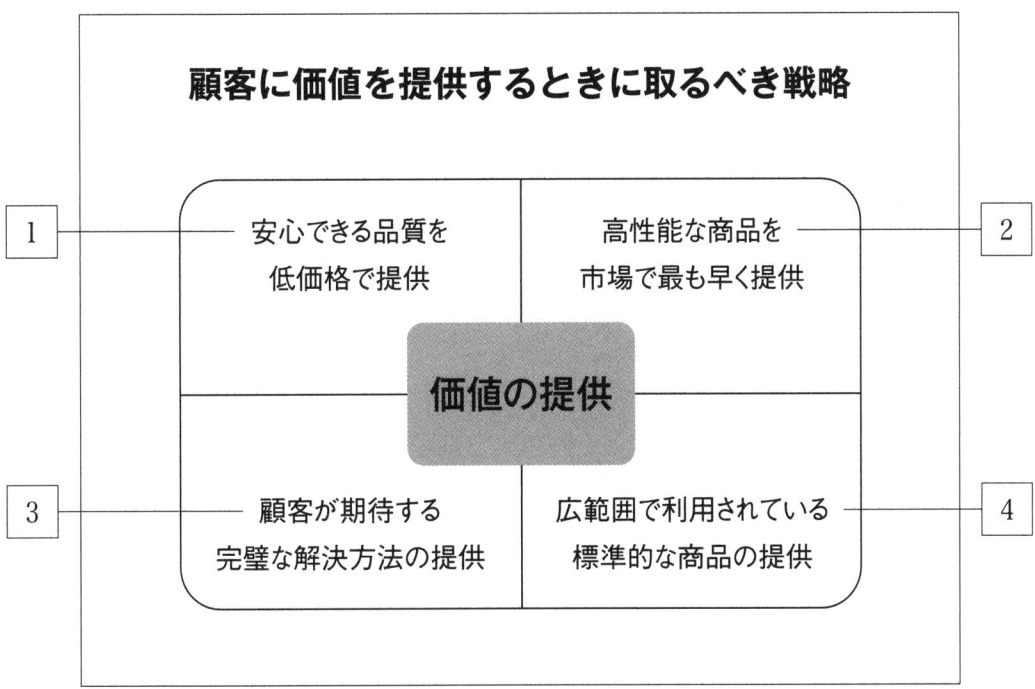

4番

先生が薬学の授業で、ある病気のワクチンの作り方について話しています。この先生は、ワクチンの製造過程のうちどの部分の問題を指摘していますか。

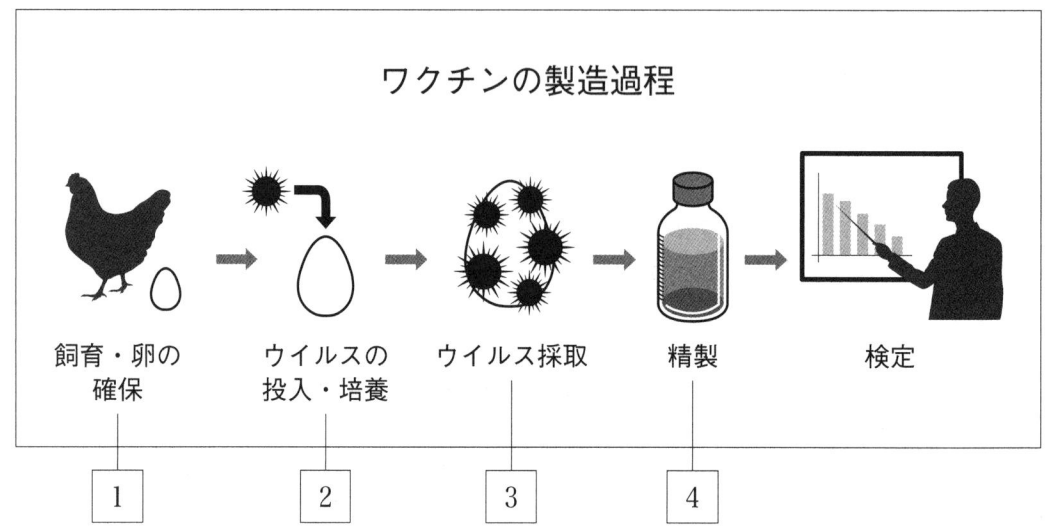

5番

女子学生と男子学生が，レポートのテーマについて話しています。この二人が見ている資料はどれですか。

5

1.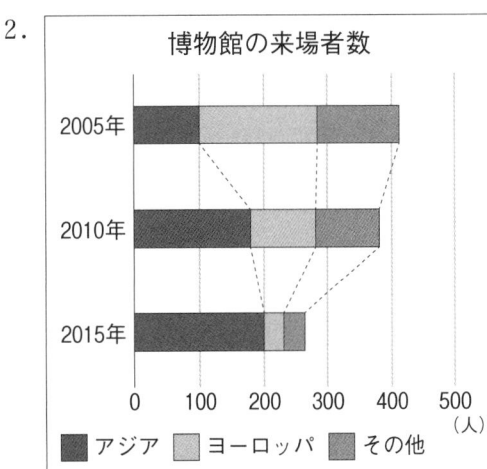

2.

3.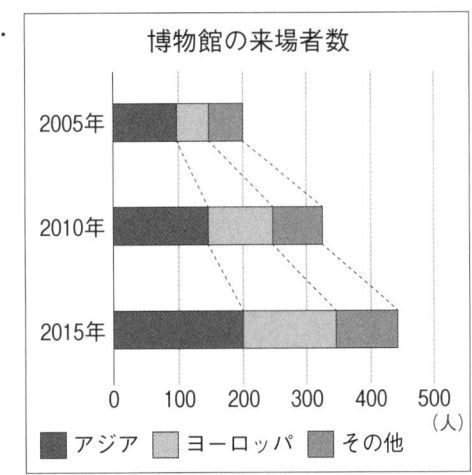

4.

6番

先生が、心理学の授業で、人間の欲求について話しています。この先生が最後にする質問の答えはどれですか。

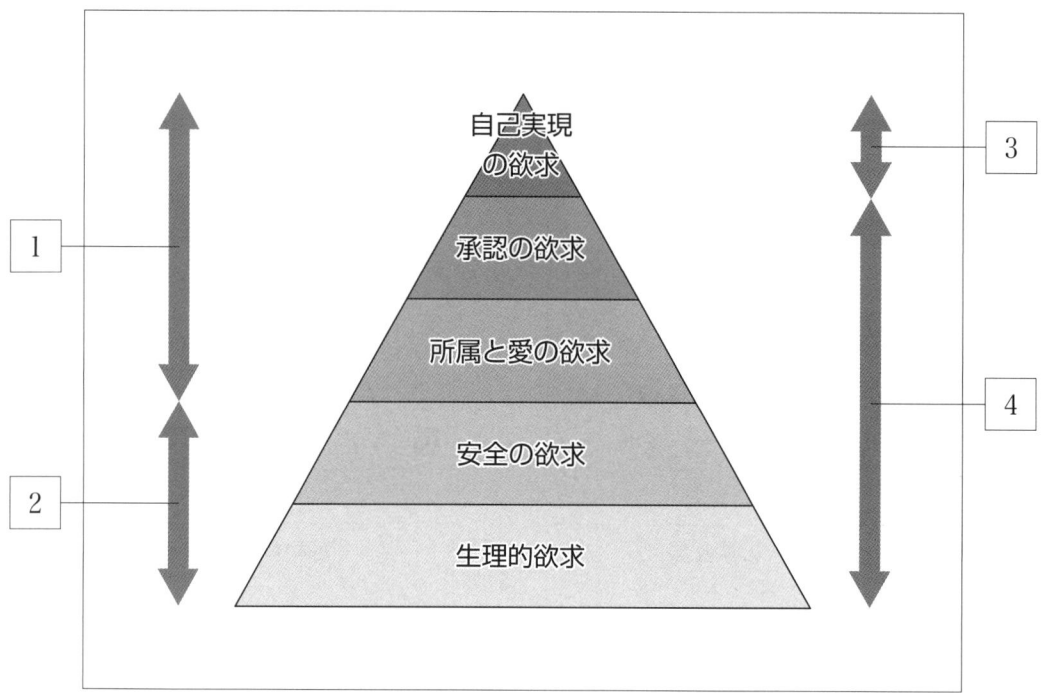

7番

先生が授業で，ある地域の産業について話しています。この先生が話している地域は図の中のどこですか。　7

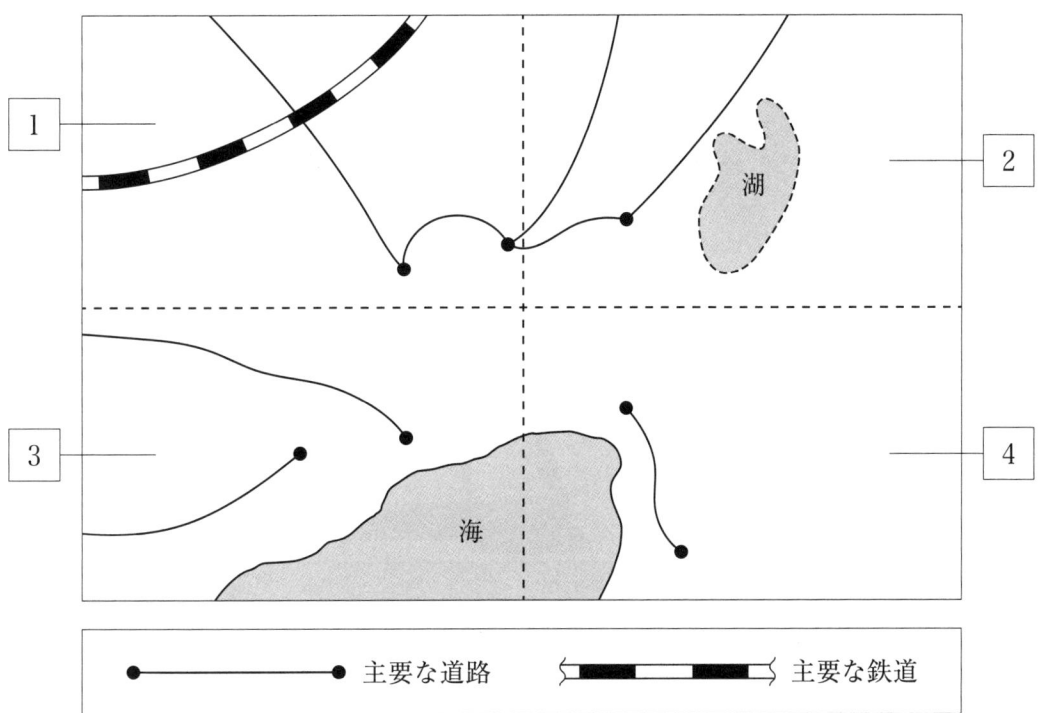

8番

先生が経営学の授業で、スポーツジムの経営戦略について話しています。この先生が一番注目している戦略は、図の中のどれですか。 8

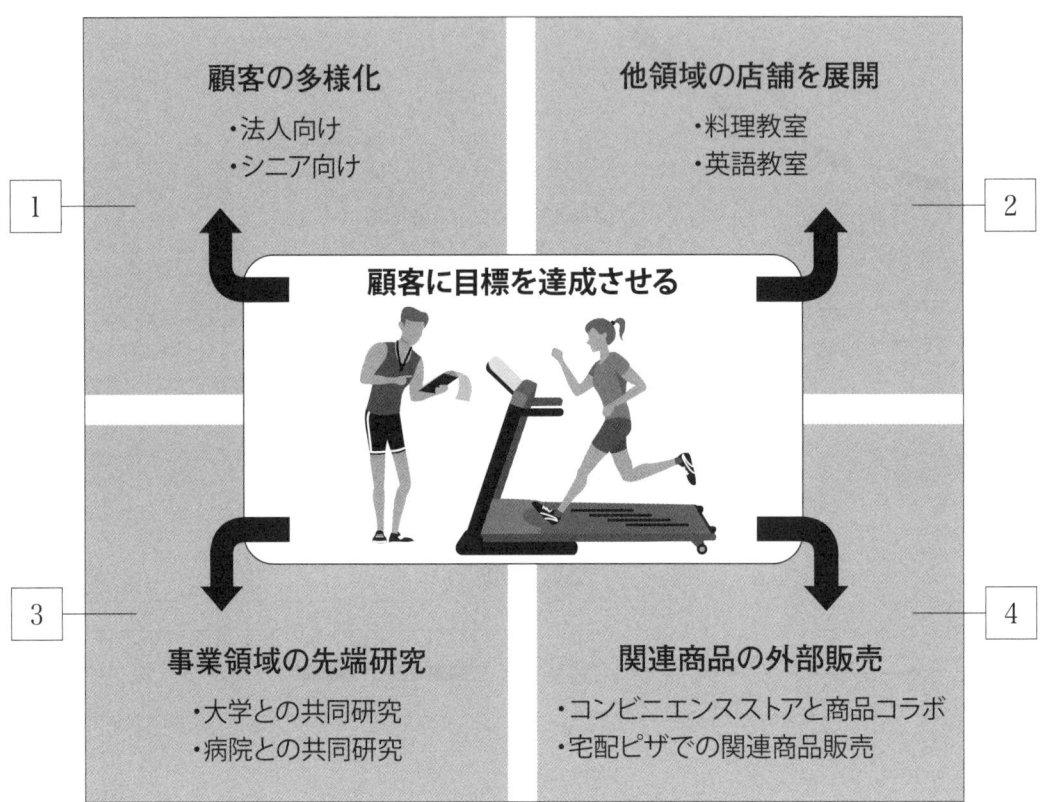

9番

先生が環境学の授業で、石油と大気汚染について話しています。この先生が、最も課題が多いと考えているのは、図のどの成分ですか。 9

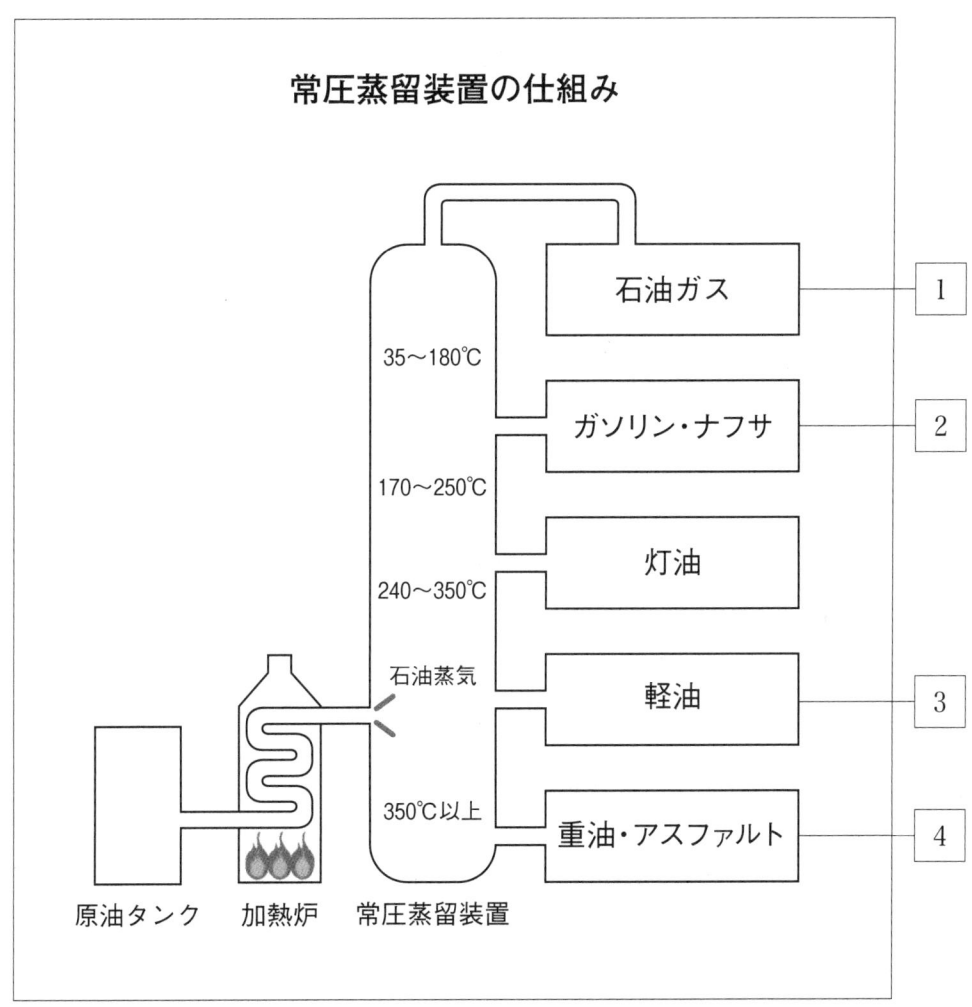

10番

先生が授業で，カブトムシという昆虫について話しています。この先生が最後にする質問の答えはどれですか。

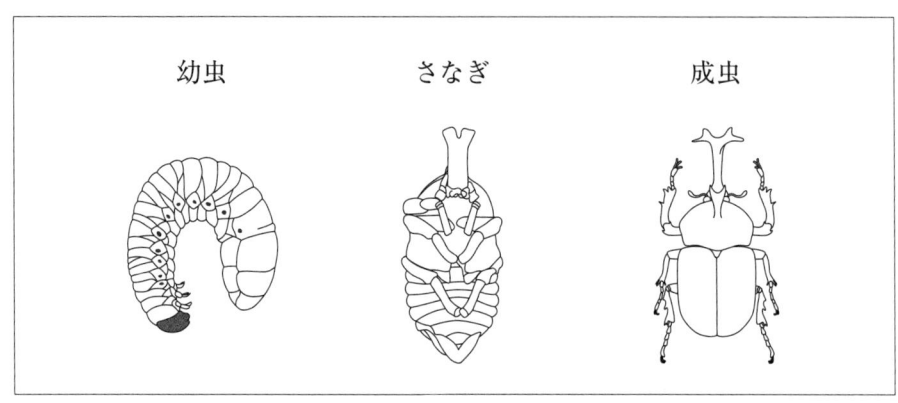

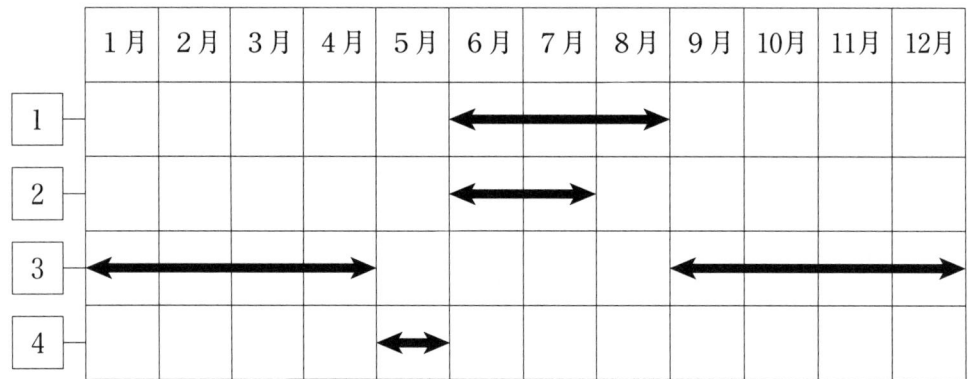

11番

先生が心理学の授業で,ものの配置について話しています。この先生が最後にする質問の答えはどれですか。 11

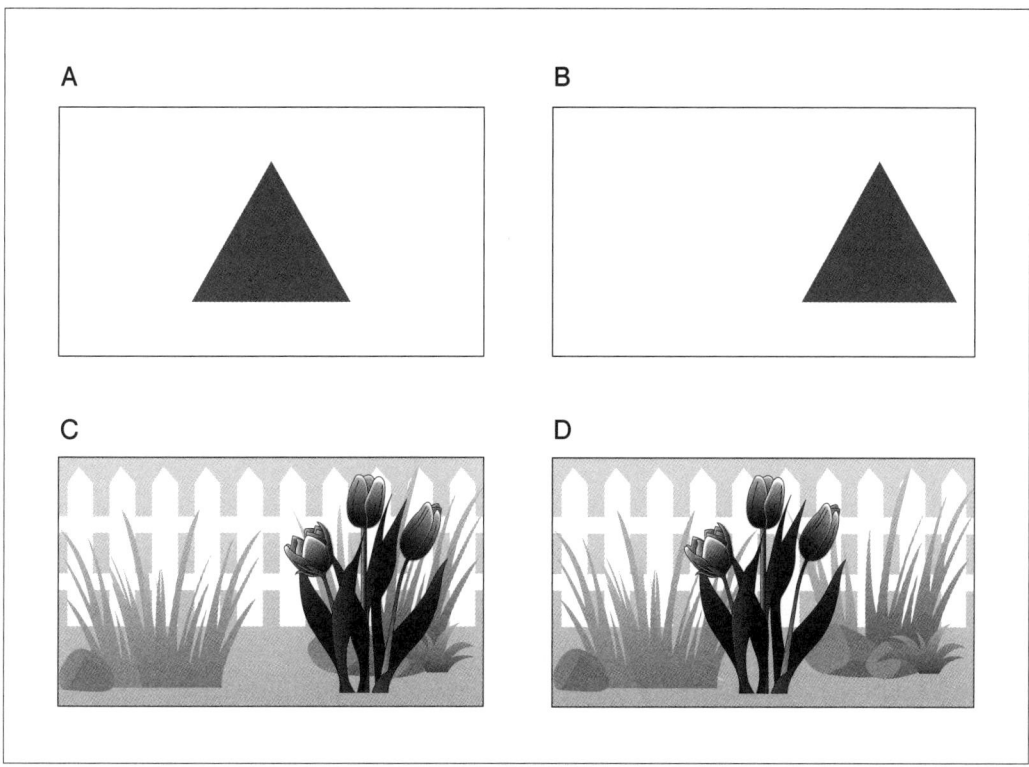

1. AとC
2. AとD
3. BとC
4. BとD

12番

先生が授業で、語学の成績について話しています。この先生の話によると、この先生のところに質問に来た生徒は、成績の伸び方を示した曲線のどの段階にいますか。　12

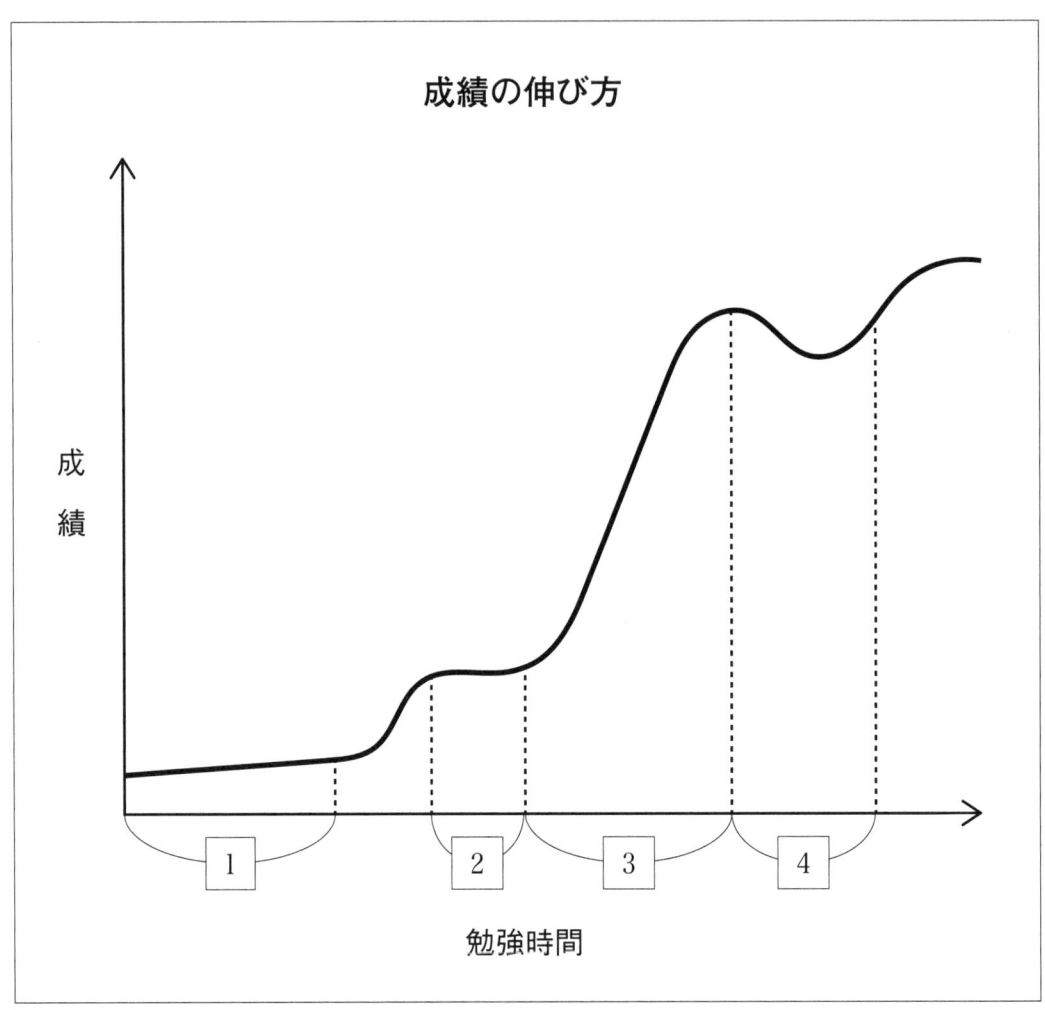

聴解問題
説明

　聴解問題は，音声を聴いて答える問題です。問題も選択肢もすべて音声で示されます。問題冊子には，何も書かれていません。

　<u>問題は一度しか聴けません。</u>

　このページのあとに，メモ用のページが1ページあります。音声を聴きながらメモをとるのに使ってもいいです。

　聴解の解答欄には，『正しい』という欄と『正しくない』という欄があります。選択肢1，2，3，4の一つ一つを聴くごとに，正しいか正しくないか，マークしてください。正しい答えは一つです。

第4回　実戦問題

－　メ　モ　－

第4回の問題はこれで終わりです。
解答はp.287を参照してください。

第5回

実戦問題
解答時間 55分

音声の再生及び得点分布の確認

QRコードを読み取ってオンライン解答用紙に解答を記入し、正解と得点分布を確認してください。

聴読解問題
説明

　聴読解問題は，問題冊子に書かれていることを見ながら，音声を聴いて答える問題です。

　<u>問題は一度しか聴けません。</u>

　それぞれの問題の最初に，「ポーン」という音が流れます。これは，「これから問題が始まります」という合図です。

　問題の音声の後，「ポーン」という，最初の音より少し低い音が流れます。これは，「問題はこれで終わりです。解答を始めてください」という合図です。

　選択肢1，2，3，4の中から答えを一つだけ選び，聴読解の解答欄にマークしてください。

1番

先生が授業で，仕事への取り組み方について話しています。この先生によると，新たに働き方を見直すように促すべきなのは図のどのタイプの人ですか。　　1

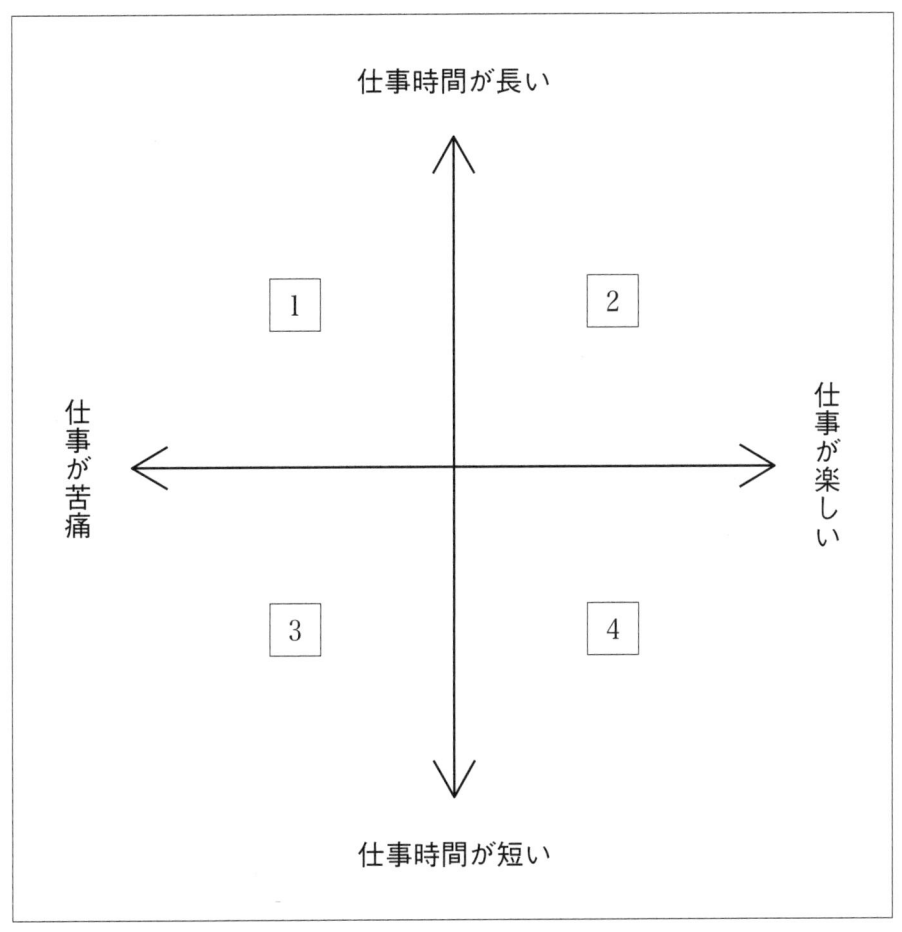

2番

先生が，インフルエンザという感染症について話しています。この先生の研究によって新たな発見があったのは，どの過程ですか。

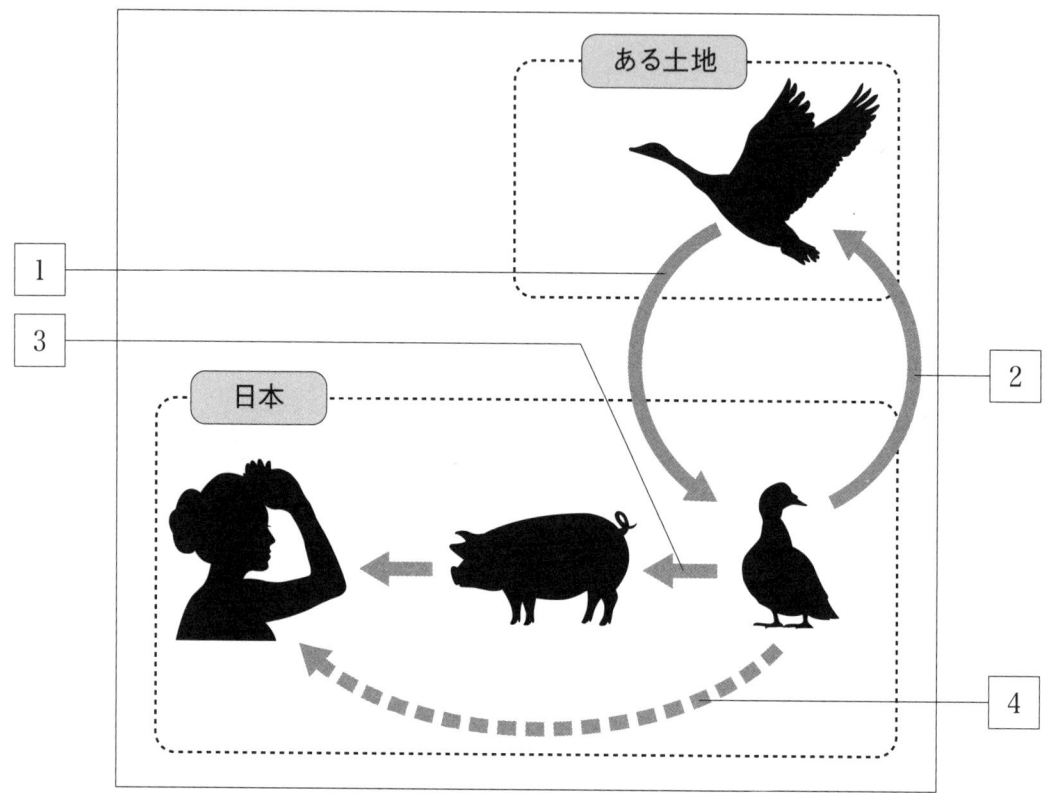

3番

女子学生と男子学生が，新しい流行を取り入れる時に参考とするものについて話しています。この女子学生は，現在は図と比べてどのように変化していると考えていますか。

3

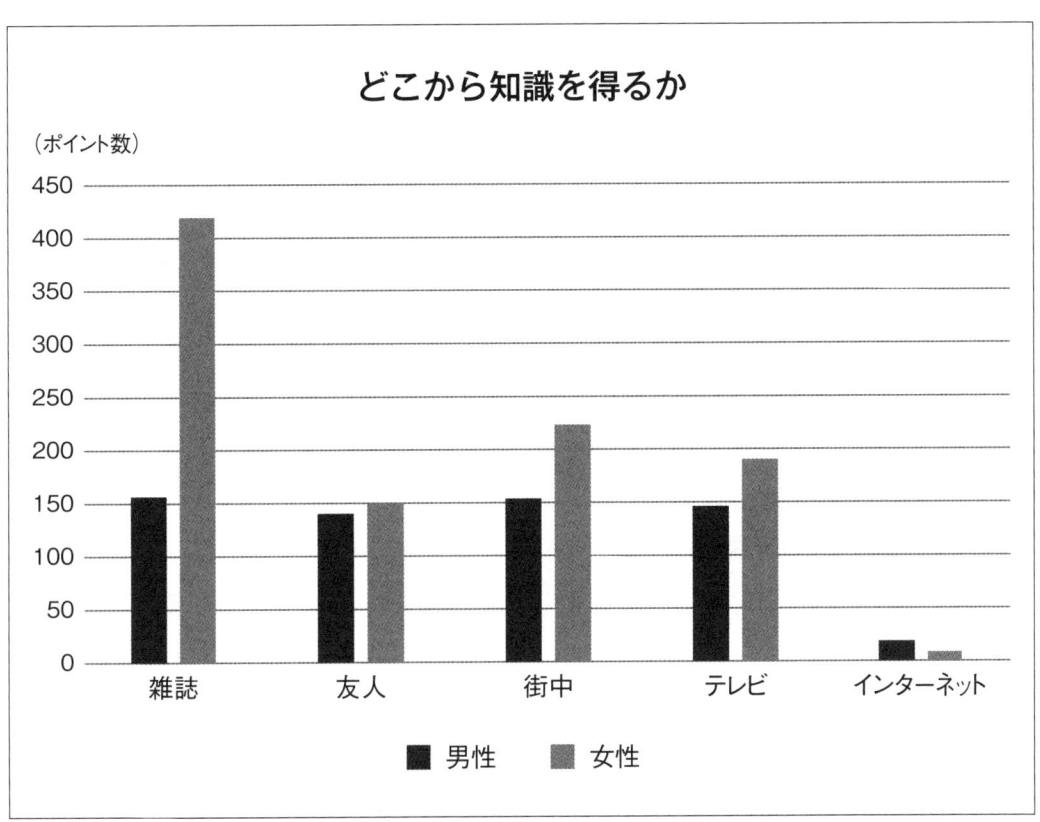

1．「雑誌」の順位が下がり，「テレビ」の順位が上がる。
2．「友人」の順位が下がり，「インターネット」の順位が上がる。
3．「雑誌」の順位が下がり，「インターネット」の順位が上がる。
4．「インターネット」の順位が下がり，「雑誌」の順位が上がる。

4番

先生が，植物の仕組みについて話しています。この先生が，最後にする質問の答えはどれですか。

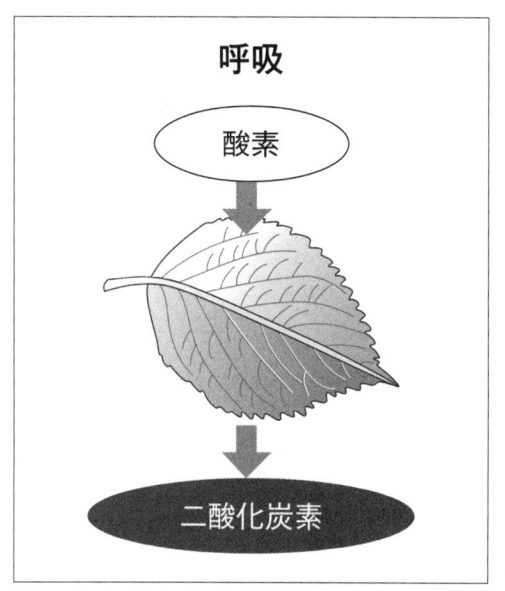
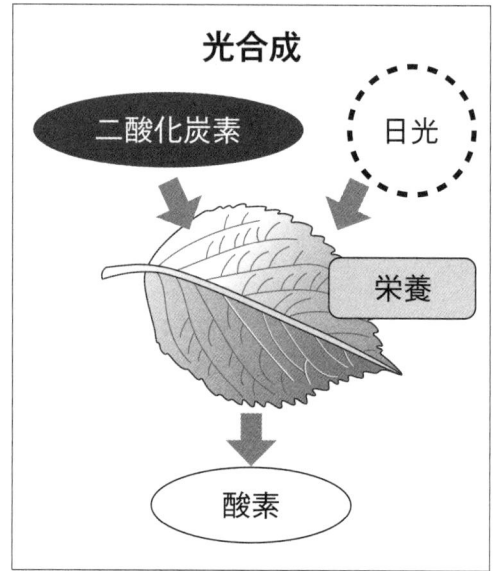
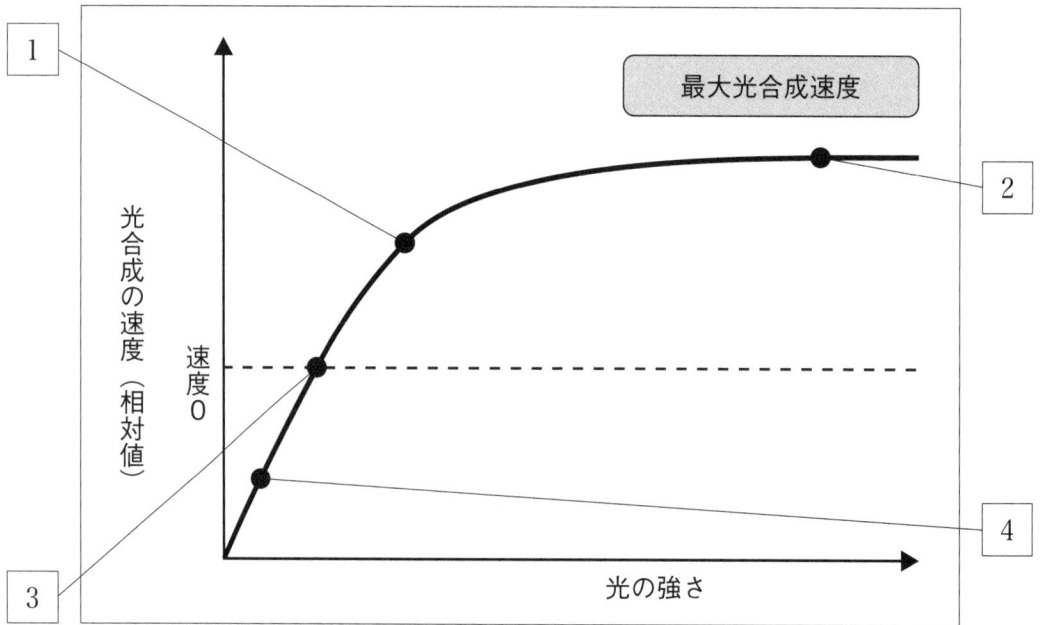

5番

先生が広告論の授業で、広告の目標について話しています。この先生が、この話の最後で達成できたと言っている目標はどれですか。　　5

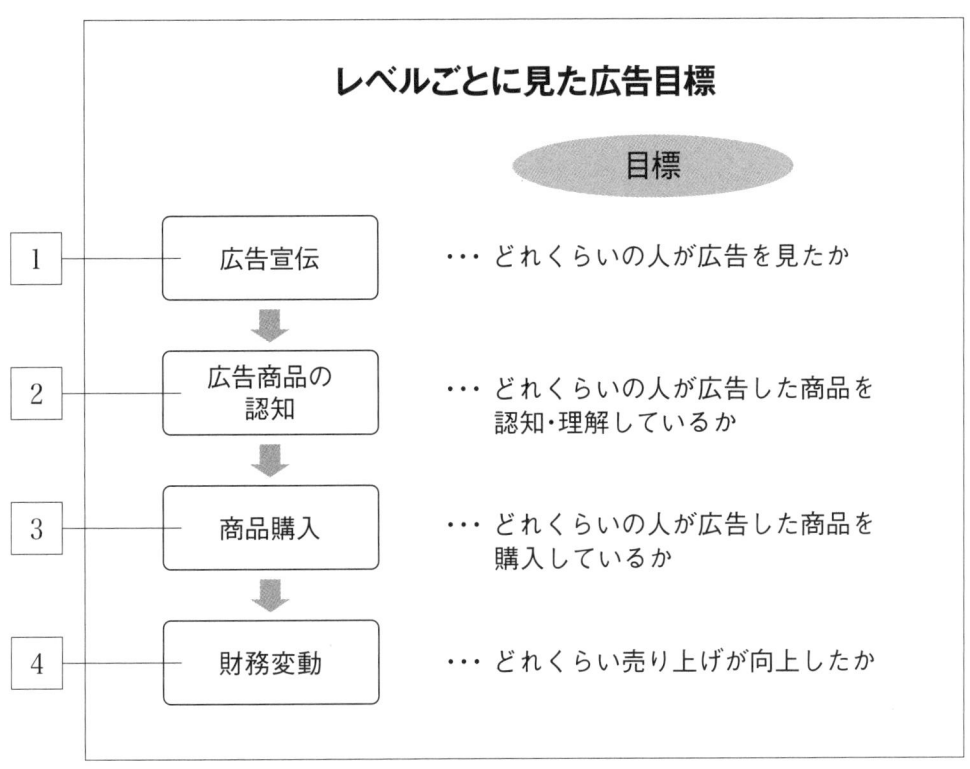

6番

先生が心理学の授業で、青年の心理について話しています。この先生は、セミナーを開催して図のどの部分に着手することで、青年の非行を減らそうとしていますか。　6

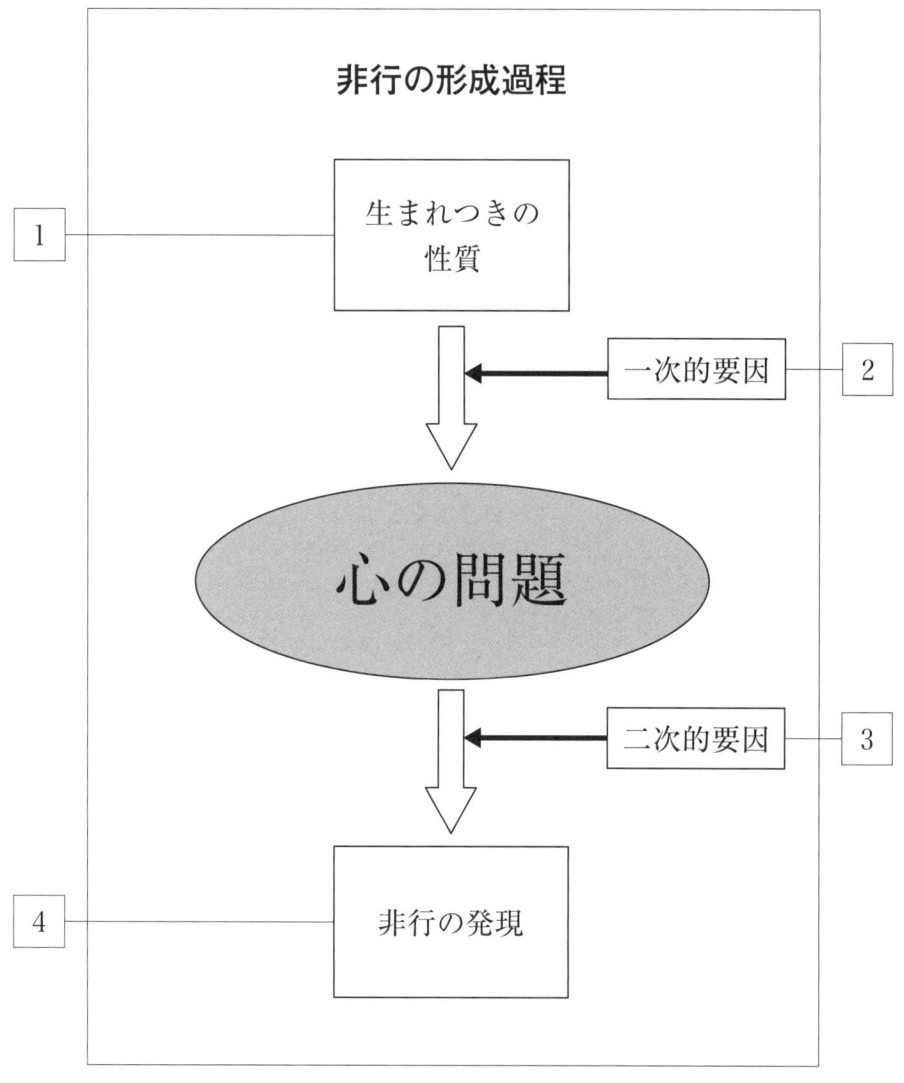

7番

先生が授業で，ある地域の洪水対策について話しています。この先生が話の中で指を差しているのは，図のどの部分ですか。　7

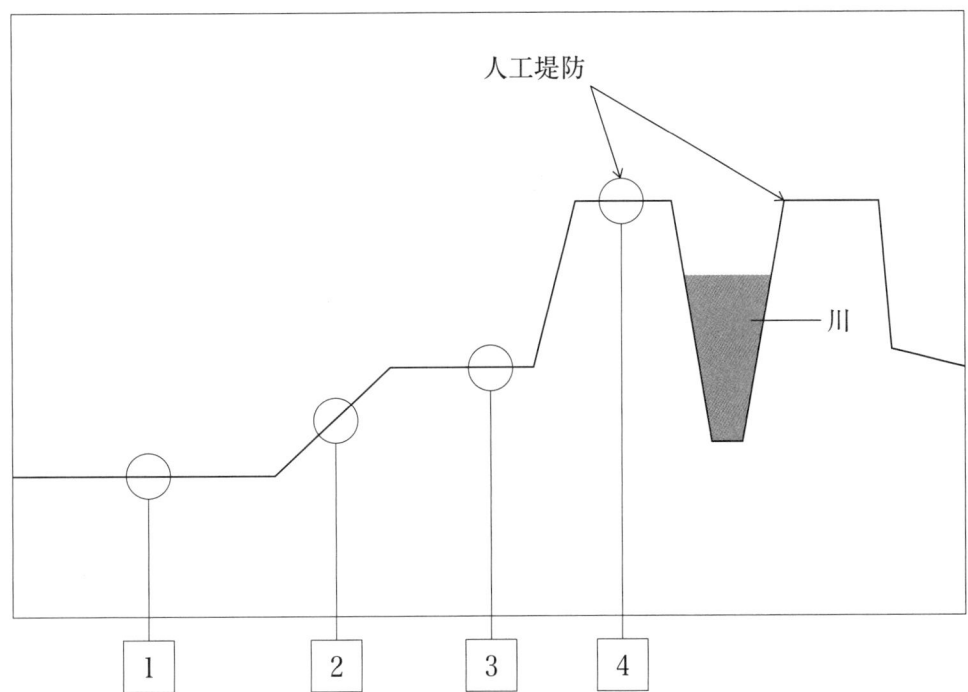

第5回　実戦問題

8番

先生が保健の授業で，中学生の居眠りについて話しています。この先生の提案は，特にどの集団の睡眠の問題を解決するのに役立つものですか。

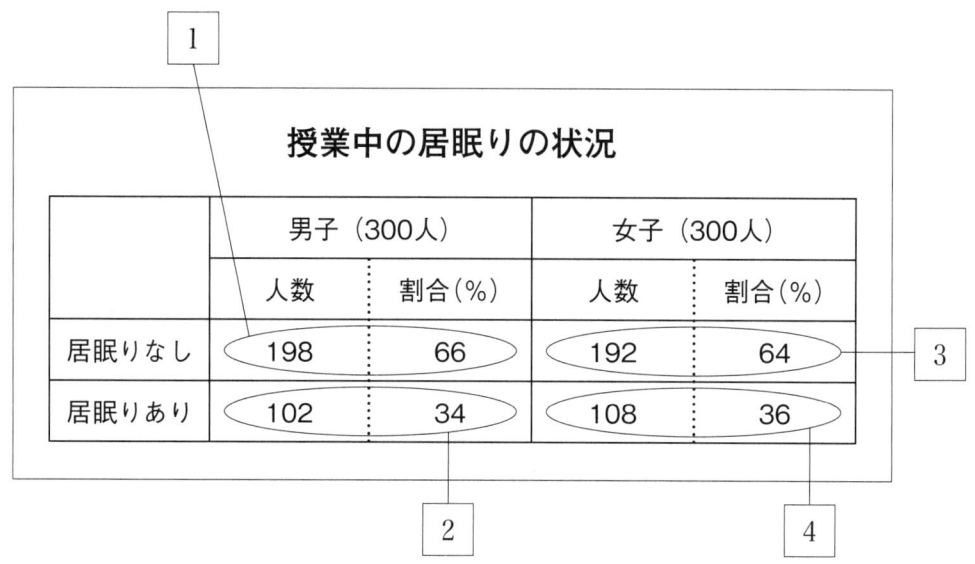

9番

男子学生と女子学生が，ある実験について話しています。この男子学生がこのあと改良するところは，図のどこですか。 9

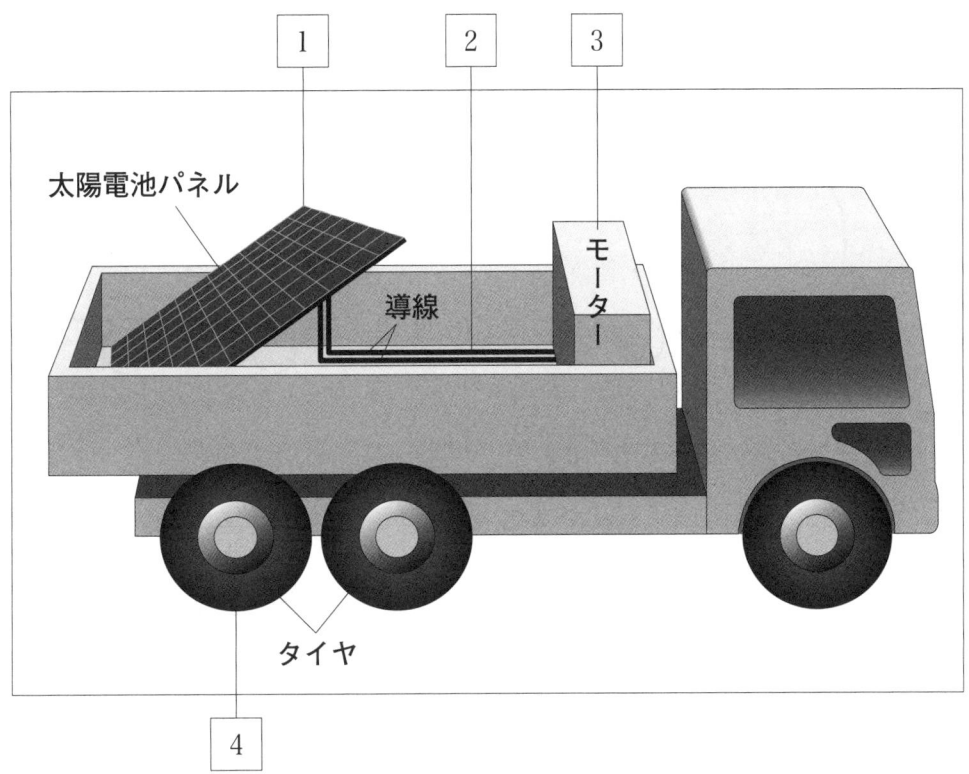

10番

先生が授業で，座る位置とコミュニケーションの関係について話しています。この先生が最後にする質問の答えはどれですか。　　10

1.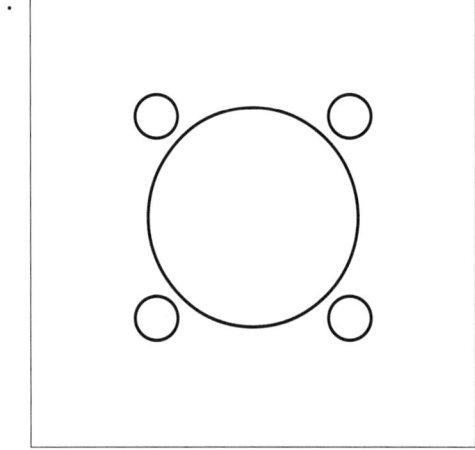

2.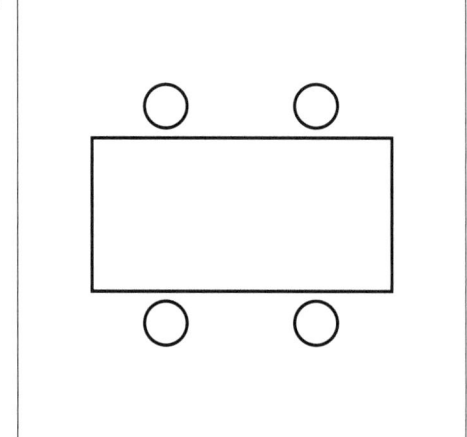

3.

4.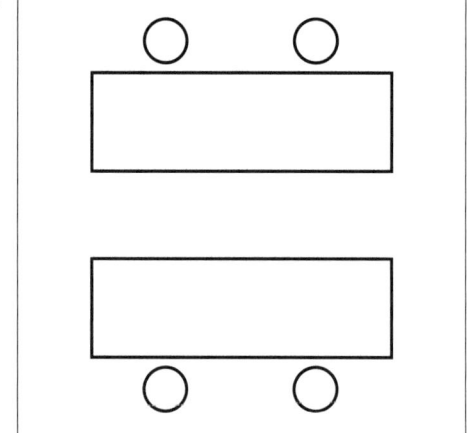

11番

先生が観光学の授業で，日本に来る観光客に向けたサービスについて話しています。この先生が話しているサービスは，どの部分の問題を解消できますか。　11

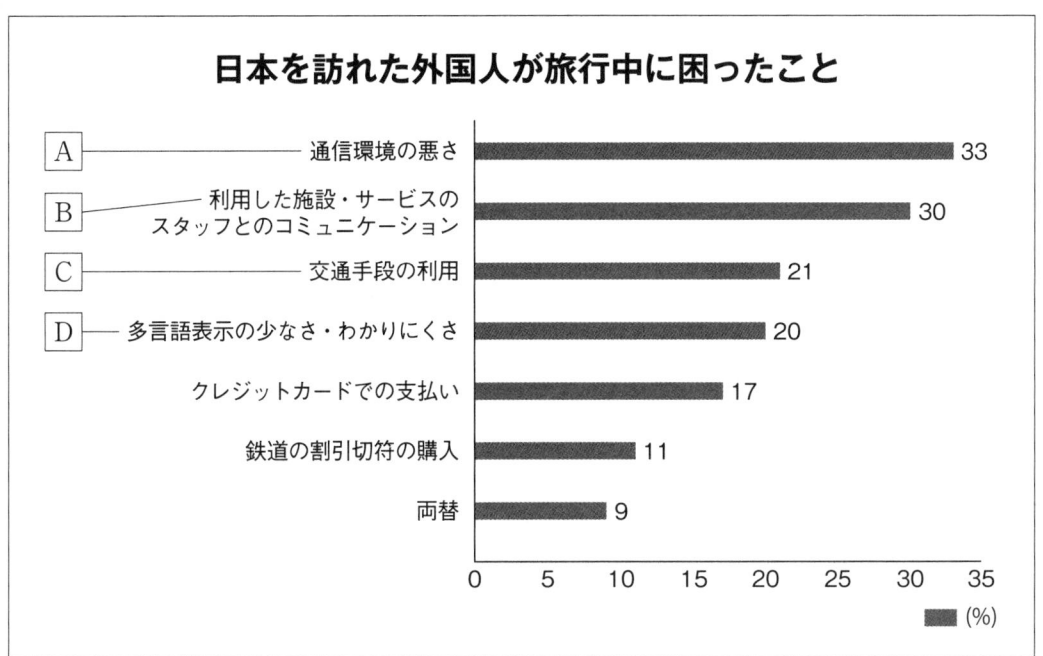

1. AとB
2. AとC
3. CとD
4. BとD

12番

先生が、企業での人材の確保について話しています。この先生が最後に挙げた例で調べているのはどの力ですか。

12

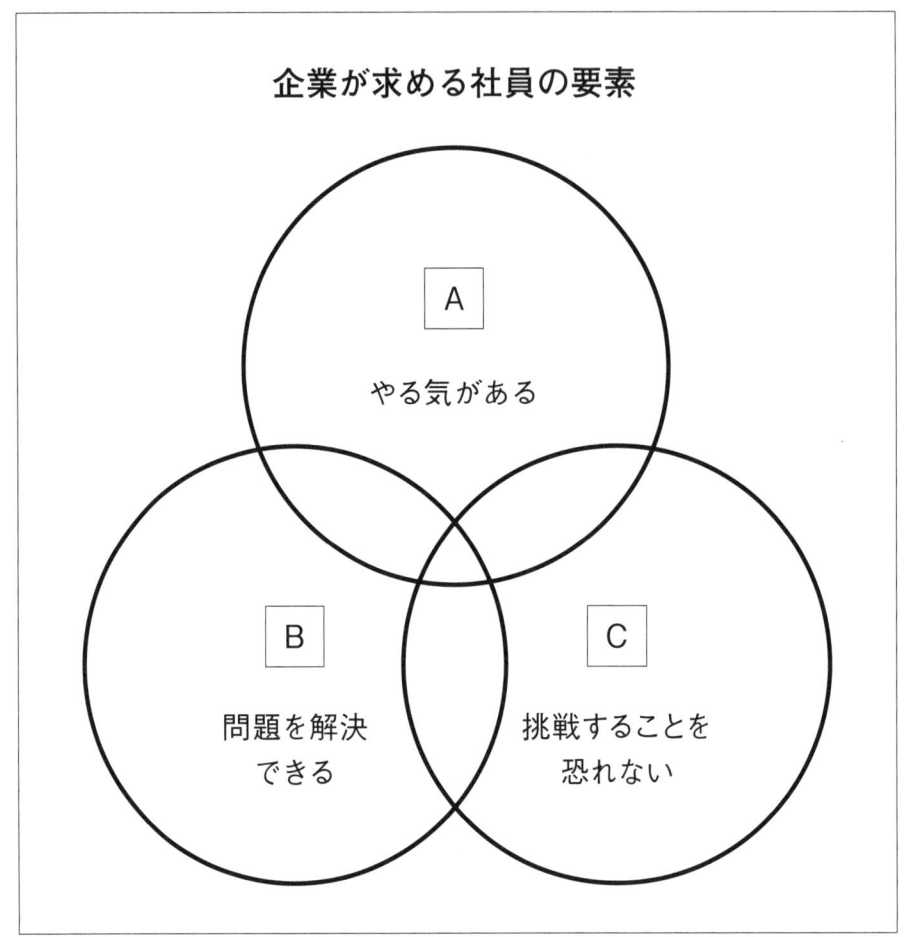

1. A
2. AとB
3. BとC
4. AとC

聴解問題
説明

聴解問題は，音声を聴いて答える問題です。問題も選択肢もすべて音声で示されます。問題冊子には，何も書かれていません。

<u>問題は一度しか聴けません。</u>

このページのあとに，メモ用のページが1ページあります。音声を聴きながらメモをとるのに使ってもいいです。

聴解の解答欄には，『正しい』という欄と『正しくない』という欄があります。選択肢1，2，3，4の一つ一つを聴くごとに，正しいか正しくないか，マークしてください。正しい答えは一つです。

― メ モ ―

第5回の問題はこれで終わりです。
解答はp.288を参照してください。

第6回

実戦問題
解答時間 55分

音声の再生及び得点分布の確認

QRコードを読み取ってオンライン解答用紙に解答を記入し、正解と得点分布を確認してください。

聴読解問題
説明

　聴読解問題は，問題冊子に書かれていることを見ながら，音声を聴いて答える問題です。

　<u>問題は一度しか聴けません。</u>

　それぞれの問題の最初に，「ポーン」という音が流れます。これは，「これから問題が始まります」という合図です。
　問題の音声の後，「ポーン」という，最初の音より少し低い音が流れます。これは，「問題はこれで終わりです。解答を始めてください」という合図です。

　選択肢1，2，3，4の中から答えを一つだけ選び，聴読解の解答欄にマークしてください。

1番

先生が，木を切る理由について話しています。この先生が話している例は，図のどの部分にあてはまりますか。　1

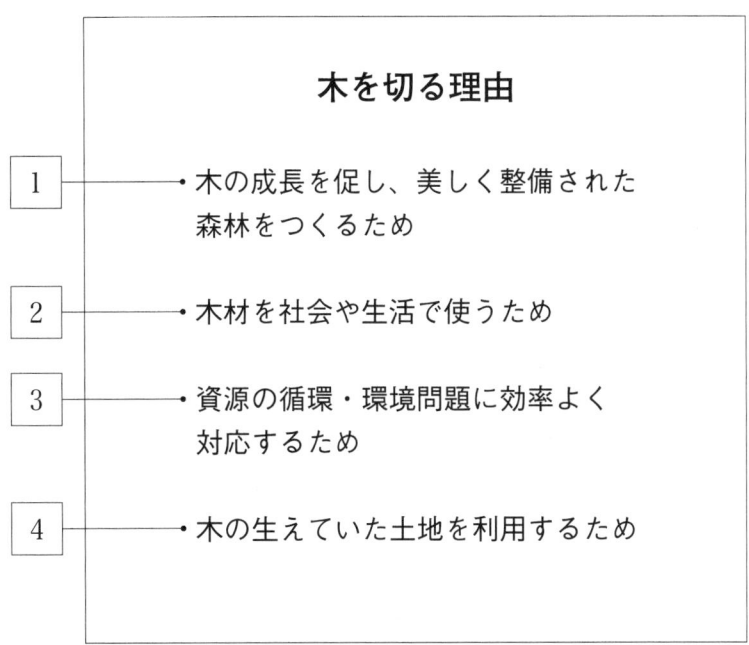

第6回　実戦問題

2番

　男子学生と女子学生が、若者が旅行をする目的についての調査結果を見ながら話しています。この男子学生が意外だと言っているのは、図のどの項目についてですか。　2

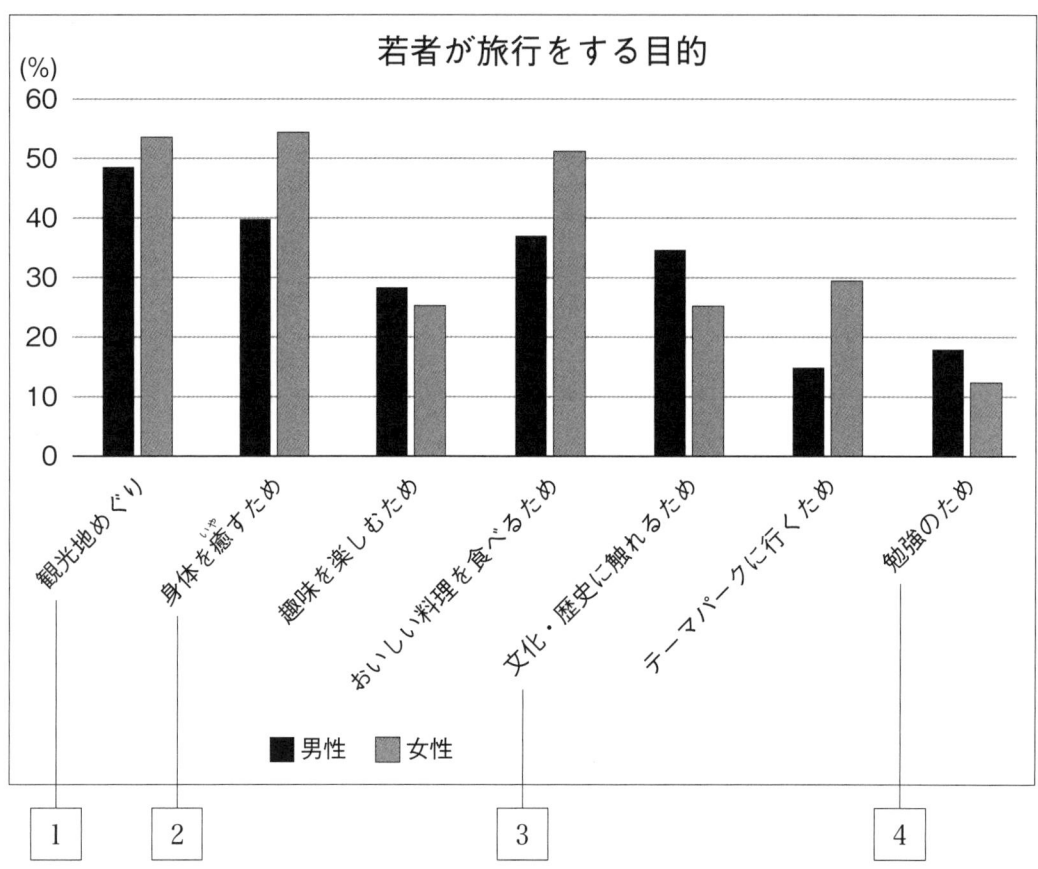

3番

先生が授業で、子供の言語の獲得について話しています。この先生によると、実験で一番多く選ばれた絵はどれですか。

1.

2.

3.

4.

4番

先生が，企業における待遇について話しています。この先生が最後に挙げる従業員の例は，入社時と退社時でそれぞれどの部分にあてはまりますか。　4

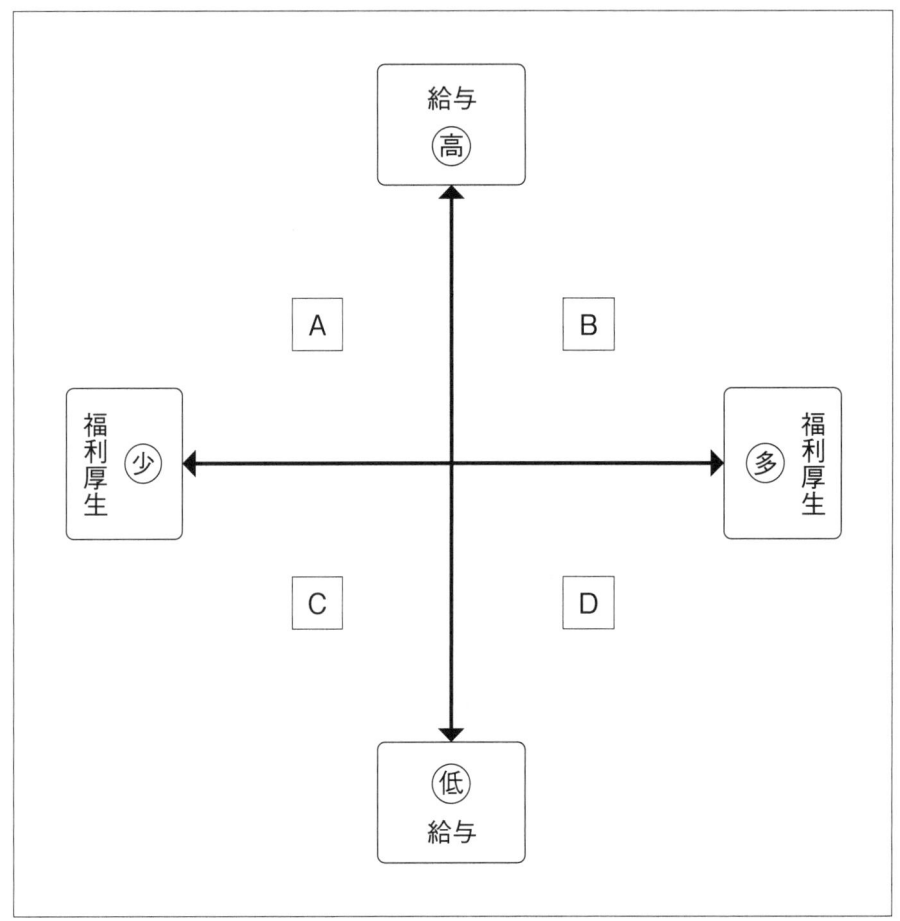

1．入社時はA，退社時はC
2．入社時はB，退社時はD
3．入社時はC，退社時はA
4．入社時はD，退社時はB

5番

先生が，自動車の自動運転について話しています。この先生が，自動車保険の加入者が急激に減り始めると考えているのは，どのレベルの車が普及したときですか。　5

レベル	操作主体	概要
0	運転手	運転自動化なし
1		運転支援
2		部分運転自動化
3	システム	条件付き運転自動化
4		高度運転自動化
5		完全運転自動化

1 — レベル2
2 — レベル3
3 — レベル4
4 — レベル5

6番

先生が授業で、メダカという魚について話しています。この先生が行った最後の実験の結果はどれですか。

6

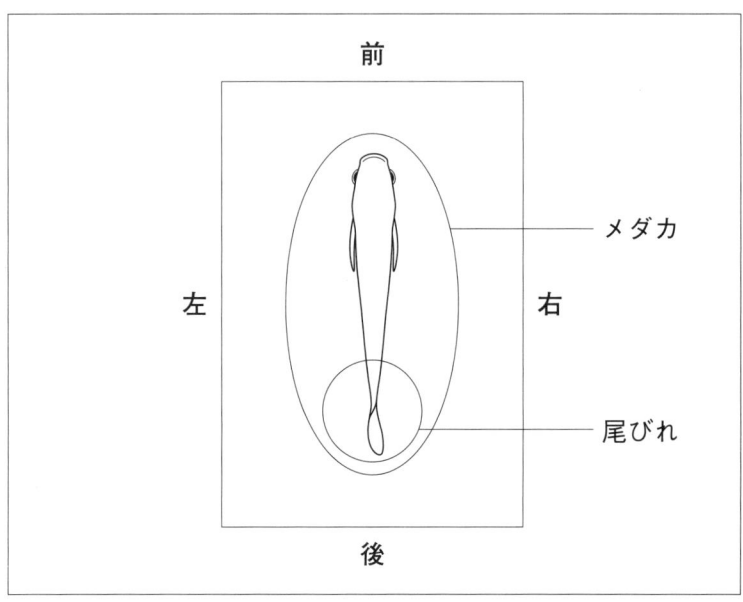

1.
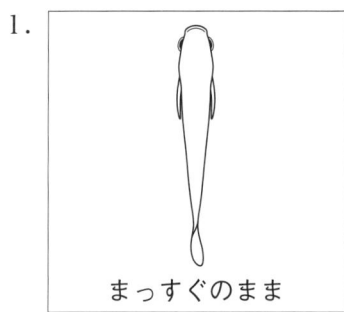
まっすぐのまま

2.
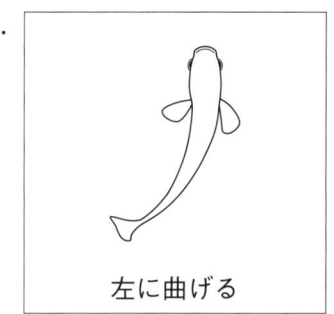
左に曲げる

3.
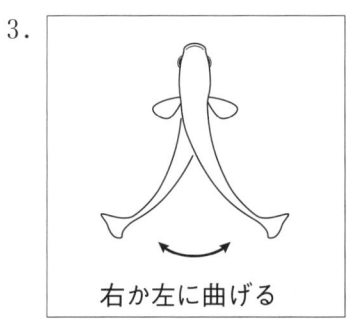
右か左に曲げる

4.
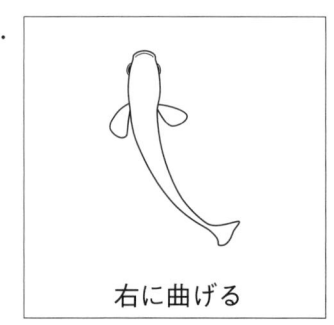
右に曲げる

7番

先生が授業で、フェーン現象について話しています。この先生が話の最後にする質問の答えはどれですか。 7

フェーン現象

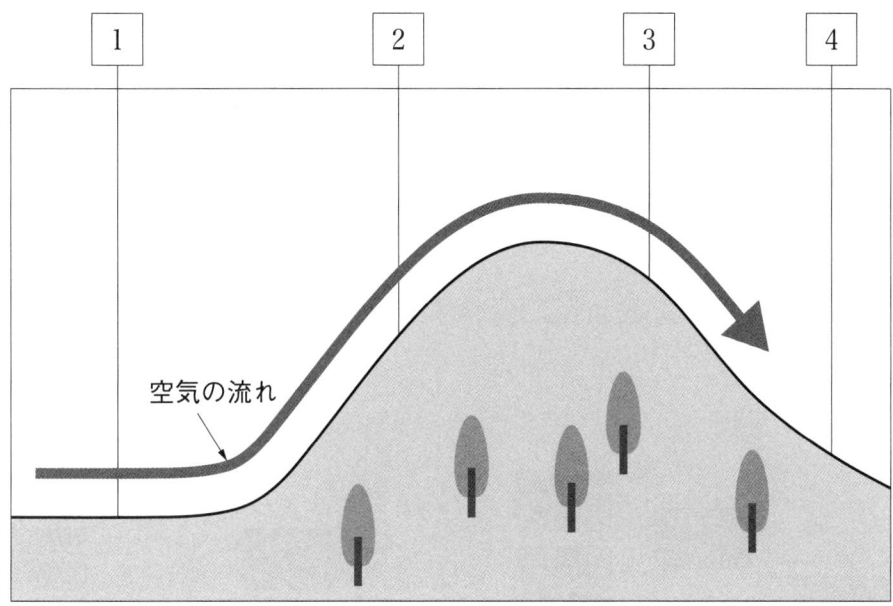

8番

女子学生と男子学生が，発表で使う資料について話しています。この女子学生はどの形の図を，どの順に使って発表することにしましたか。 8

A.
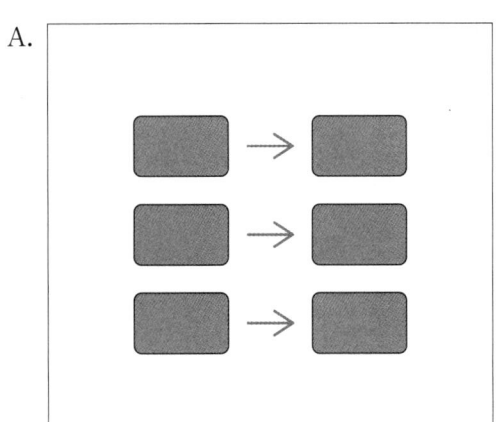

B.
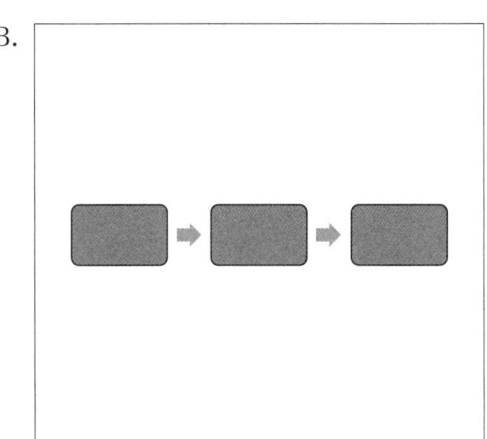

C.
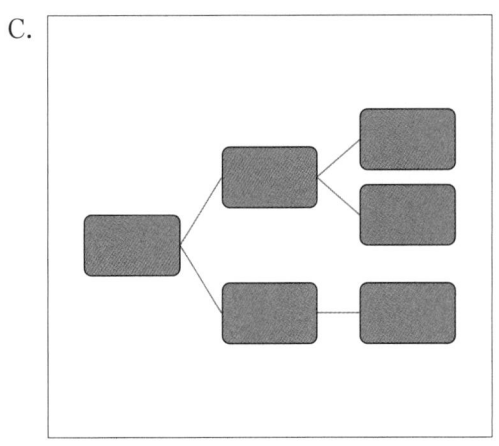

D.
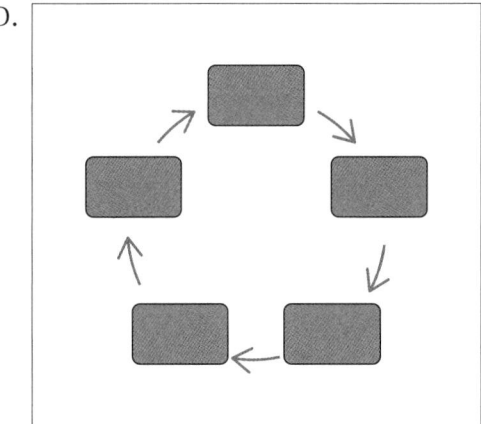

1. A→B→D
2. A→D→C
3. C→B→A
4. C→A→D

9番

先生が，マーケティングの授業で，チョコレートの購入行動について話しています。この先生の話に合う図はどれですか。

1.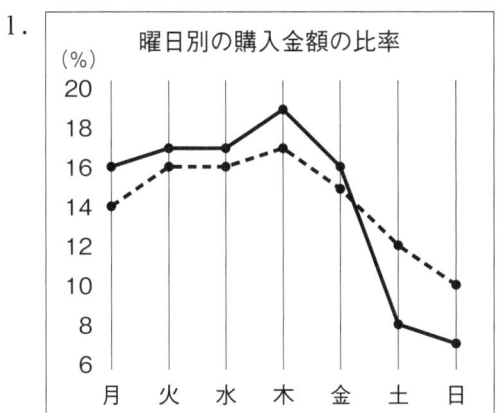
2.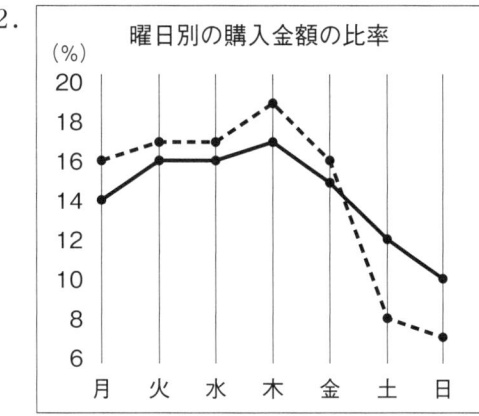
3.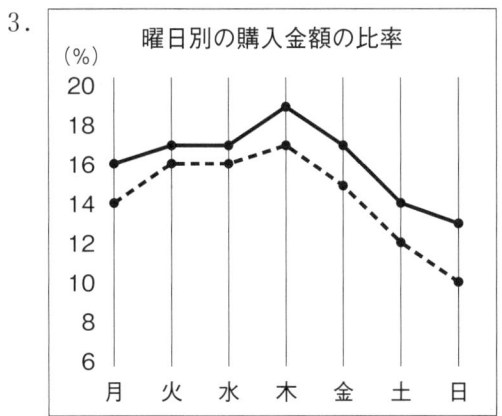
4.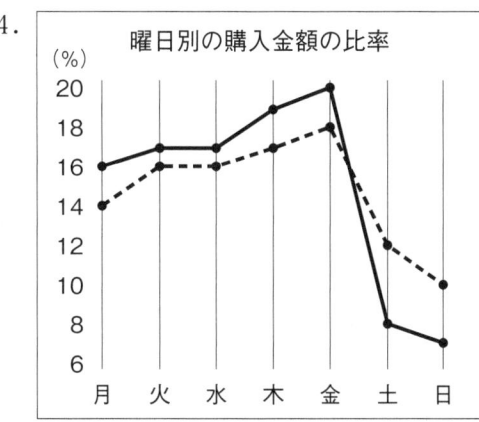

10番

先生が、食品の保存方法について話しています。この先生が最後にする質問の答えはどれですか。　　10

食品の保存方法と効果

	保存方法	効果
1	乾燥させる	水分を少なくし、腐敗の原因となる菌の増殖を防ぐ
2	塩で漬ける	腐敗の原因となる菌から水分を奪い、増殖を防ぐ
3	冷凍する	水分を凍らせて、微生物が生きにくい環境を作る
4	香辛料をまぶす	香辛料による抗菌効果で、食材を菌から守る

11番

経営コンサルタントの先生が、店内の広告について話しています。この先生が、あるスーパーマーケットにすすめた広告の方法はどれですか。　11

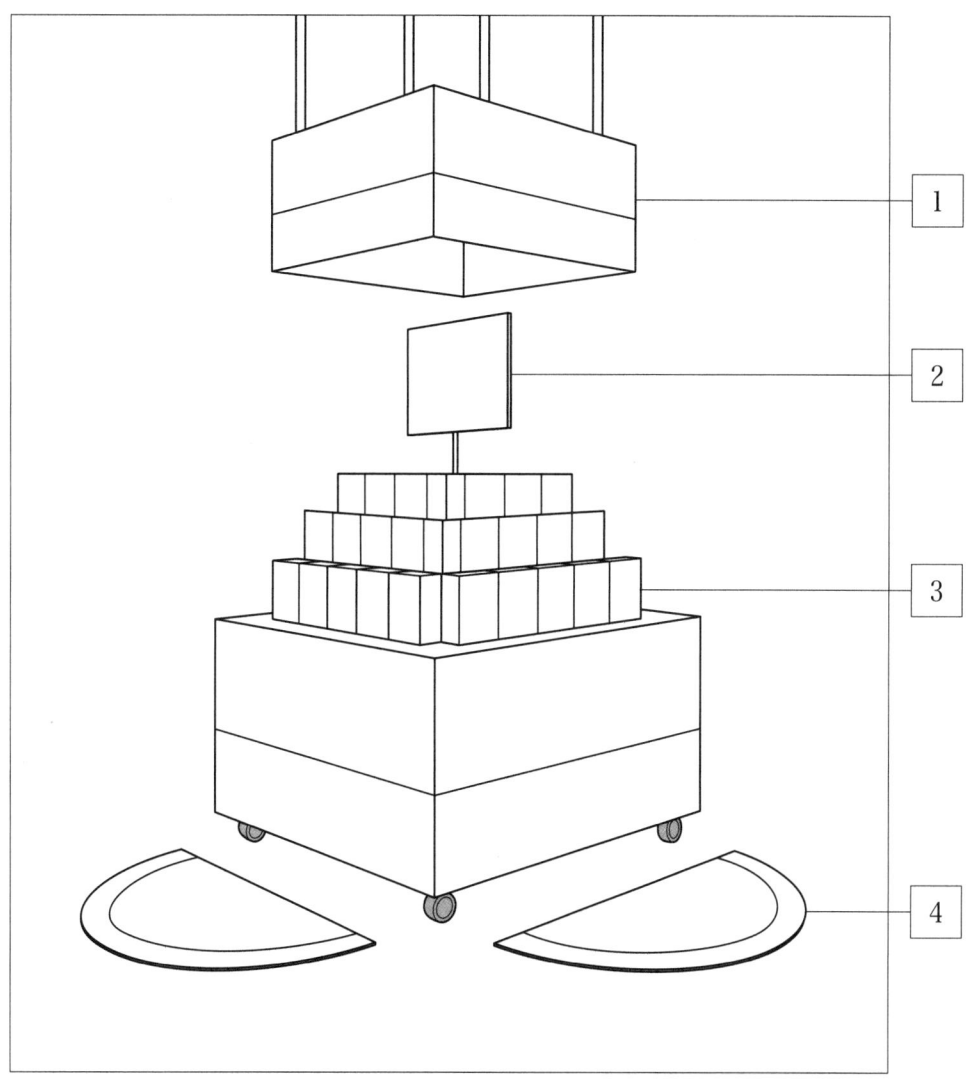

12番

先生が、アサガオという花について話しています。この先生が、最後にする質問の答えはどれですか。　12

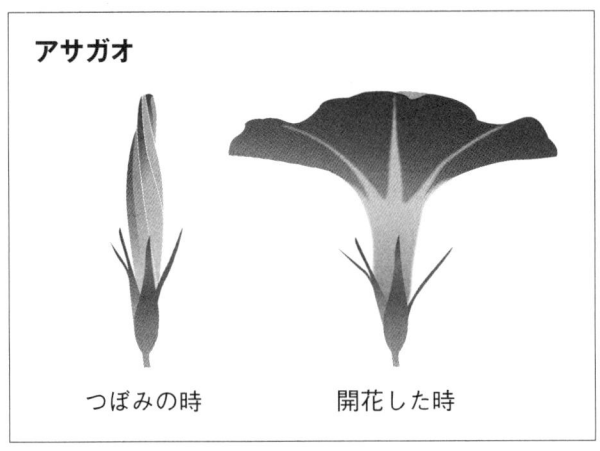

聴解問題
説明

　聴解問題は，音声を聴いて答える問題です。問題も選択肢もすべて音声で示されます。問題冊子には，何も書かれていません。

<u>問題は一度しか聴けません。</u>

　このページのあとに，メモ用のページが1ページあります。音声を聴きながらメモをとるのに使ってもいいです。

　聴解の解答欄には，『正しい』という欄と『正しくない』という欄があります。選択肢1，2，3，4の一つ一つを聴くごとに，正しいか正しくないか，マークしてください。正しい答えは一つです。

― メ モ ―

第6回の問題はこれで終わりです。
解答はp.288を参照してください。

第7回

実戦問題
解答時間 55分

音声の再生及び得点分布の確認

QRコードを読み取ってオンライン解答用紙に解答を記入し、正解と得点分布を確認してください。

聴読解問題
説明

聴読解問題は，問題冊子に書かれていることを見ながら，音声を聴いて答える問題です。

<u>問題は一度しか聴けません。</u>

それぞれの問題の最初に，「ポーン」という音が流れます。これは，「これから問題が始まります」という合図です。

問題の音声の後，「ポーン」という，最初の音より少し低い音が流れます。これは，「問題はこれで終わりです。解答を始めてください」という合図です。

選択肢1，2，3，4の中から答えを一つだけ選び，聴読解の解答欄にマークしてください。

1番

先生が,企業の社会貢献について話しています。この先生が話の最後で例に挙げた企業の取り組みは,図のどれにあてはまりますか。　　1

2番

男子学生と先生が，人間の知覚について話しています。この先生の実験の結果を示した図はどれですか。

2

0：実際の大きさ　　　A～J：子供

―――― ：硬貨を見せた時
　　　　描いた大きさ

-------- ：円板を見せた時
　　　　描いた大きさ

3番

先生が授業で，地震が起きた時の移動方法について話しています。この先生が話の最後で描く矢印はどれですか。　　　　　　　　　　　　　　　　　　　　　　3

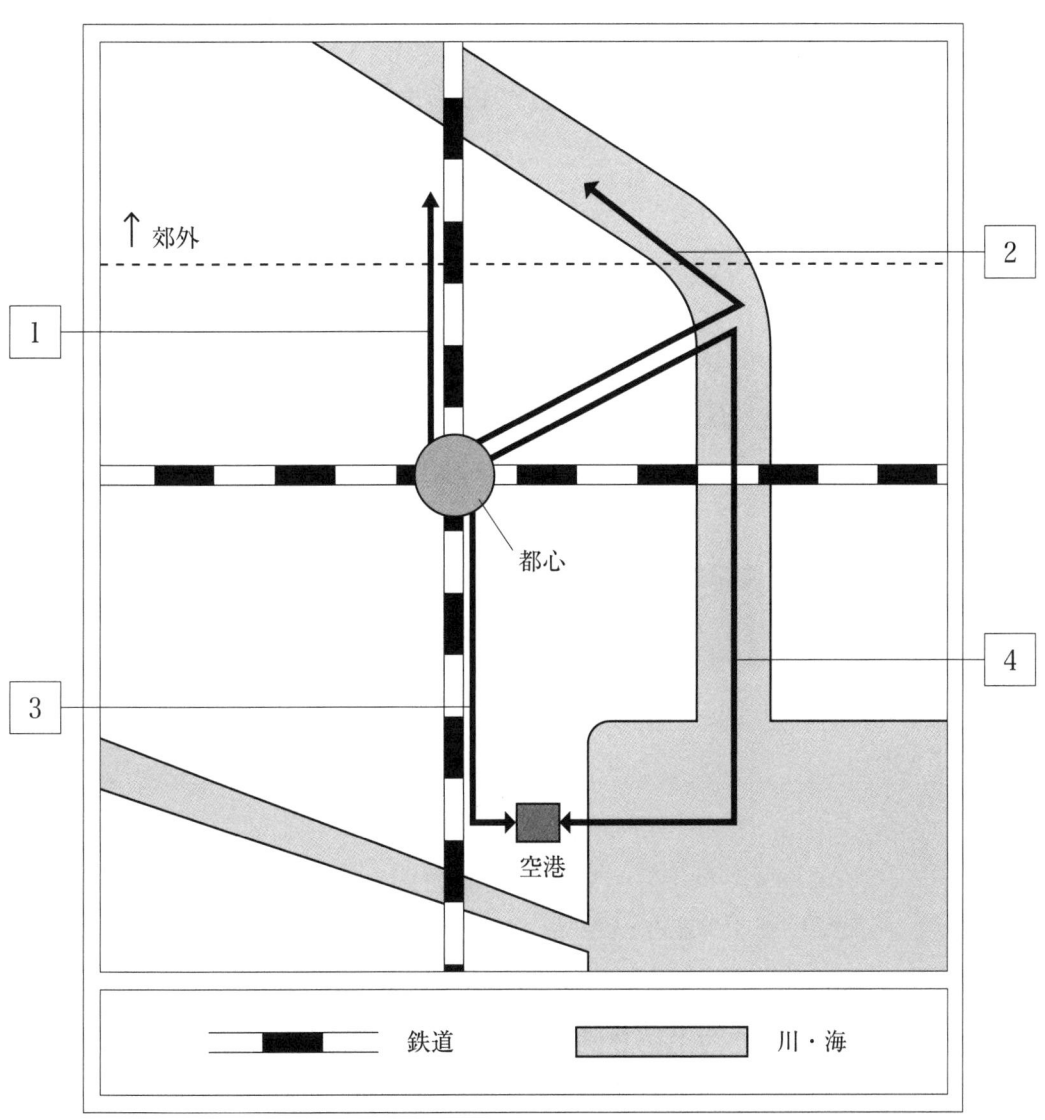

4番

先生が，人間の能力のピークとその年齢について話しています。この先生の話に合うように，5つの能力のピークがくる年齢を若い順に並べると，どのようになりますか。

4

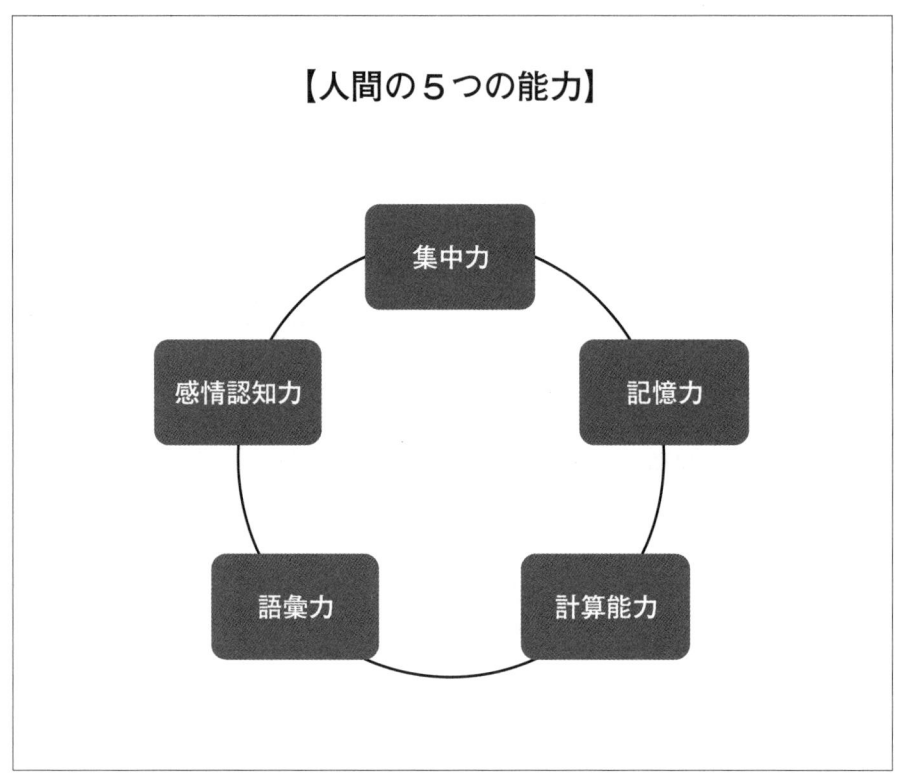

1．集中力 → 記憶力 → 計算能力 → 感情認知力 → 語彙力
2．記憶力 → 集中力 → 感情認知力 → 計算能力 → 語彙力
3．計算能力 → 語彙力 → 集中力 → 感情認知力 → 記憶力
4．記憶力 → 計算能力 → 語彙力 → 集中力 → 感情認知力

5番

先生が授業で、アカネズミという動物の餌の保存の仕方について話しています。この先生の話によると、アカネズミが餌を保存した場所の分布図はどれですか。　5

1.
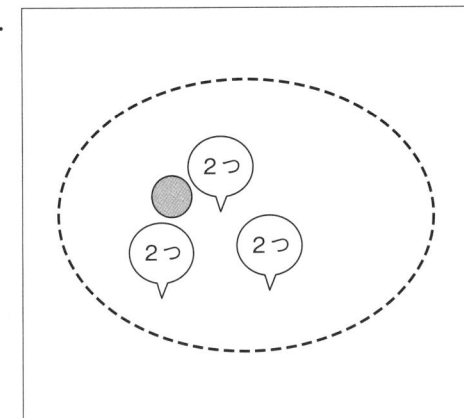

2.
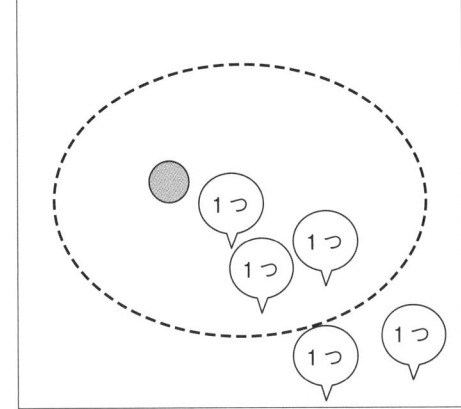

3.
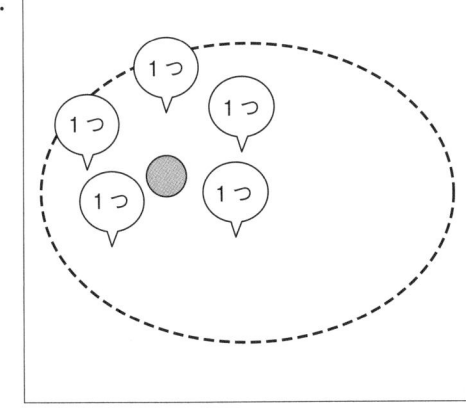

4.
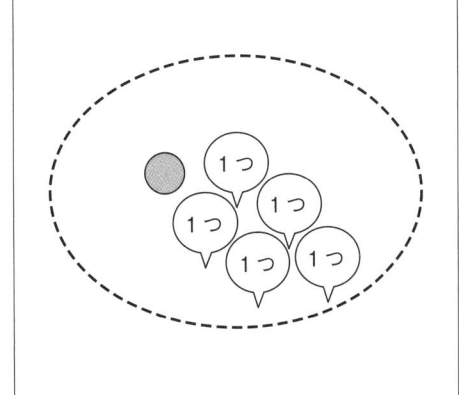

6番

先生が,心の病気に対する3つの治療法について話しています。この先生の話によると,ある会社員はどの領域の治療を受けましたか。

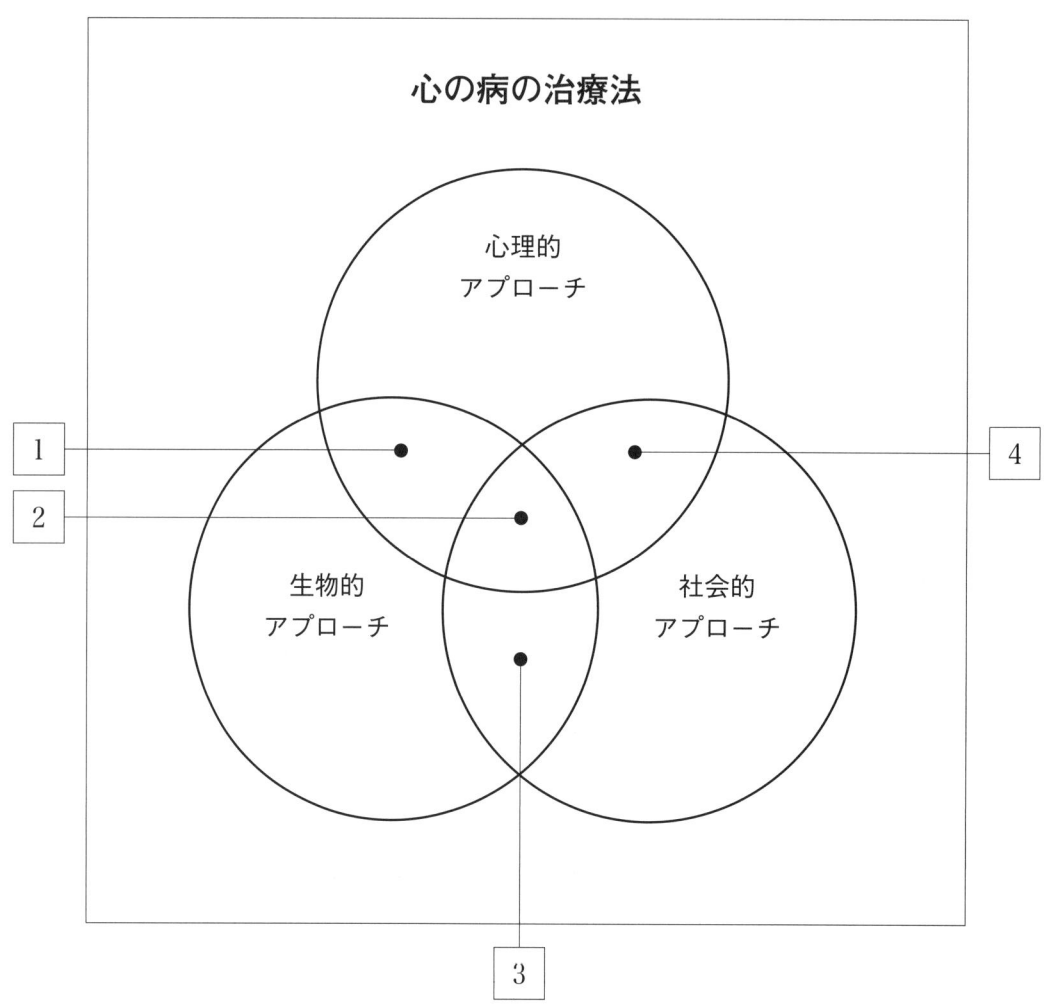

7番

先生が，クマという動物について話しています。この先生が最後にする質問の答えはどれですか。 7

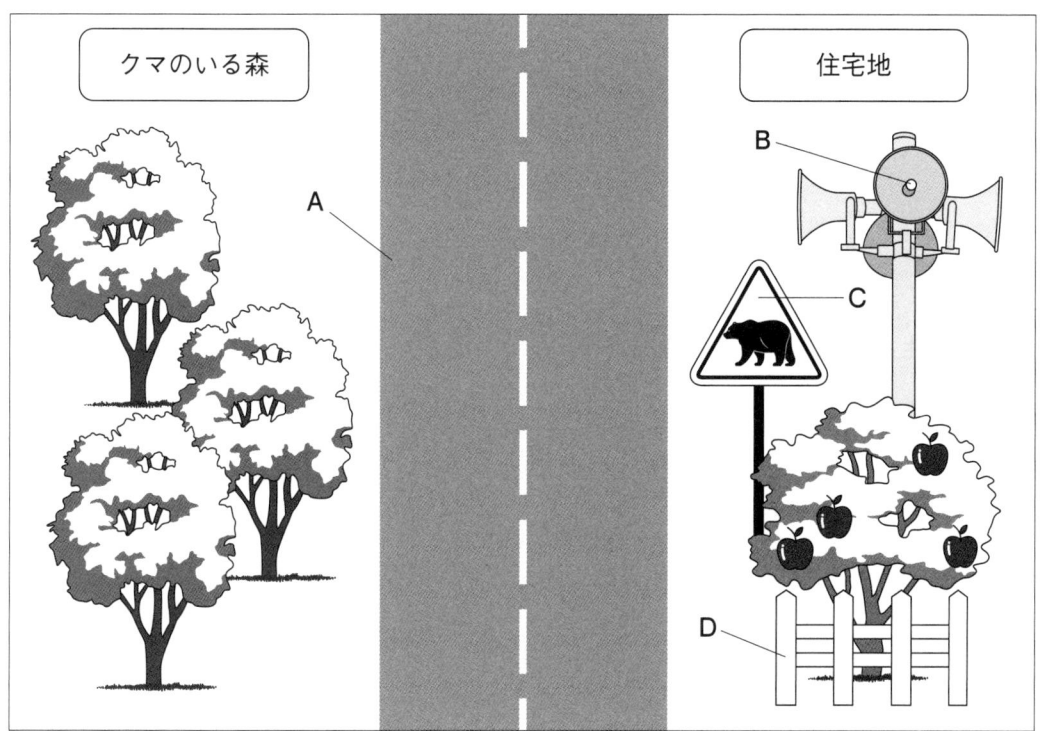

1．AとD
2．BとC
3．AとC
4．BとD

8番

女子学生と男子学生が、組織の形態について話しています。この二人が所属しているクラブの組織の形はどれですか。　8

1. ライン組織
クラブ長
（2,3年生）日本語リーダー　英語リーダー
（1年生）

2. マトリックス組織
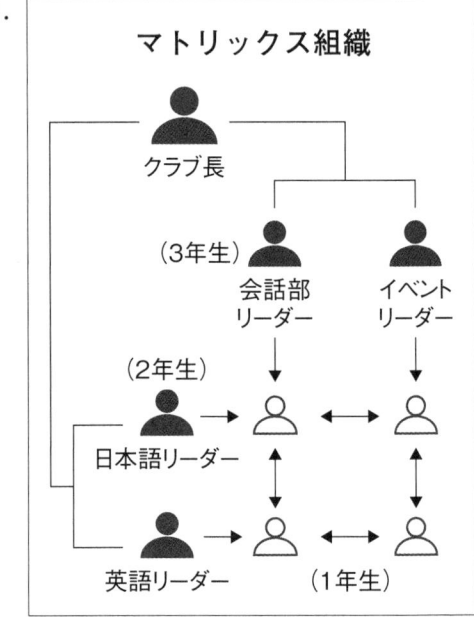

3. ラインアンドスタッフ組織
専門グループ　クラブ長
（2,3年生）日本語リーダー　英語リーダー
（1年生）

4. ファンクショナル組織
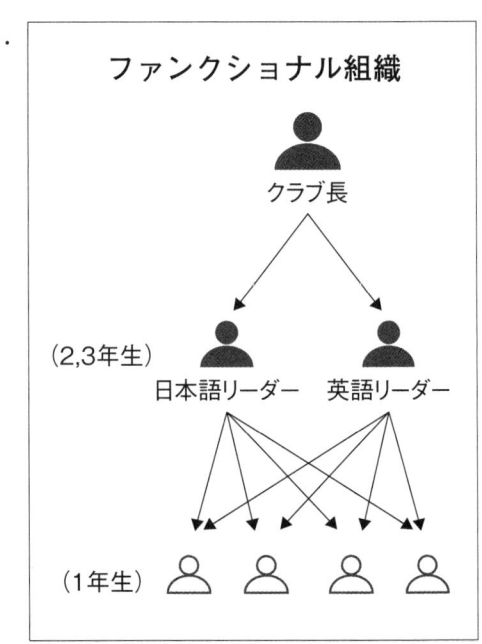

9番

先生が，生物学の授業で，ダンゴムシという虫の習性について話しています。この先生が最後に示す図はどれですか。 9

ダンゴムシ

1.
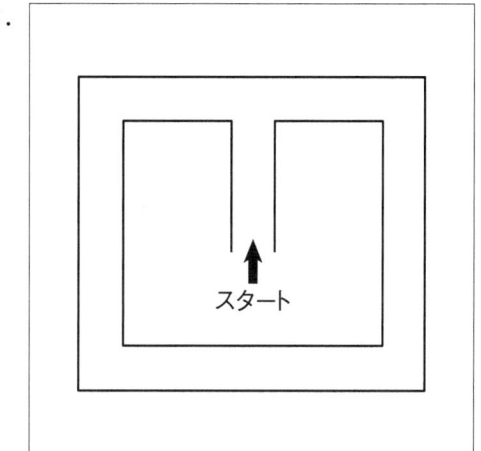

2.

3.
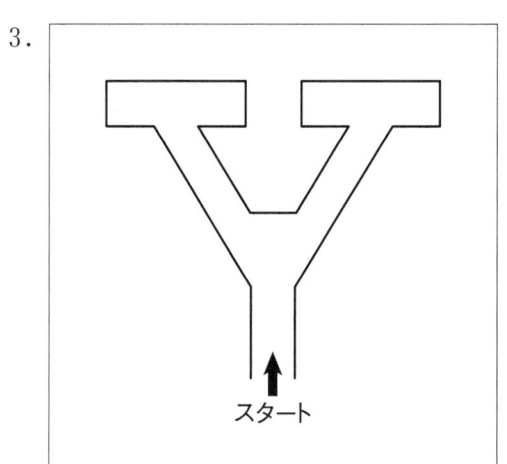

4.
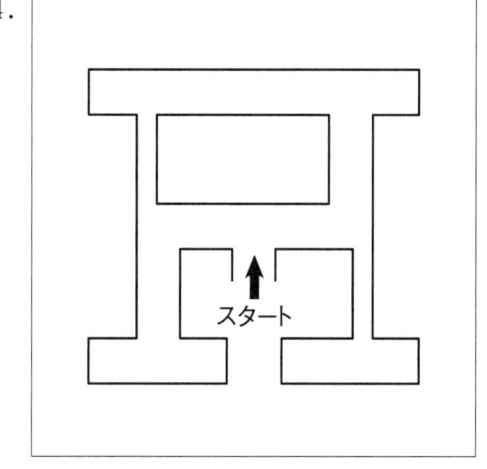

10番

先生が，経営学の授業で，企業の戦略について話しています。この先生が見学に行った企業が新しく打ち出した戦略は，図のどこにあてはまるものですか。　10

製品と市場の戦略

	既存の製品	新製品
既存の市場	1	2
新市場	3	4

11番

先生が，教育学の授業で，子供が描いた絵を見せながら話しています。この資料の絵を描いた子供は，現在どの時期にいると推測できますか。 11

12番

先生が，宇宙飛行機を使った旅行について話しています。この先生が最後にする質問の答えはどれですか。

12

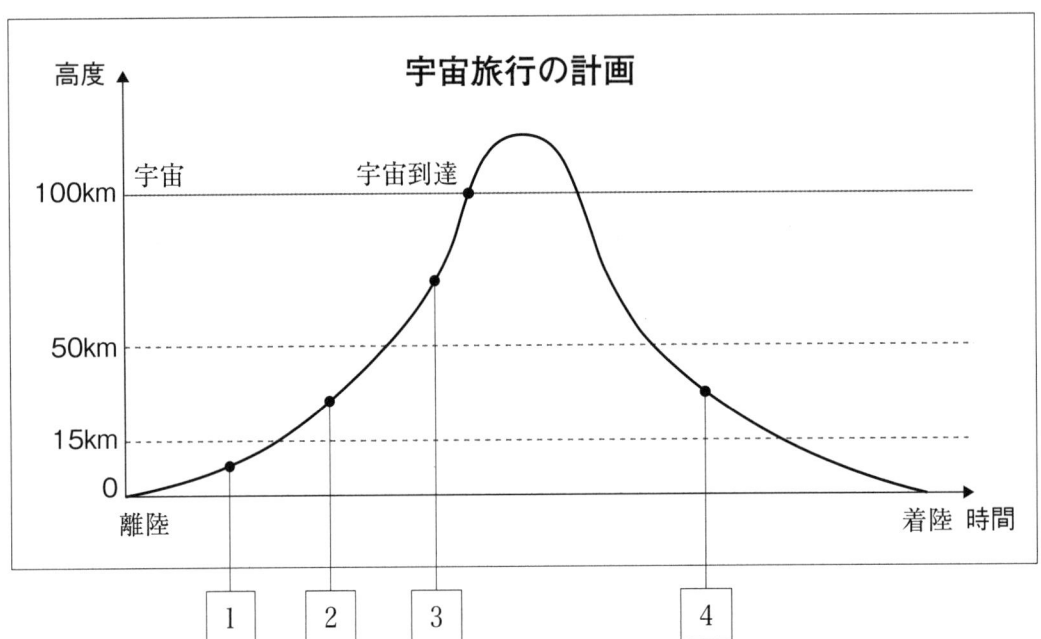

聴解問題
説明

　聴解問題は，音声を聴いて答える問題です。問題も選択肢もすべて音声で示されます。問題冊子には，何も書かれていません。

　<u>問題は一度しか聴けません。</u>

　このページのあとに，メモ用のページが1ページあります。音声を聴きながらメモをとるのに使ってもいいです。

　聴解の解答欄には，『正しい』という欄と『正しくない』という欄があります。選択肢1，2，3，4の一つ一つを聴くごとに，正しいか正しくないか，マークしてください。正しい答えは一つです。

― メ モ ―

第7回の問題はこれで終わりです。
解答はp.288を参照してください。

第8回

実戦問題
解答時間 55分

音声の再生及び得点分布の確認

QRコードを読み取ってオンライン解答用紙に解答を記入し、正解と得点分布を確認してください。

聴読解問題
説明

　聴読解問題は，問題冊子に書かれていることを見ながら，音声を聴いて答える問題です。

　<u>問題は一度しか聴けません。</u>

　それぞれの問題の最初に，「ポーン」という音が流れます。これは，「これから問題が始まります」という合図です。
　問題の音声の後，「ポーン」という，最初の音より少し低い音が流れます。これは，「問題はこれで終わりです。解答を始めてください」という合図です。

　選択肢１，２，３，４の中から答えを一つだけ選び，聴読解の解答欄にマークしてください。

1番

先生が,新しくできた望遠鏡について話しています。この先生が最後に話す望遠鏡への期待は,この望遠鏡のどの特徴によって支えられていますか。　|1|

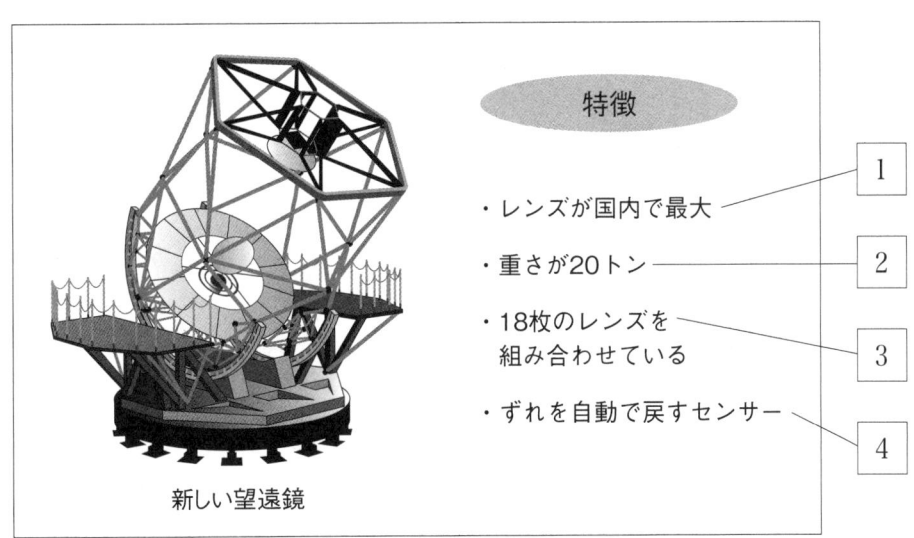

2番

先生が，カラスという鳥の頭の良さを調べた実験について話しています。この先生の話によると，1回目と2回目の実験を開始して，それぞれ3分経ったときの筒の状態はどれですか。

2

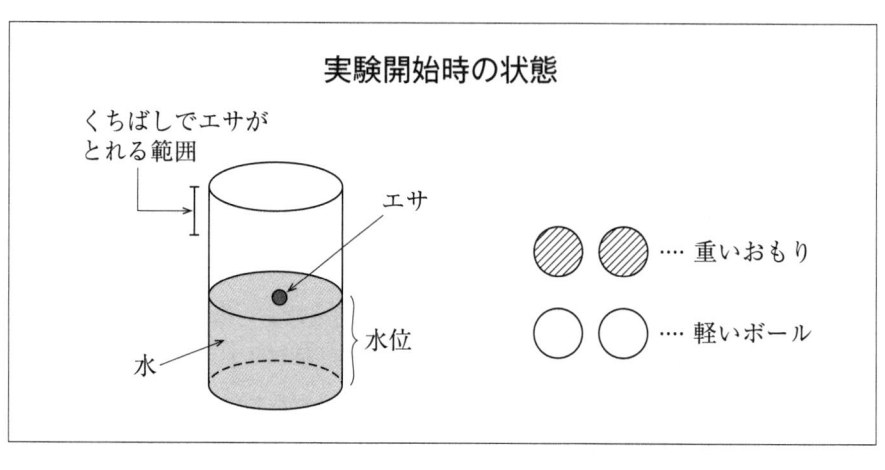

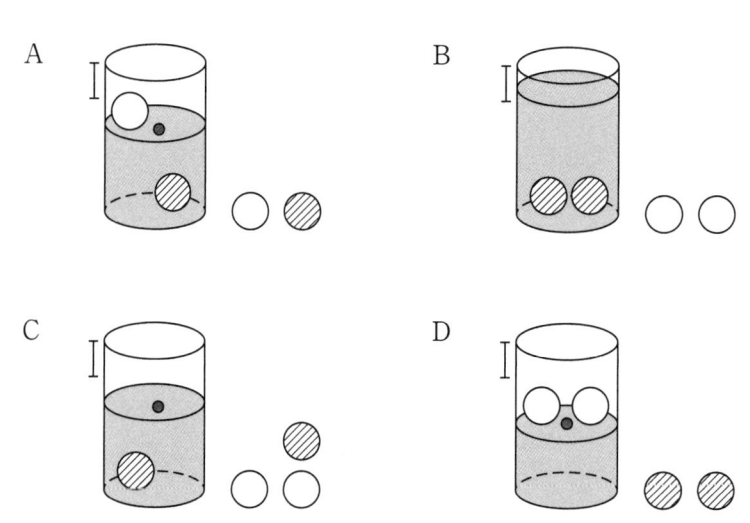

1．1回目：A　　2回目：B
2．1回目：A　　2回目：D
3．1回目：C　　2回目：B
4．1回目：C　　2回目：D

3番

女子学生と男子学生が，ゼミナールの発表会のプログラムについて相談しています。この二人は，プログラムのどの部分を短くすることにしましたか。　　　3

ゼミナール発表会　プログラム予定

日時：○○年○月○日　　　16:00 ～ 19:00
場所：研究室 A
発表者数：15 名

プログラム

	開会のあいさつ	16:00 ～ 16:05
1	メンバー紹介	16:05 ～ 16:30
2	研究発表	16:30 ～ 17:50
3	先生からの講評	17:50 ～ 18:00
4	懇親会	18:00 ～ 18:55
	閉会のあいさつ	18:55 ～ 19:00

4番

先生がオフィス空間でのストレスの緩和について話しています。この先生が最後にする質問の答えはどれですか。

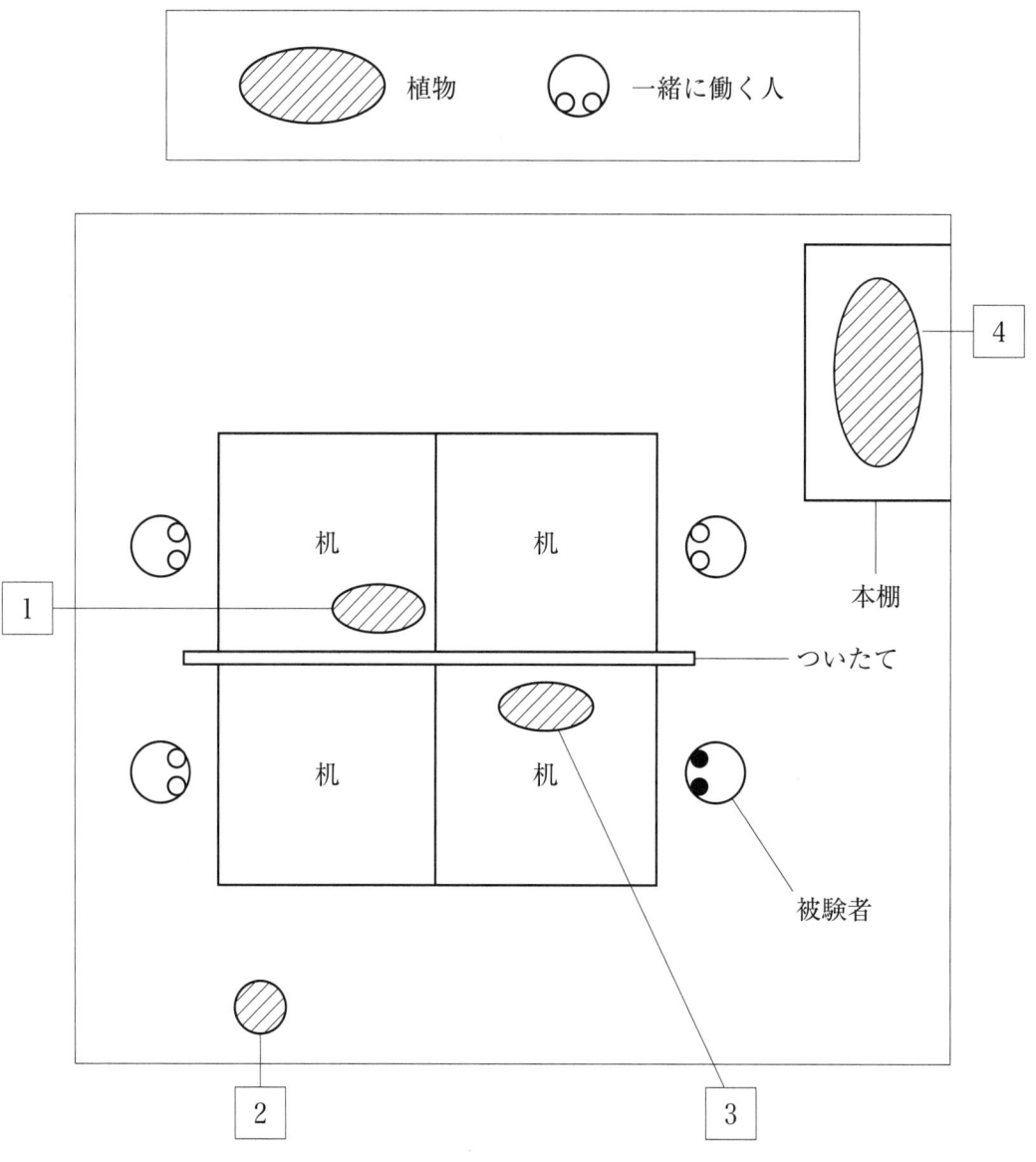

5番

先生が授業で，雪の結晶について話しています。この先生が最後にする質問の答えはどれですか。 5

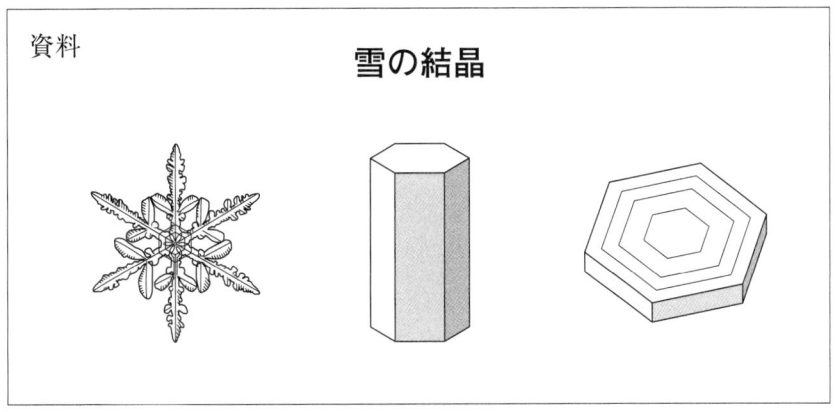

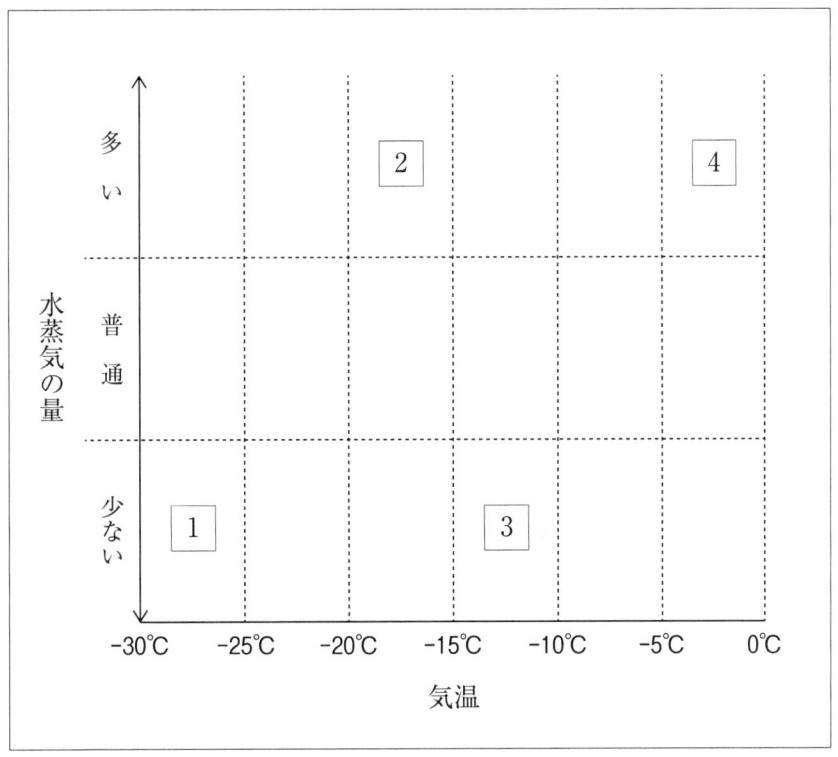

6番

先生が授業で、フジツボという海の生物について話しています。この先生の話によると、フジツボの一種であるキタアメリカフジツボは、現在、主にどこに生息していますか。

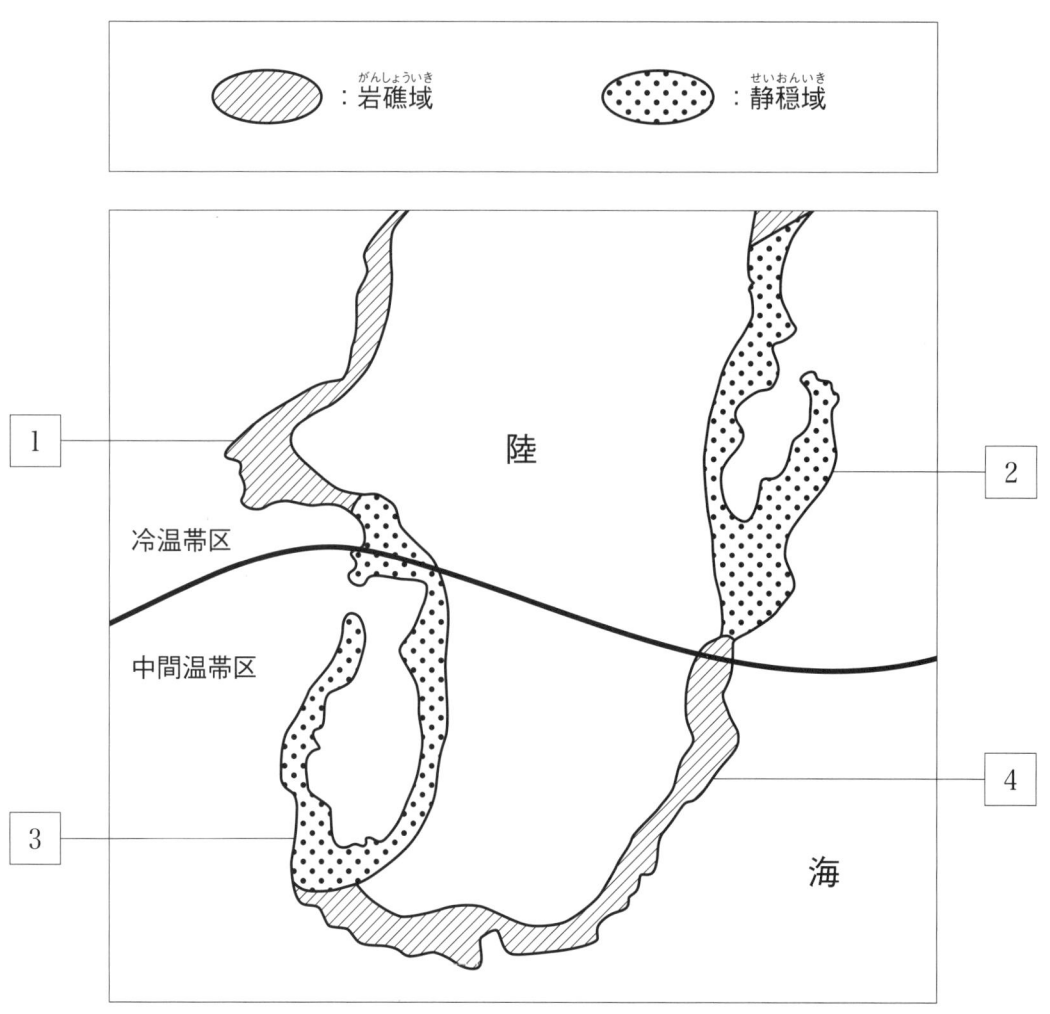

7番

先生が，マーケティングの授業で，顧客について話しています。この先生が最後に挙げる例は，どの顧客からどの顧客に変化させるための方法ですか。　7

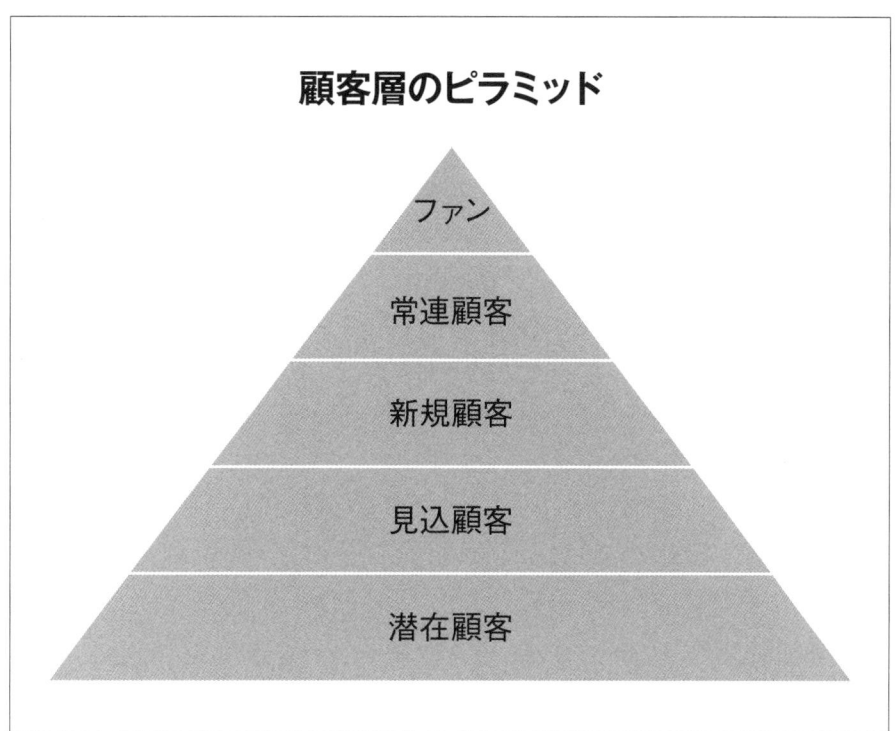

1．「新規顧客」から「常連顧客」
2．「見込顧客」から「新規顧客」
3．「潜在顧客」から「見込顧客」
4．「常連顧客」から「ファン」

8番

女子学生と男子学生が,授業の課題について話しています。この2人が,はじめに取り掛かる課題はどれですか。　8

	授業名	提出期限	課題内容
1	マーケティング論	10月2日	課題図書（3冊以上）
2	経営学	9月25日	会社訪問（1社以上）
3	広告論	10月10日	レポート（2,000字以上）
4	会計学	9月21日	レポート（5,000字以上）

9番

先生が，経営学の授業で，企業の戦略について話しています。この先生が最後にする質問の答えはどれですか。

9

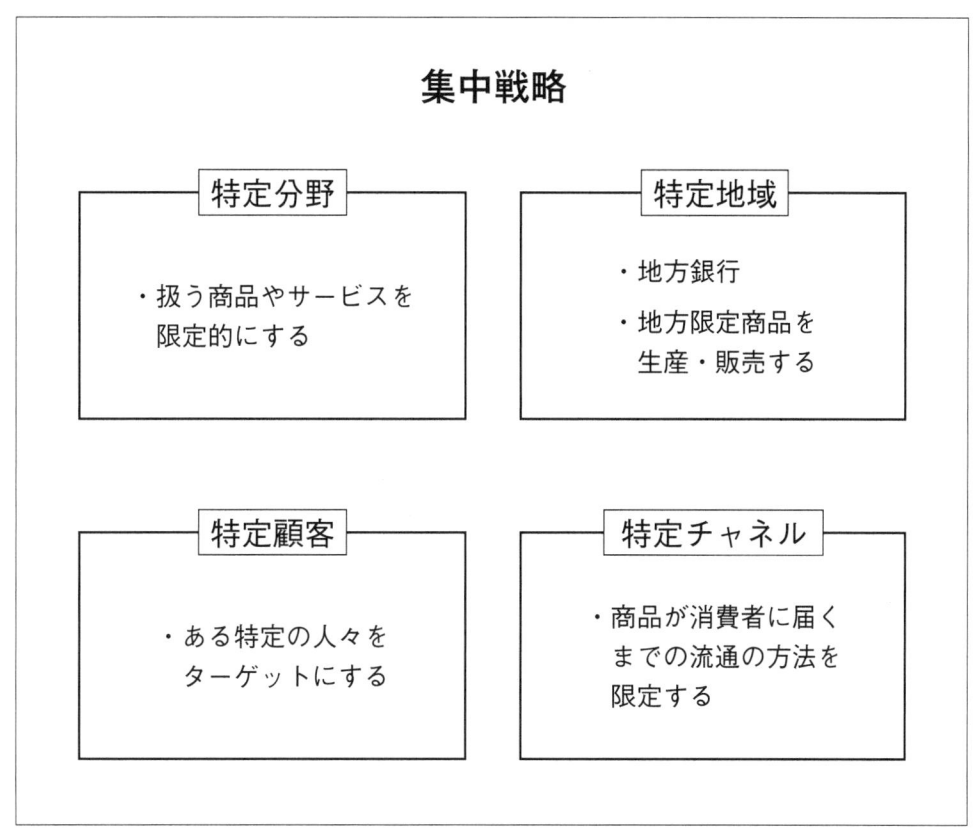

1．〈特定分野〉と〈特定地域〉への集中
2．〈特定地域〉と〈特定チャネル〉への集中
3．〈特定顧客〉と〈特定分野〉への集中
4．〈特定分野〉と〈特定チャネル〉への集中

10番

先生が，環境学の授業で，プラスチックについて話しています。この先生が最後に挙げた例は図のどれにあてはまりますか。 10

		生分解性	
		あり	なし
原料	石油	1	2
原料	植物	3	4

11番

先生が，土地の再開発について話しています。この先生によると，この地域は再開発の結果どうなりましたか。 11

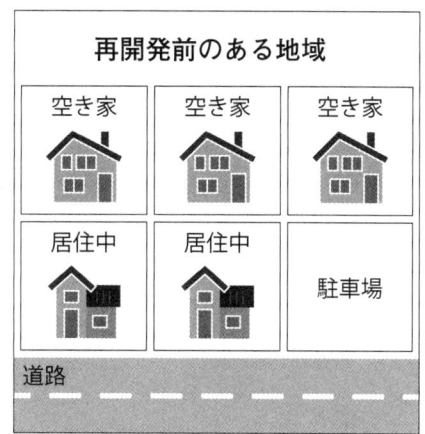

1.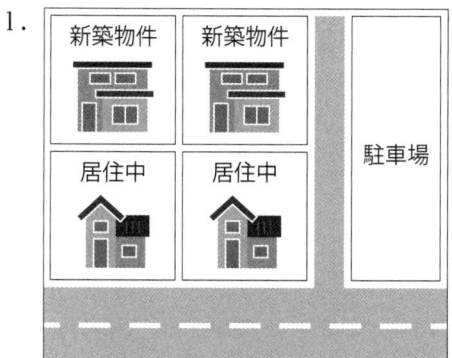

2.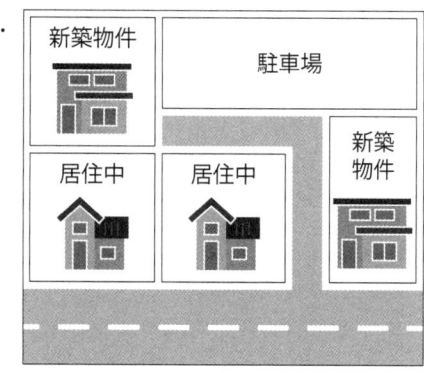

3.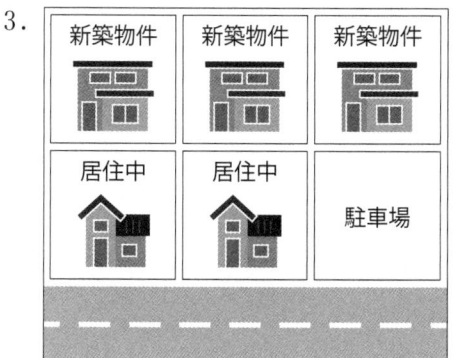

4.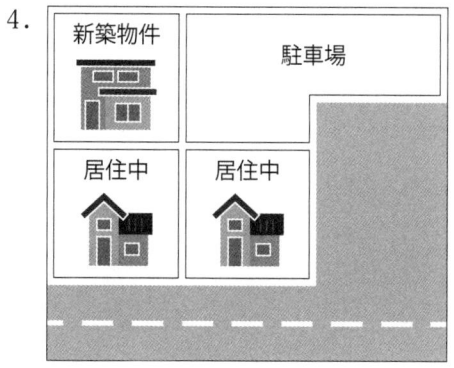

12番

先生が，小学校の教育について話しています。この先生が，もっと増やすべきだと言っている質問はどれですか。 12

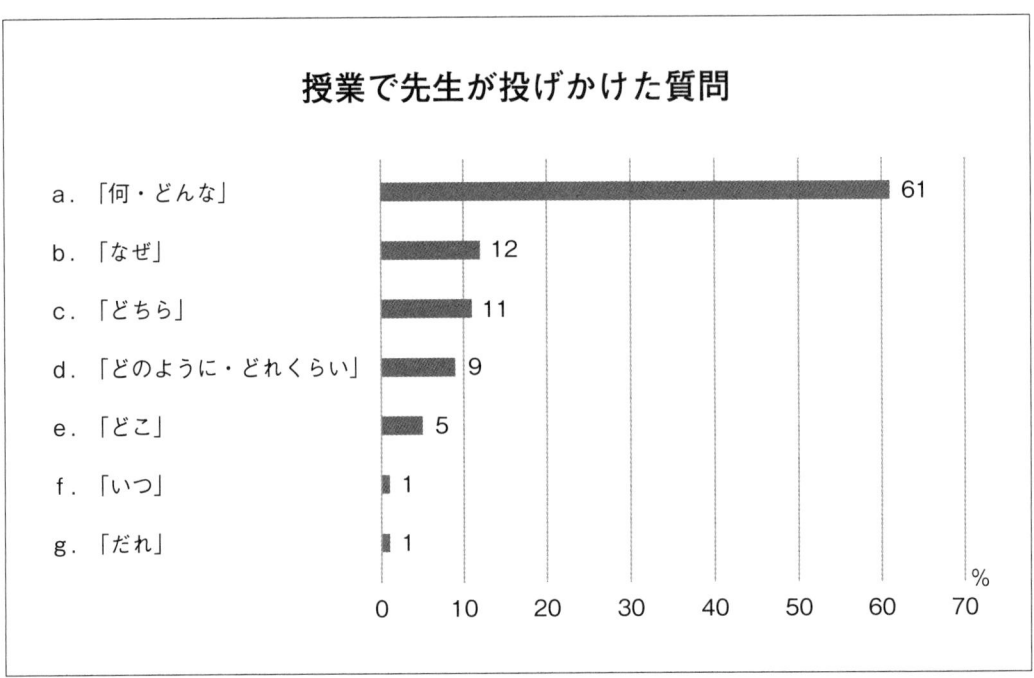

1. aとf
2. cとe
3. dとe
4. eとf

聴解問題
説明

　聴解問題は，音声を聴いて答える問題です。問題も選択肢もすべて音声で示されます。問題冊子には，何も書かれていません。

　<u>問題は一度しか聴けません。</u>

　このページのあとに，メモ用のページが1ページあります。音声を聴きながらメモをとるのに使ってもいいです。

　聴解の解答欄には，『正しい』という欄と『正しくない』という欄があります。選択肢1，2，3，4の一つ一つを聴くごとに，正しいか正しくないか，マークしてください。正しい答えは一つです。

― メ モ ―

第8回の問題はこれで終わりです。
解答はp.288を参照してください。

第9回

実戦問題

解答時間 55分

音声の再生及び得点分布の確認

QRコードを読み取ってオンライン解答用紙に解答を記入し、正解と得点分布を確認してください。

第9回　実戦問題

聴読解問題
説明

　聴読解問題は，問題冊子に書かれていることを見ながら，音声を聴いて答える問題です。

　<u>問題は一度しか聴けません。</u>

　それぞれの問題の最初に，「ポーン」という音が流れます。これは，「これから問題が始まります」という合図です。
　問題の音声の後，「ポーン」という，最初の音より少し低い音が流れます。これは，「問題はこれで終わりです。解答を始めてください」という合図です。

　選択肢1，2，3，4の中から答えを一つだけ選び，聴読解の解答欄にマークしてください。

1番

先生が授業で，山の管理形態について話しています。この先生が直接解決しようとしているのは，図のどの部分に最も関係することですか。 1

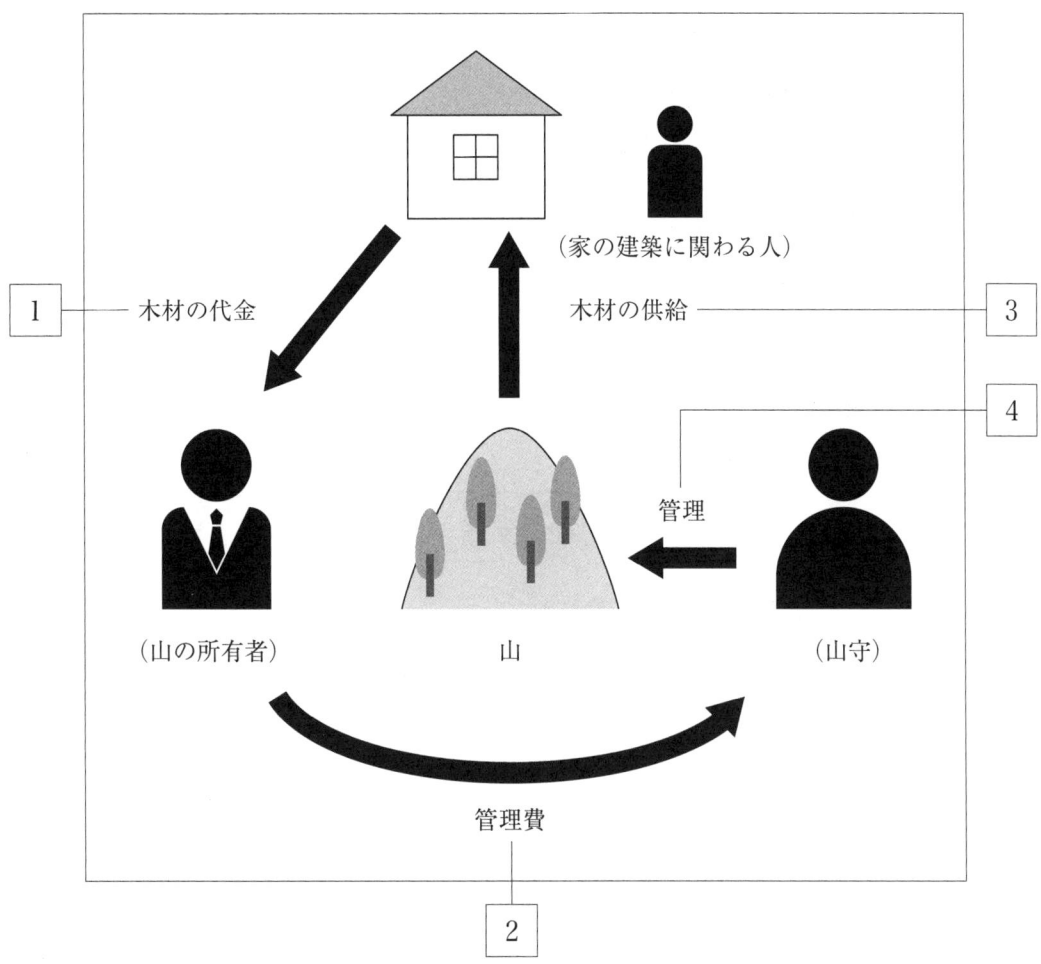

第9回 実戦問題

2番

先生が、情報の伝え方について説明しています。この先生が最後にする質問の答えはどれですか。

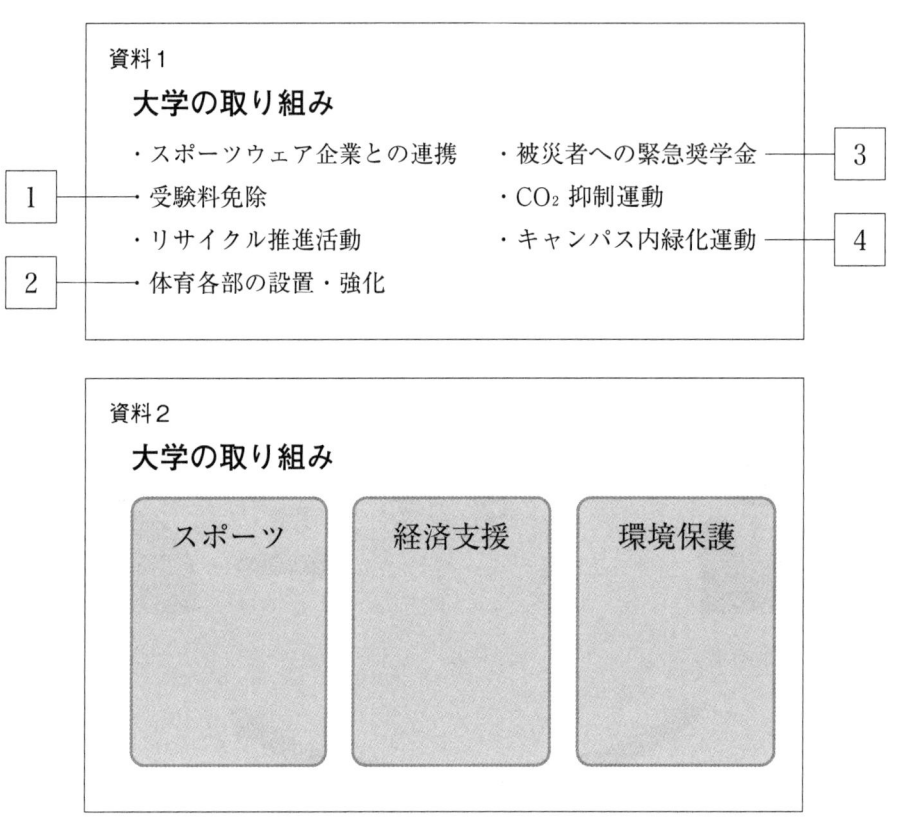

3番

男子学生と女子学生が，企業の戦略について話しています。この男子学生はどのような戦略で飲み物を売るのが良いと考えていますか。 3

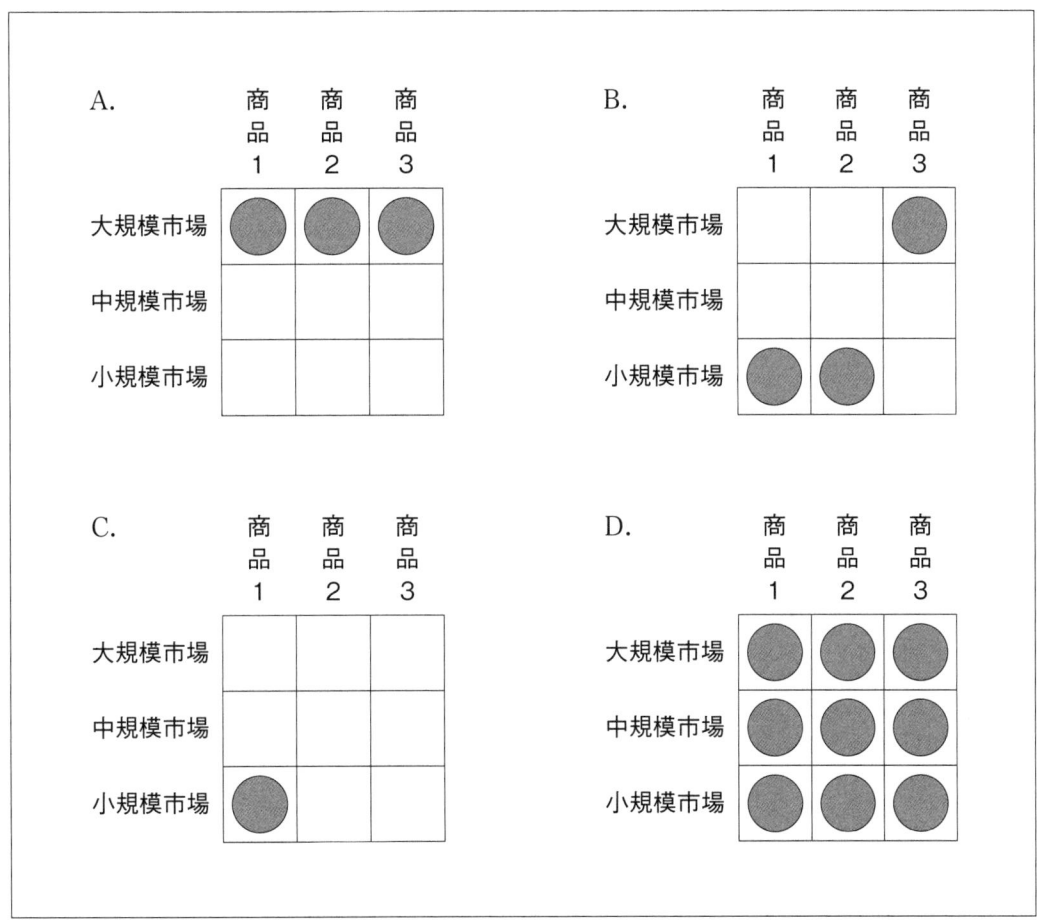

1．事業開始時はB，最終目標はA
2．事業開始時はC，最終目標はA
3．事業開始時はB，最終目標はD
4．事業開始時はC，最終目標はD

4番

先生が授業で、3Dプリンターについて話しています。この先生がこのあと説明するのは、どのプリンターについてですか。　　　4

4つの3Dプリンターの比較

プリンター	1	2	3	4
見た目	×	◎	×	×
頑丈さ	○	△	◎	×

◎ とても良い　　○ 比較的良い
△ あまり良くない　× 悪い

5番

経営学の授業で先生が，不正の発生について話しています。この先生が話の最後に挙げる対策は，図のどれに対するものですか。　5

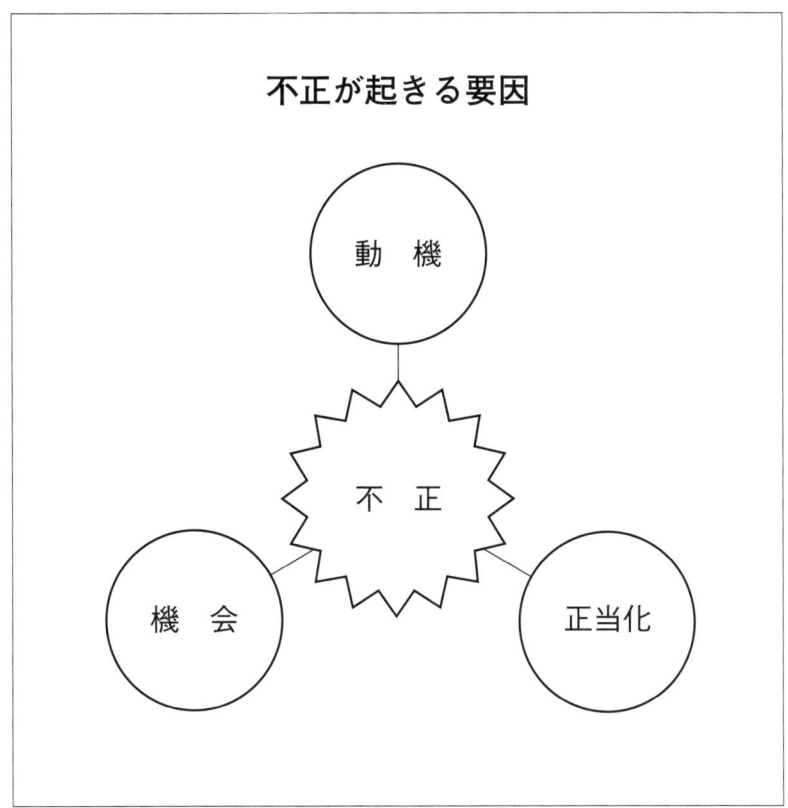

1．「動機」のみ
2．「機会」のみ
3．「正当化」のみ
4．「動機」と「機会」

6番

先生が，生物学の授業でミミズという動物について話しています。この先生の話によると，ミミズが移動した場所は，図のどこですか。

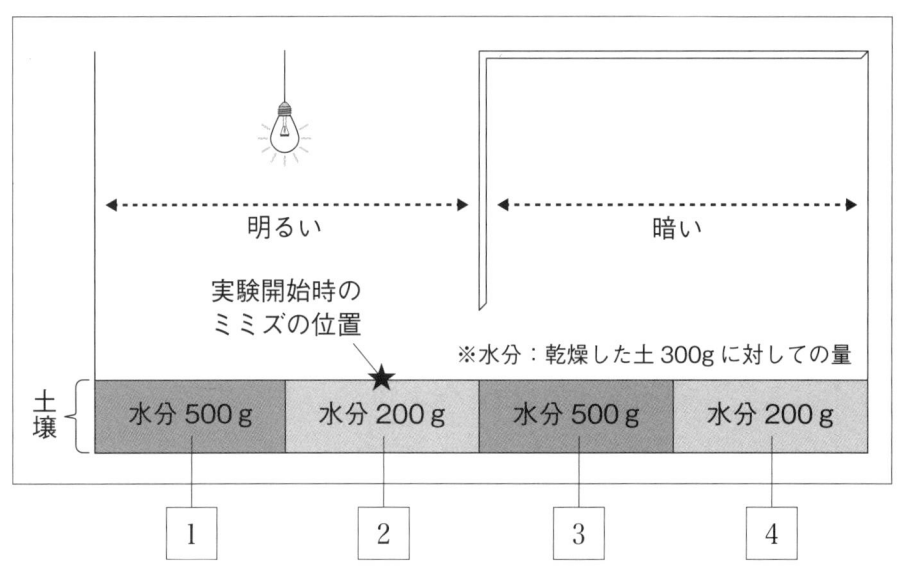

7番

先生が授業で,組織の形について話しています。この先生の話によると,以前,この大学の学生が作った会社の組織は,どの形ですか。　7

1.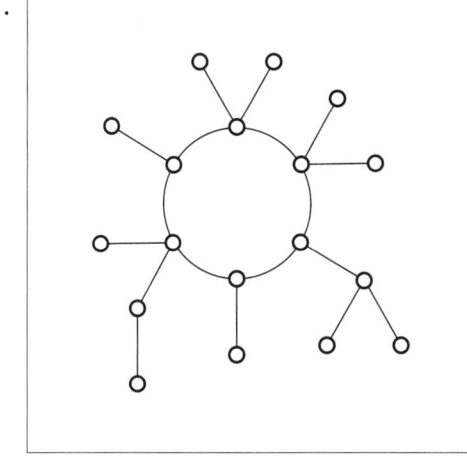

2.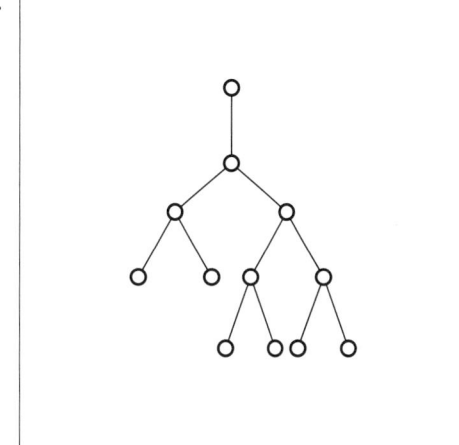

3.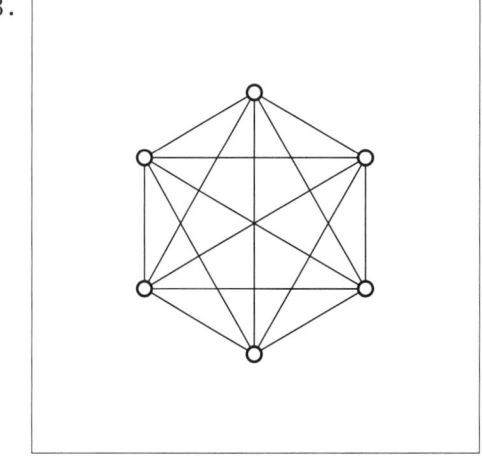

4.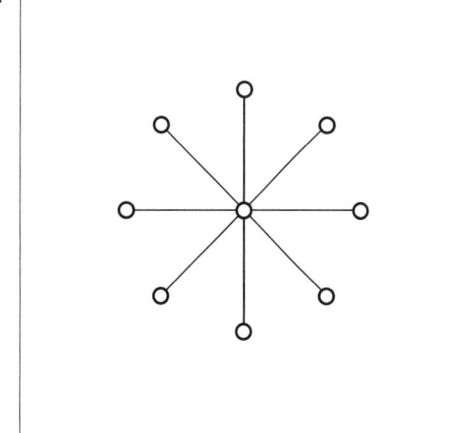

8番

女子学生と男子学生が，表を見ながら資格試験について話しています。この女子学生が申し込む試験はどの資格試験ですか。　　　　　　　　　　　　　　　　　8

資格試験一覧

	試験	内容	試験日	成績発表日	受験資格
1	会計	国際的に活躍可能なビジネスレベルの会計力を問う	1/20	2/7	4年生大学卒業
2	英語	英語で専門的な業務が行えるかを問う	2/15	3/5	なし
3	IT	専門的なIT技術を身につけているかを問う	1/15	2/24	なし
4	法律	ビジネスに必要な法律の知識を問う	2/15	3/15	実務経験が必要

9番

先生が授業で、記憶に関する実験について話しています。この先生が説明している実験の結果をグラフで表すと、どのようになりますか。

9

1.　　　　　　　　　　　　　　　2.

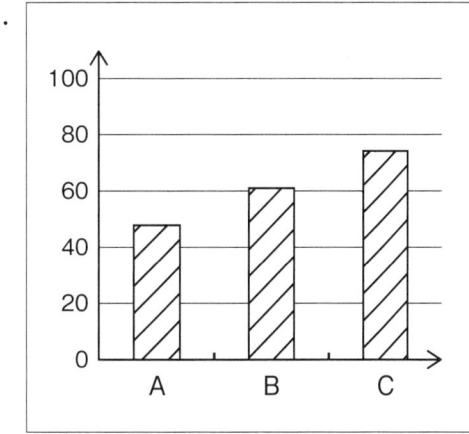

3.　　　　　　　　　　　　　　　4.

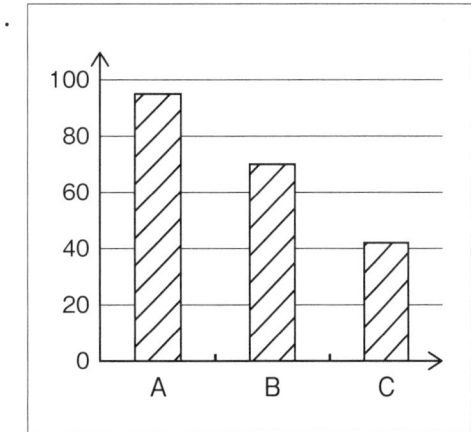

10番

先生が，情報サービス産業について話しています。この先生が，今後，作業を行う場所が変更されると考えているのはどの工程ですか。 10

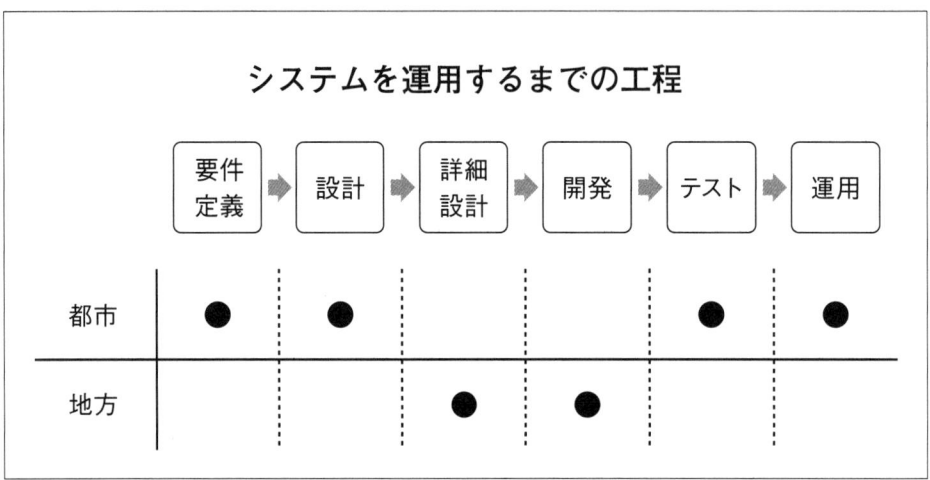

1．設計，詳細設計，開発
2．設計，開発
3．詳細設計，開発
4．要件定義，テスト，運用

11番

先生が心理学の授業で，ストレスについて話しています。この先生が最後にする質問の答えはどれですか。　　11

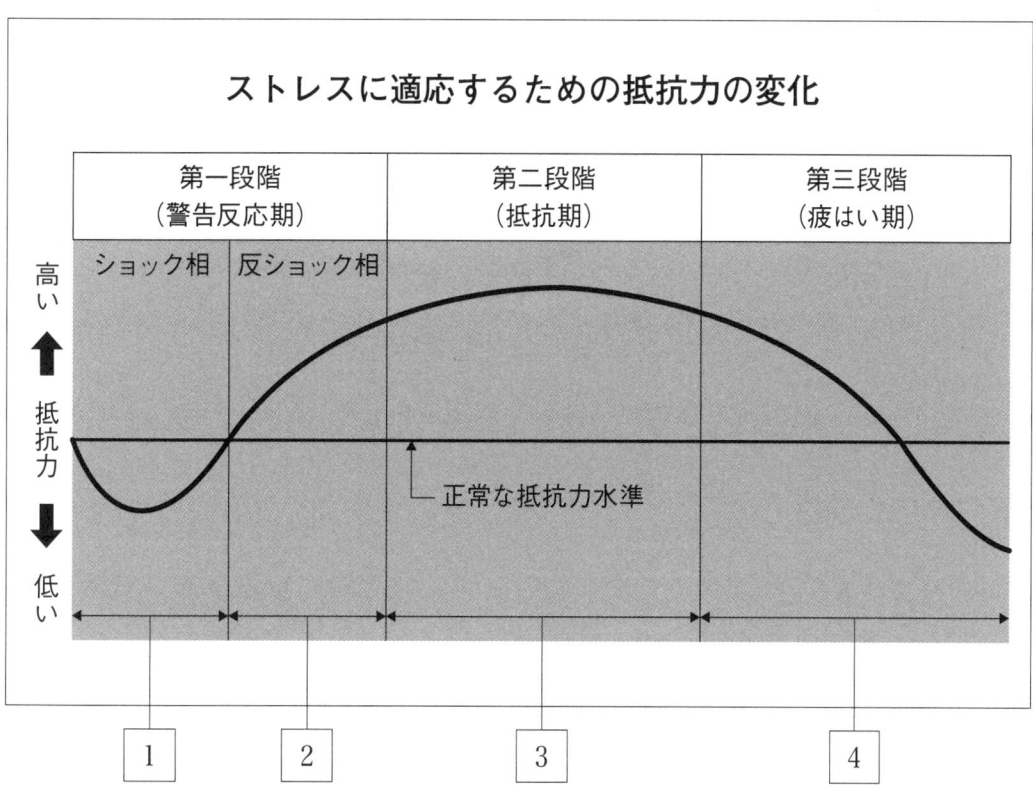

12番

先生が環境学の授業で,酸性雨について話しています。この先生が,知らない人が多いと言っているのは,図のどの部分に関することですか。　12

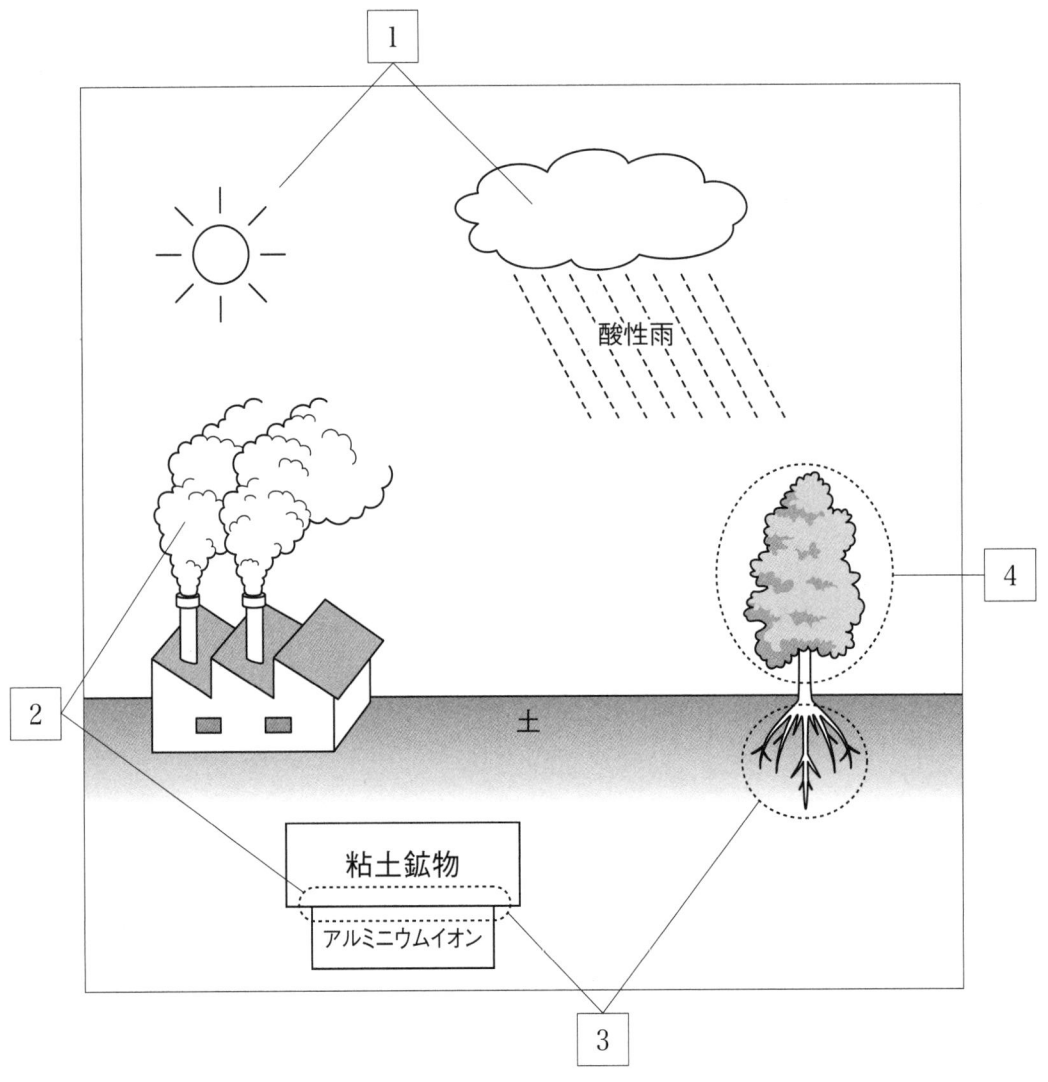

聴解問題
説明

　聴解問題は，音声を聴いて答える問題です。問題も選択肢もすべて音声で示されます。問題冊子には，何も書かれていません。

<u>問題は一度しか聴けません。</u>

　このページのあとに，メモ用のページが1ページあります。音声を聴きながらメモをとるのに使ってもいいです。

　聴解の解答欄には，『正しい』という欄と『正しくない』という欄があります。選択肢1，2，3，4の一つ一つを聴くごとに，正しいか正しくないか，マークしてください。正しい答えは一つです。

第9回　実戦問題

― メ　モ ―

第9回の問題はこれで終わりです。
解答はp.289を参照してください。

第10回

実戦問題

解答時間 **55分**

音声の再生及び得点分布の確認

QRコードを読み取ってオンライン解答用紙に解答を記入し、正解と得点分布を確認してください。

聴読解問題
説明

　聴読解問題は，問題冊子に書かれていることを見ながら，音声を聴いて答える問題です。

　<u>問題は一度しか聴けません。</u>

　それぞれの問題の最初に，「ポーン」という音が流れます。これは，「これから問題が始まります」という合図です。

　問題の音声の後，「ポーン」という，最初の音より少し低い音が流れます。これは，「問題はこれで終わりです。解答を始めてください」という合図です。

　選択肢1，2，3，4の中から答えを一つだけ選び，聴読解の解答欄にマークしてください。

1番

先生が，観光学の授業で，ある観光地について話しています。この先生が最後にする質問の答えはどれですか。　　1

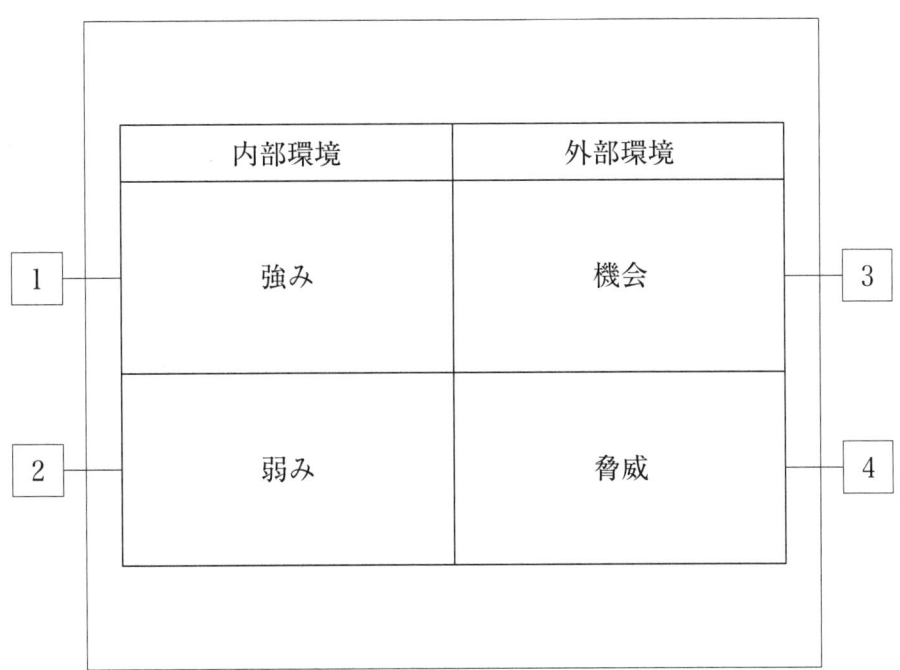

2番

先生が授業で、屋根の作り方について話しています。この先生が最も高く評価している屋根はどのタイプですか。

2

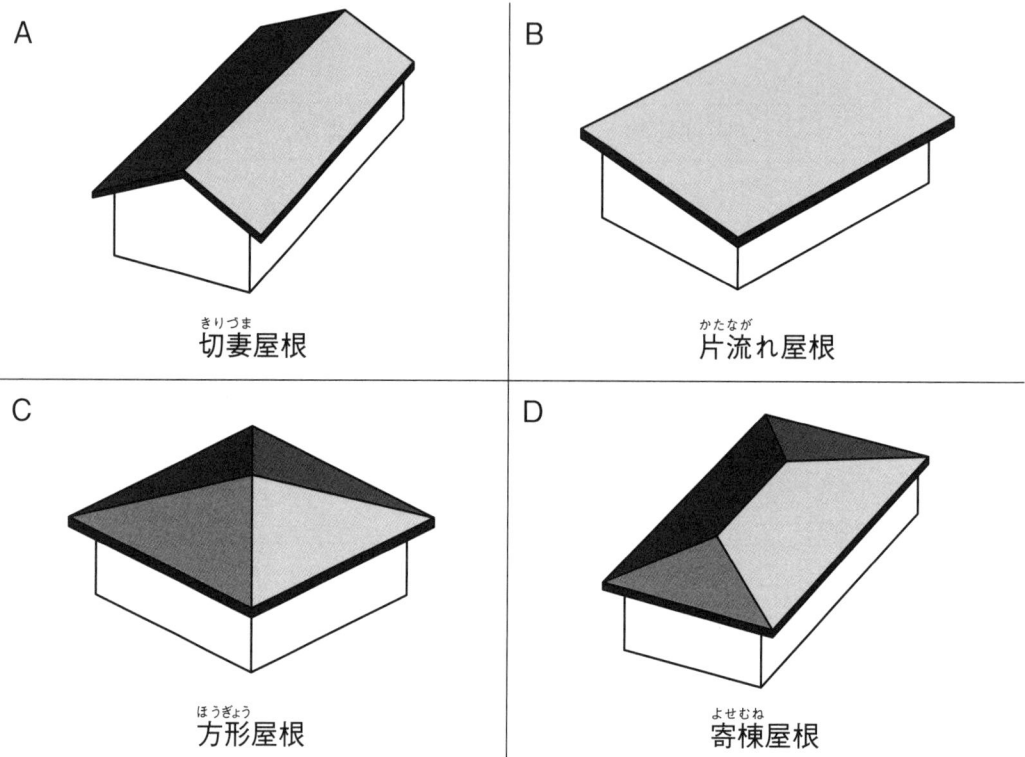

A 切妻（きりづま）屋根
B 片流れ（かたながれ）屋根
C 方形（ほうぎょう）屋根
D 寄棟（よせむね）屋根

1. AとB
2. AとD
3. BとC
4. CとD

3番

女子学生と男子学生が話しています。この女子学生は、このあと、どの会場を予約しますか。　3

使用・予約情報

4日（土）　　　　　　　　　　　　　　　　　　　　　　　　■：予約済み

会場名		客席数	9:00~10:30	10:30~12:00	12:00~13:30	13:30~15:00
東区	Aホール	100			■	■
	Bホール	50	■	■	■	■
西区	シアター1	90			■	■
	シアター2	30	■	■	■	■
	シアター3	150				■
南区	中央会館	40				

1 — 東区 Aホール
2 — 西区 シアター1
3 — シアター3
4 — 南区 中央会館

4番

学生が，実験結果について発表しています。この学生が，2つ目の実験を行う前に予想していた実験の結果はどれですか。　　4

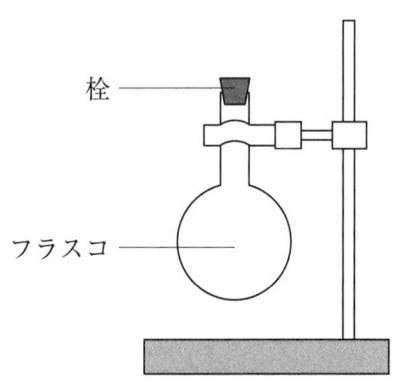

1.
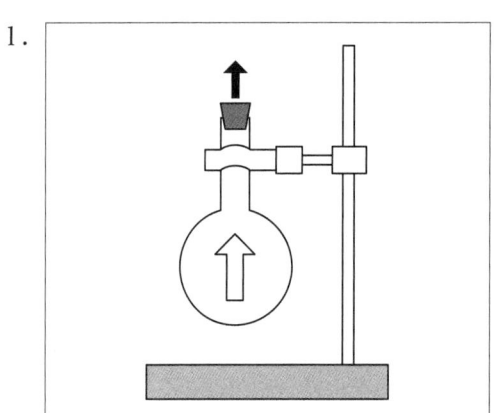

2.
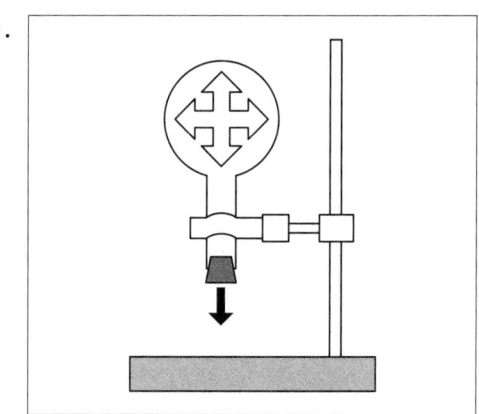

3.
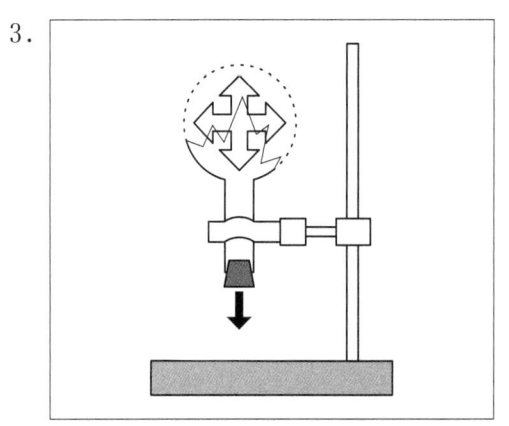

4.
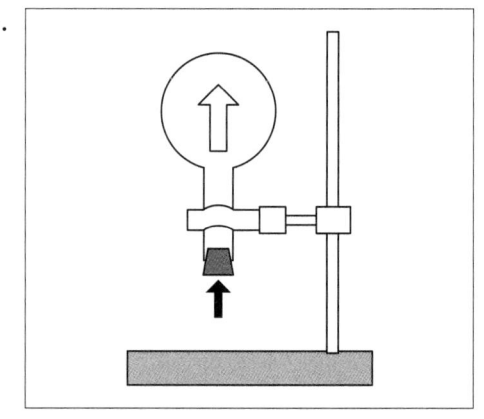

5番

先生が授業で，情報の安全性を高めるうえで考慮すべき三要素について話しています。この先生が最後にする質問の答えはどれですか。 5

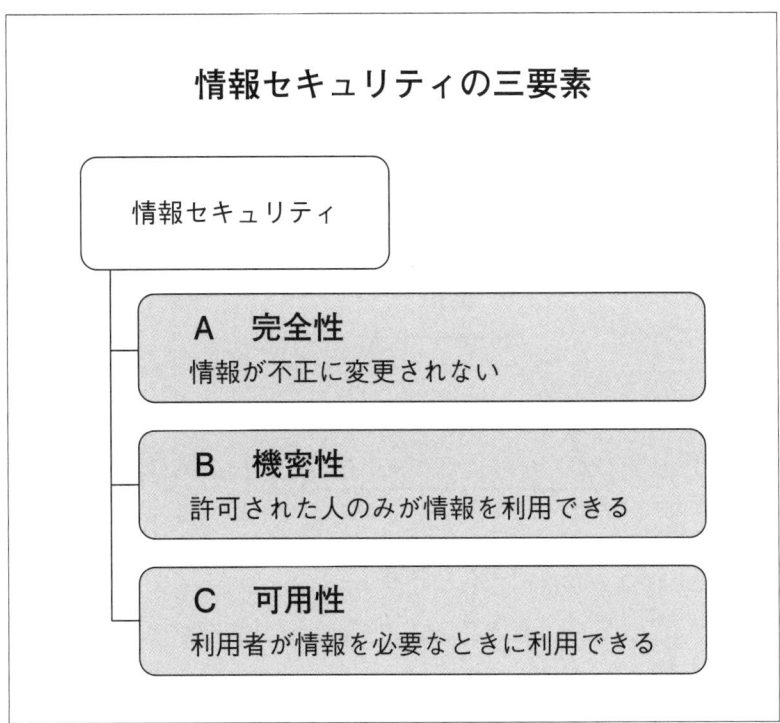

1．Aが低くなり，Cが高まったから
2．Bが低くなり，Cが高まったから
3．Cが低くなり，Bが高まったから
4．Bが低くなり，Aが高まったから

6番

先生が、アブラムシという虫について話しています。この先生が最後にする質問の答えはどれですか。

6

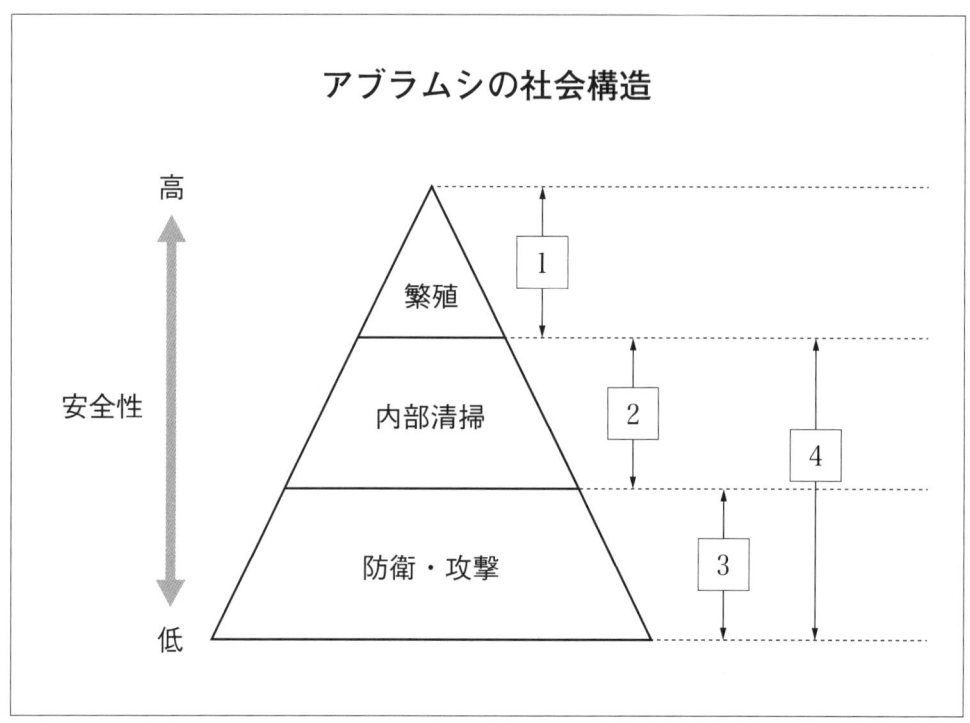

7番

先生が，スポーツ心理学の授業で，サッカーをするときの目の動きについて話しています。この先生が最後にする質問の答えはどれですか。　7

1.

	自分がボールを保有	味方チームの選手がボールを保有
足元	■■■ □ ■■■	
相手チームの選手		■■■ □ ■ □ ■
パスを送る選手	■ □ ■	
味方チームの選手		■ □ ■

2.

	自分がボールを保有	味方チームの選手がボールを保有
足元	■	
相手チームの選手	■	■ □ ■
パスを送る選手	■■ □ ■ □	
味方チームの選手	■	■ □ ■

3.

	自分がボールを保有	味方チームの選手がボールを保有
足元	■■ □ ■■	
相手チームの選手		■ □ ■
パスを送る選手	■	
味方チームの選手		■■ □ ■ □ ■

4.

	自分がボールを保有	味方チームの選手がボールを保有
足元	■	
相手チームの選手	■	■ □ ■
パスを送る選手	■ □ ■ □	
味方チームの選手	■	■ □ ■

8番

先生が，ある冷暖房のシステムについて話しています。このシステムにおける，冷凍機の使用法について適切に示している図はどれですか。　8

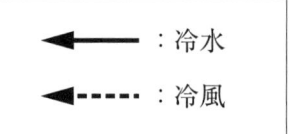

1.
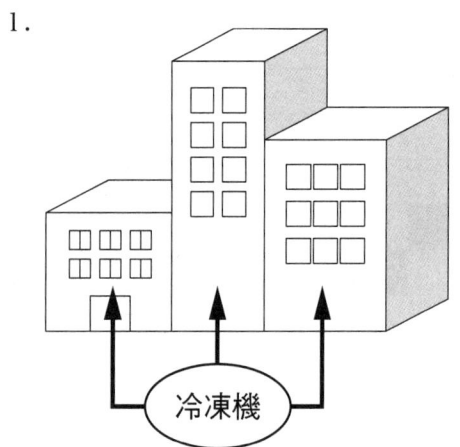

2.
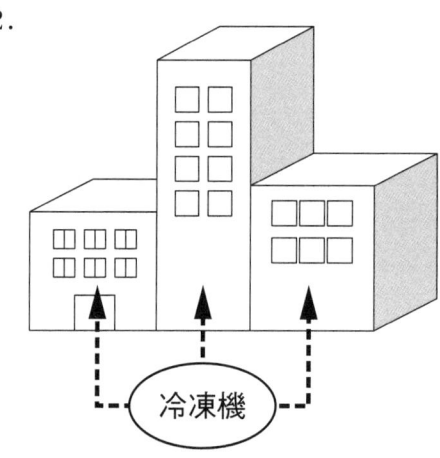

3.
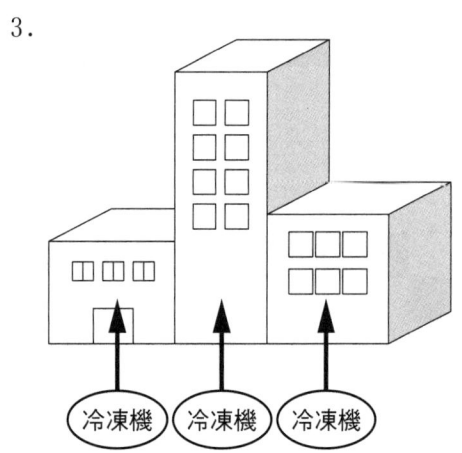

4.
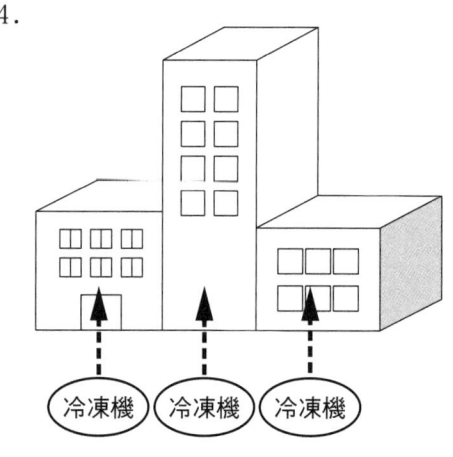

9番

男子学生と女子学生が話しています。この二人の話によると，男子学生の実家のある地域は，図のどの部分ですか。 9

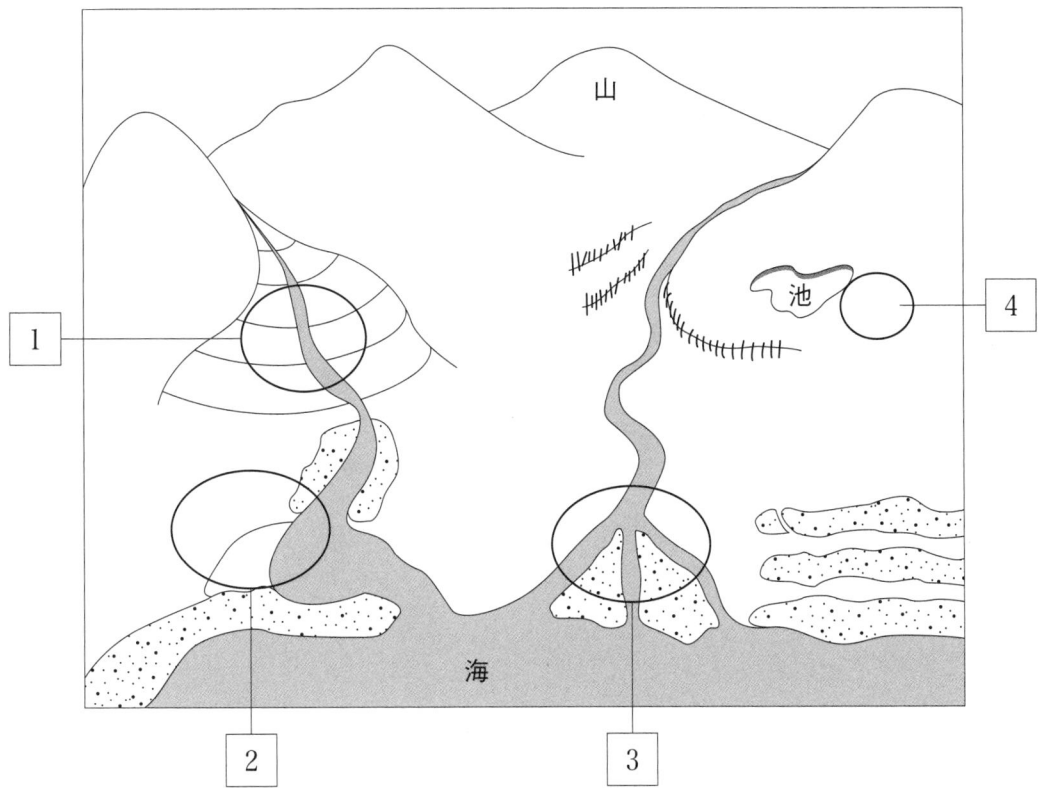

10番

先生が，公共事業を行う時に必要なコミュニケーションについて話しています。この先生が，来週の授業で説明するのは，図のどの部分ですか。

11番

先生が, ある島の生態系について話しています。この先生は, どのような対策が必要だと言っていますか。

11

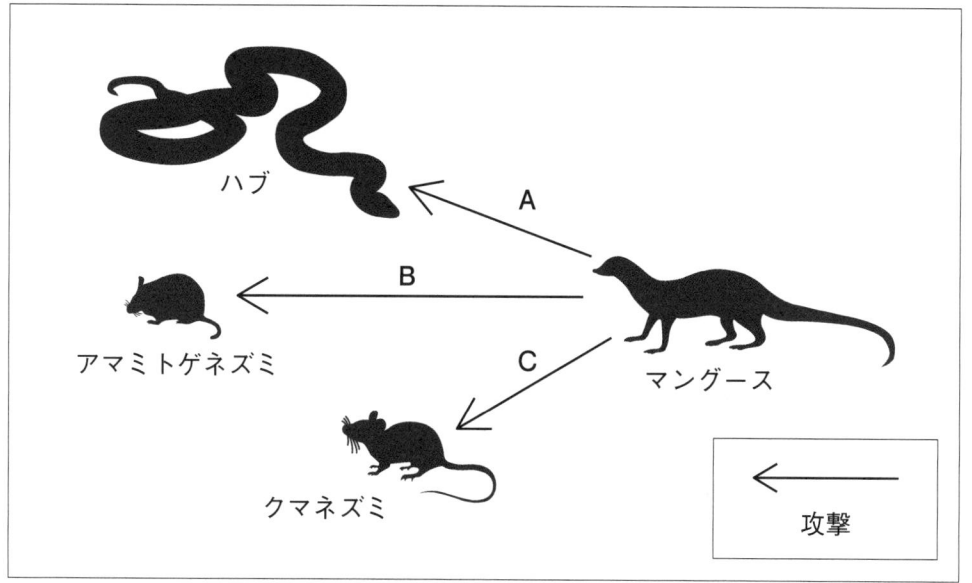

1. Aの関係を強める対策
2. Bの関係をなくす対策
3. A, Cの関係を強める対策
4. A, Bの関係をなくす対策

12番

先生が，授業で，マッハ効果について話しています。この先生が最後にする質問の答えはどれですか。　　12

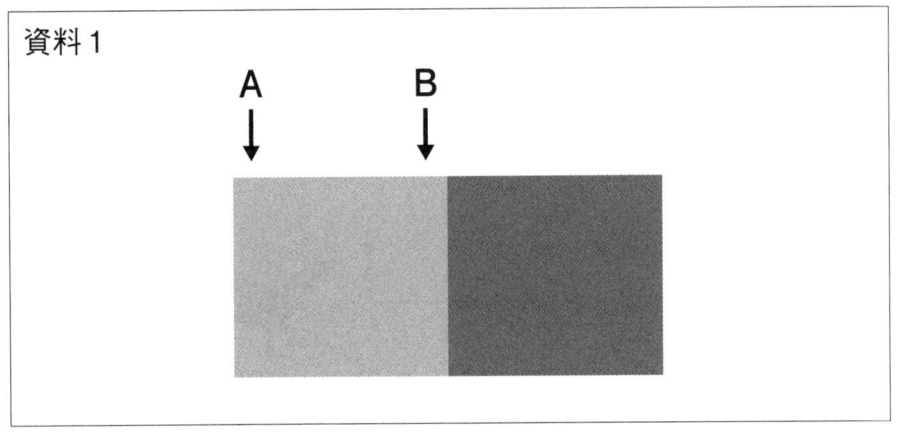

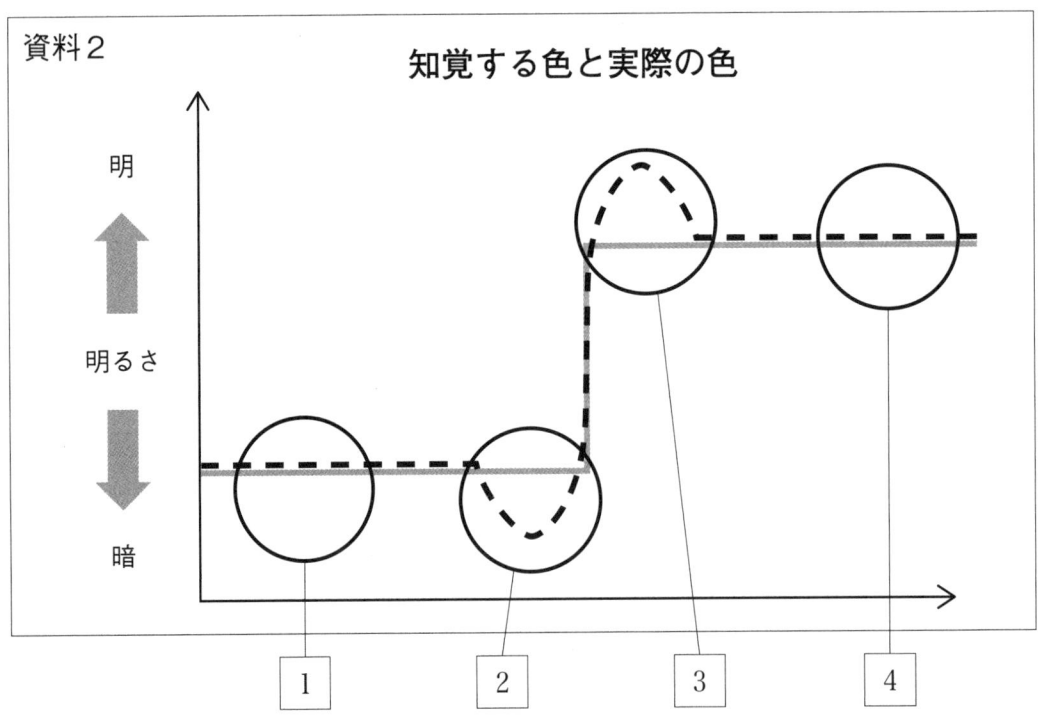

聴解問題
説明

聴解問題は，音声を聴いて答える問題です。問題も選択肢もすべて音声で示されます。問題冊子には，何も書かれていません。

<u>問題は一度しか聴けません。</u>

このページのあとに，メモ用のページが1ページあります。音声を聴きながらメモをとるのに使ってもいいです。

聴解の解答欄には，『正しい』という欄と『正しくない』という欄があります。選択肢1，2，3，4の一つ一つを聴くごとに，正しいか正しくないか，マークしてください。正しい答えは一つです。

― メ モ ―

第10回の問題はこれで終わりです。
解答はp.289を参照してください。

スクリプト

スクリプト

第1回

1番　先生が，プラスチックごみの処理について話しています。この先生が，技術をもっと発達させるべきだと考えているのは図のどの部分ですか。

　最近のデータによると，日本では，全体の84パーセントのプラスチックごみが再利用されました。一方，それ以外は単純焼却されています。再利用の方法としては，ごみを燃やしたときに発生する熱を利用する方法が最も浸透しています。しかし，この方法には欠点があります。有害なガスが発生してしまうのです。科学技術の進歩によって，有害なガスの発生を減らすことはできていますが，大量のごみをこの方法で処理することは好ましくありません。
　このような欠点が少ない方法にリサイクルがあります。リサイクルには2つの方法があり，プラスチックを材料としてもう一度使う材料再生という方法と，化学的処理を行ってプラスチックではないものとして再利用する方法です。材料再生に比べると，化学的処理を行う方法には高い技術が必要ですが，リサイクル率を上げるためには，この技術を発達させなければなりません。

2番　先生が授業で，物の長さを測る単位について話しています。この先生が最後にする質問の答えはどれですか。

　物の長さを測りたいけれど道具がない時，手を使って長さを測ることができます。例えば，「束（つか）」という単位は，指をすべて折り曲げて握ったときの形，つまり握りこぶしの，親指を除いた指4本分の幅に由来します。これ以外にも，「尺」といえば指を広げたときの親指の先から中指の先までの長さに由来します。それから，「咫（あた）」という単位があります。いくつか説がありますが，ここでは指を広げたときの，親指の先から人差し指の先までの長さに由来すると覚えておきましょう。これらの単位は，昔から日本で使われてきました。手を使って測る方法は外国にもあり，例えば「インチ」という単位は成人男性の親指の幅くらいです。
　ところで日本では昔から食事をするときに「一咫半（ひとあたはん）ぐらいの箸」つまり，一咫の1.5倍の長さの箸を使うといいとされています。では「一咫半の箸」は，この資料にある数字で計算すると大体どのくらいの長さですか。

3番　先生が，バリアフリーについて説明しています。この先生が最後に挙げる例は，どのバリアに対策を行ったことになりますか。

　バリアとは障壁のことで，バリアフリーとは，誰もが生活しやすい状態になるように，障壁を取り払っていくことです。
　物理的なバリアとは，モノによる障壁です。例えば足を怪我している人にとっての階段が該当します。制度的なバリアは，制度などによって希望どおりの生活ができないことを指します。また，文化や言語が違うことで情報を得ることが難しいというバリアもあります。そして，意識上のバリアは，理解や思いやりが足りないために，不自由が発生している状態を指します。それぞれのバリアは，適切な対策や対応で減らすことができます。
　例えば，ある外国人が病院を訪れたとします。ところが，説明がすべて日本語で，治療の内容を理解

できません。そこで，それに気がついた病院の職員は，英語で書いてある説明書を手渡してあげました。こうして，この外国人は治療の内容を把握することができました。対策や対応をしっかり行えば，バリアフリーな社会に近づくのです。

4番　女子学生と男子学生が，労働者が勤務時間を柔軟に決めるフレックスタイム制について話しています。この男子学生の意見は，アンケートのどの意見と同じですか。

女子学生：このアンケートをみると，思ったよりフレックスタイム制を利用したい人は少ないんだね。この制度を使えば，私生活と仕事の両立ができるし，いい制度だと思うんだけど。
男子学生：僕がこの前，就職説明会に行ってきた会社も来年からフレックスタイム制をやめるんだって。
女子学生：え，そうなの？　それは残念だね。
男子学生：そうかな。僕も以前は通勤ラッシュをさけられるから賛成していたんだけど，今は反対だよ。
女子学生：どうして？　仕事が少ないときは早く帰れるし，メリハリをつけて無駄なく仕事ができると思うよ。
男子学生：確かにそうかもしれないけどさ，仕事って一人でやるものじゃないよね。職場の人と協力してやるものだし，取引先との連絡もあるでしょ？　フレックスタイム制を使っていると，会議なんかの時間を合わせるのも大変だと思う。逆に仕事の効率が悪くなりそうな気がするんだよ。
女子学生：うーん。確かにそういう面では，不便だよね。

5番　先生が授業で，プレゼンテーションで使うスライドについて話しています。この先生が見せているスライドはどれですか。

　今回は修正前と修正後のプレゼンテーションのスライドを比べて，分かりやすいスライドの作り方について説明します。スライドを分かりやすくする上で重要なことは3つです。この3つに関して，すべて修正を行ったスライドがあるので，それを見せましょう。
　まず1つ目は数字を使うことです。重要な内容がいくつあるのかを数字で示すことで，人はその重要な内容を意識して把握しようとします。このスライドでは，実際に数字を使うことで見る人の意識を促しました。次に2つ目は，文章の長さです。文章が長いと読みづらくなります。ですから，スライドではなるべく簡潔で短い文章を使った方がいいでしょう。3つ目は，視覚に訴えることです。文章や語句の始めを図形などで強調すれば，目を引くことができ，読みやすくなります。

6番　先生が，イルカという生き物について話しています。この先生が驚いたと言っているのは図のどの部分に関してですか。

　イルカは，ヒレなどで物に触ることによって，物を認識することができます。また，目で見て物を認識することもできますが，目で見えているのは，私の研究では最大30メートルです。では，それ以上の距離にある物や仲間を認識することはできないのでしょうか。
　実はイルカは，音を使ってもっと遠くまで認識しています。例えば，イルカの近くでは「カチカチ」という音が聞こえることがありますが，この音は，前方150メートル以内のものを認識するときに使われます。さらに約2キロメートル以内なら，仲間同士が音を使って呼び合えます。しかしこの時の音はと

スクリプト

ても高く，人間には聞こえません。
　以前は，「カチカチ」という音は，イルカ同士の会話のための音だと考えていました。しかし，本当は物を認識するために発していた音だったのです。このことを知ったときには，とても驚きました。我々に聞こえる音だと，仲間と会話していると思ってしまいがちですが，必ずしもそうではないということです。

7番　先生が，環境学の授業で，リサイクルについて話しています。この先生が一番力を入れて取り組まなければならないと言っているのは，図のどの部分ですか。

　私たちが日々使うものの多くは，もともと天然資源からできています。しかし，天然資源は無限にあるわけではないので，リサイクルに取り組んでいくことが必要です。
　努力の結果，産業ごみのリサイクルは進んできましたが，家庭ごみのリサイクルはまだ進んでいません。図を見てください。これは家庭ごみの内訳を示したものです。容器包装とは，商品の容器や，商品を包んでいるもののことですが，家庭ごみの半分以上は容器包装のごみです。ですから，このごみを積極的にリサイクルする必要があるでしょう。容器包装のごみの内訳を見てみると，一番多いのはプラスチックで，次に多いのは紙です。紙の原料は木材です。木を伐採することは，資源の減少だけでなく二酸化炭素の増加を促すので，紙のリサイクルには容器包装の中でも，最も力を入れて取り組まなければなりません。

8番　先生が経営学の授業で，企業戦略について話しています。この先生が最後に挙げる例は，図の中のどの戦略ですか。

　企業は競争社会で戦っており，その競争に勝つために戦略を立てます。戦略は2つの要素によって4つに分けることができます。
　1つめの要素は，コストを下げることに重点を置くか，独自性に重点を置くかです。コストを下げることを重視する戦略を取るときは，企業内で発生する費用を抑え，他の企業よりも低い価格で市場に製品を出します。しかし，独自性を重視する戦略を取るときには，他社の製品にはない性能やデザインなどで差別化を図ります。そしてもう1つの要素はターゲットの範囲です。ターゲットとする市場や顧客を，広く想定するか狭く想定するかで戦略が違ってきます。
　では，考えてみてください。最近，オーガニック商品を扱うコンビニエンスストアが人気です。一般的なコンビニエンスストアよりも値段が高く，顧客を働き盛りの女性に絞っているようです。このコンビニエンスストアの戦略は，図のどの部分にあてはまりますか。

9番　男子学生と女子学生が，外国人に行ったアンケート調査について話しています。この男子学生が，最後に「実感がわかない」と言った項目はどれとどれですか。

男子学生：最近，日本を訪れる外国人が増えているね。
女子学生：うん。日本政府は将来を見据えて，外国人観光客を増やしていくつもりらしいよ。
男子学生：そうなんだ。日本に来る外国人は日本のどこに魅力を感じているんだろう。
女子学生：このアンケートによると，外国人が日本を訪れたい理由の第一位は，日本の文化を体験したいから，だって。

男子学生：なるほど。旅行者がその国の文化にある程度興味を持っていることは当然といえば当然だよね。その次は買い物か。確かに大きな街では，日本の電化製品やお土産を買っている外国人のグループをよく見かける気がする。

女子学生：買い物が人気の半面，実は，外国人が日本を訪れたいと思わない理由の第一位が，日本の物価が高いことなの。

男子学生：そんなに高いかな？ 今は以前よりも日本の円の価値が低くなっているから，外国人からすると買い物もお得な気がするけど。

女子学生：まだまだ高いと考えているんだよ。他には日本の治安に不安を抱いている外国人も結構いるよ。

男子学生：うーん，その2つの項目は僕にはあまり実感がわかないな。

10番　先生が地理学の授業で，地形図の読み取り方について話しています。この先生の説明によると，最も安全な道はどれですか。

　資料を見てください。この山の地形図には等高線と川が描かれていますね。等高線とは，同一の標高を線に表したものです。等高線の間が狭くなっていればそれだけ急な斜面ですし，広ければそれだけ緩やかな斜面となっています。
　では，今度は川について考えてみましょう。川には水が流れており，その水は山にある岩や土を削りながら，海まで流れています。そして川の近くの地盤は弱くなっていることがあります。
　ところで，皆さんならどのルートを通って山頂まで行こうと思いますか？ 山を登るうえで最も危険が少ない道とは，急な斜面を避け，緩やかに標高を上げながら山頂を目指せるルートだと思います。また，足元の地盤がもろいところでは，けがをする危険も増えますよね。そのような道は選ぶべきではないと思います。

11番　先生が，ディープ・ラーニングについて話しています。この先生が，この話の中で，今後の課題だと言っていることはどれですか。

　ディープ・ラーニングでは，コンピューター上に人間の脳を模倣したプログラムを構築します。そして基本的に3つの層を設定しますが，最初の層は入力層であり，コンピューターに情報を入れる場所です。次の層では，情報の抽出や分析を行います。最後に出力層で分析の結果を出力します。
　例えば，入力層で犬の写真をコンピューターに入れて，中間層でそれを読み込ませ，犬の特徴を見つけさせます。するとコンピューターが犬というものの概念を理解できるようになるのです。
　コンピューターが正しく判断を行うためには入力量を増やすことが大切です。現在，入力する情報の量を増やす試みがなされています。しかし，コンピューターに概念を理解させるには，抽出と分析の作業を繰り返すことも大切です。むしろ，この作業を増やすことこそが今後の課題なのではないでしょうか。

12番　先生が，ある水墨画について話しています。この先生によると，この水墨画が描かれたのは，図のどの時期ですか。

　私が今日持ってきた資料についてお話したいと思います。こちらは墨を使って描かれた水墨画という

スクリプト

絵です。日本では，墨と呼ばれる染料を使って絵を描くことが昔から一般的でした。西暦1400年頃に，この水墨画の文化が最も栄えました。この資料は，その時代よりも後に描かれたものです。

ところで，この水墨画は何を描いたもののように見えますか？　これはオーロラを描いたものだと言われています。オーロラとは，太陽から発せられるガスと地球が持っている磁石のような力が重なることで見えるもので，オーロラを見られる地域としては，北極の周辺が有名です。しかし，太陽の活動が活発で，発生するガスが多い時期には，他の地域でも見ることができます。つまり，この水墨画にオーロラが描かれていることは，太陽の活動が活発であった時期に，日本でもオーロラを見ることができたということを示しています。

13番　先生が，高齢者の割合が増えている社会への対策について話しています。この先生は，最も実現しやすい対策は，どういうことだと言っていますか。

　現在，国全体で高齢者の割合が増えている社会への対策が求められています。例えば，高齢者が安心して暮らせる老人ホームなどの専用施設を増やしたり，在宅で介護する場合の，訪問介護システムを充実させたりすることです。しかし，これらには法律的な問題や費用の問題もあって，すぐには整備できません。
　一方で，高齢者の健康促進のために，レジャーやスポーツに補助金を出そうという意見もあります。これならば，少ない費用で済みますし，準備も比較的簡単なので，早期に実現できそうです。他にも，元気な高齢者には仕事を持って社会で活躍してもらおうという意見があります。しかし，働くと年金が減額される場合もあって，この意見は高齢者には不評です。また，若者からも，高齢者に働く場を奪われるという心配の声があがっていて，高齢者の雇用問題は簡単ではありません。

この先生は，最も実現しやすい対策は，どういうことだと言っていますか。
1．老人ホームなどの，専用施設を増やすこと
2．訪問介護システムを充実させること
3．レジャーやスポーツに補助金を出すこと
4．高齢者が働ける場を増やすこと

14番　先生が，マラソン選手の指導法について話しています。この先生は，選手の調子が悪いとき，指導者はどうすればよいと言っていますか。

　選手を指導するときは，選手に適切な目標を持たせることが大切です。しかし，高すぎる目標や，あまりにも長期的な目標を立てると，選手のモチベーションが上がりません。
　そしてもう一つ大切なことがあります。それは，普段から選手の状態を記録しておくことです。選手はいつも調子が良いわけではなく，時には不調に陥ることもあります。そういうときこそ指導者の力が必要です。調子が良いときと，そうでないときを比べて，呼吸法や走り方の違いを分析し，その結果にもとづいて選手を指導することが求められるのです。たいていは一時的な不調なので，適切な指導をしていけば，選手は調子を取り戻すことができます。不調のときにすぐに目標を下げると，選手のモチベーションを下げることにもなりかねないので，注意が必要です。

この先生は，選手の調子が悪いとき，指導者はどうすればよいと言っていますか。

1．調子が悪くなっている理由を詳しく分析して，改善させる。
2．調子が悪いのは練習不足が原因なので，練習量を増やす。
3．選手の調子に合わせて，目標を低めに修正する。
4．選手のモチベーションを上げるために，長期的な目標を立てる。

15番　男子学生と図書館の職員が話しています。この男子学生はこのあと，まず何をしますか。

男子学生：すみません，この本を探しているのですが。
図書館員：パソコンで検索してみましたか？
男子学生：はい。今，貸出中になっていたのですが，返却予定日はいつでしょうか？
図書館員：少々お待ちくださいね。ええっと，来週の水曜日ですね。
男子学生：予約はできますか？
図書館員：はい，できますよ。直接，こちらの予約カウンターで予約手続きをすることもできますし，電話かインターネット予約ならご自宅からでも可能です。
男子学生：今，予約したいです。
図書館員：では，図書館カードをお願いします。
男子学生：あ，実はこの図書館を利用するのが初めてなんです。
図書館員：では，先に1階の総合カウンターで図書館カードを作って来ていただけますか？仮のパスワードがもらえますから，それを使ってインターネットサービスの利用登録をしておくと，自宅からの予約もできるようになりますよ。
男子学生：わかりました。ありがとうございます。

この男子学生はこのあと，まず何をしますか。
1．1階の総合カウンターで図書館カードを作る。
2．予約カウンターで予約手続きをする。
3．自宅に帰って予約のための電話をする。
4．インターネットサービスの利用登録をする。

16番　先生が，レポートの作成と提出の方法について説明しています。この先生が説明しているレポートの作成と提出の方法として，適当なものはどれですか。

　人間工学のレポートについてですが，提出は，決められた提出期間内に，講師室の入口に置いてあるレポート提出用の箱の中に入れてください。念のため必ずコピーを作成し，自分でも保管しておくようにしてください。
　レポートはA4のレポート用紙5枚以上で，それに表紙をつけてください。表紙には，授業名，学籍番号，名前を記入してください。なお，図を使う場合ですが，用紙の半分以上が図であるような場合は，そのページは1ページとは数えず，2分の1ページとみなします。
　何人かで一緒に1つのレポートを書いてもかまいませんが，一緒に書いた学生の名前をすべて表紙に書いておいてください。その場合，2人ならば8枚，3人ならば10枚以上書くようにしてください。4人以上が一緒に書くことは認められません。

スクリプト

この先生が説明しているレポートの作成と提出の方法として、適当なものはどれですか。
1．レポートのコピーを作成し、コピーも一緒に提出する。
2．何人かで一緒に作成した場合は、全員の名前を表紙に書く。
3．決められた提出期間内に、先生に手渡しで提出する。
4．4人で1つのレポートを書くときは10枚以上書く。

17番　先生が、ジュースの価格について話しています。この先生は、今日このあと、何について詳しく説明すると言っていますか。

　日本では、法律的に、ジュースと呼んでいいのは果汁100パーセントのものだけですが、ジュースには、ストレートジュースと、濃縮還元ジュースがあります。ストレートジュースは、果汁を殺菌処理しただけのもので、濃縮還元ジュースとは、果汁の中の水分をいったん減らして濃縮し、それに再び水分を加えたものです。
　これらのジュースは、果物と比べて安いことが多いですが、なぜ安く作れるのでしょうか。その理由は、売り物にならない果物や、海外の安い果物を使って作るからだと言われています。もちろんこのように果物自体の値段が安いのも理由ですが、私が注目しているのは、特に濃縮還元ジュースの場合に保管や輸送のコストがあまりかからないことです。今日はそれについて詳しく説明していきます。そして来週の授業では、二つのジュースの栄養価の違いについて説明します。

この先生は、今日このあと、何について詳しく説明すると言っていますか。
1．ストレートジュースと濃縮還元ジュースの作り方の違い
2．果物の購入価格を低く抑える方法
3．濃縮還元ジュースの、保管コストや流通コスト
4．ストレートジュースと濃縮還元ジュースの栄養価の違い

18番　先生が、観光地でのトラブルについて話しています。この先生の話によると、トラブル防止のためには、まず、どのように対応するのがよいですか。

　日本には外国から多くの観光客が訪れていますが、文化の違いからトラブルが起きることもあります。例えば、美しい竹林が人気の観光地がありますが、この竹林の竹に絵や文字を書いてしまう外国人観光客がいることが問題になっています。しかし、彼らは、竹は自然のものだから、少しぐらい落書きをしても大丈夫だと思っているのかもしれません。また、落書きを芸術として認める文化もあり、そのような考え方の人には、落書きをしてはいけないということが分かりにくいのです。
　落書きを問題視している人々からは、竹林を公開しないでほしいという声や、警備員を配置してほしいという声があがっています。しかし、それよりも先に、竹に落書きをするのは禁止だと、外国人観光客が理解しやすい方法ではっきり知らせるようにすべきではないでしょうか。

この先生の話によると、トラブル防止のためには、まず、どのように対応するのがよいですか。
1．竹を保護するために竹林を非公開にする。
2．竹への落書きを芸術として認める。
3．竹林を見張るために警備員を配置する。

4．落書き禁止という内容を書いた看板を立てる。

19番　女子学生と男子学生が，あるカフェの戦略について話しています。この女子学生は，カフェが利益を出している理由は何だと気がつきましたか。

女子学生：駅の向こう側に新しいカフェができたの，知ってる？
男子学生：うん。あそこのコーヒー豆は，とても質がいいらしいよ。
女子学生：そうなの？仕入れの値段が高そうだね。でも，コーヒーの値段はそんなに高くないし，どうやって稼いでいるんだろう。あんまりお客さんが入っていないようだけど，大丈夫なのかな。
男子学生：あの店，持ち帰りサービスをやってるらしいよ。それに5人分以上は配達サービスもしてるんだって。
女子学生：そうなの？でも，それで利益が出るのかな。
男子学生：駅の近くはオフィスが多いだろ？だから需要があるらしいよ。カフェって，ゆったりした空間で飲み物を楽しむものっていうイメージがあったけど，あのあたりはオフィスが多いから，それに合わせた戦略を立てたってわけだよ。
女子学生：なるほど。会議なんかで人が集まったときにはちょうどいいよね。だから利益が出るんだろうね。

この女子学生は，カフェが利益を出している理由は何だと気がつきましたか。
1．ゆったりした空間を提供していること
2．質のいいコーヒー豆を使っていること
3．コーヒーの値段を高くしていること
4．配達サービスをしていること

20番　女子学生と男子学生が，語学教室の講座について話しています。この女子学生は，料理講座を受講する理由は何だと言っていますか。

女子学生：今通っているフランス語の教室で料理講座があるから，それを受けてみようと思うんだ。
男子学生：僕の母も昔，そういう講座に通っていたよ。食材や料理の名前は覚えられるかもしれないけど，語学の上達にはあんまり意味がないと思う。まあ，家でも料理を作ってくれて僕は嬉しかったけど。
女子学生：私も最初は，食材や料理の名前だけ習ってもつまらないと思ってたんだ。だけど，この講座は，料理を作るだけじゃないんだよ。そのあとで，教室に戻って，料理を作っているときの場面や，料理を出してホームパーティをするときの場面をフランス語で書く時間があるの。みんなで話し合いながら書いたものを，先生が添削してくれるんだ。
男子学生：へえ，それはいいね。楽しそうだし，勉強になりそう。
女子学生：でしょう？実際の場面を体験しておいたほうが，言葉は身につくと思う。
男子学生：そうだね。僕もその講座を受けてみたくなったよ。

この女子学生は，料理講座を受講する理由は何だと言っていますか。
1．食材や料理の名前を学べるから

スクリプト

2．実際の場面を体験しながら言葉を学べるから
3．フランス料理の作り方を学べるから
4．講座の参加者と親しくなれるから

21番　先生が、ごみの分別と処理の問題について話しています。この先生は、ごみの分別や処理についてどうすればよいと考えていますか。

　私が住んでいる地域では、ごみは6種類に分けて、それぞれ別の日に出す方法をとっています。そのため住民は、分別のために別々の袋を用意しなければなりません。また、ごみを収集する自治体の側も収集を分けて行う分、コストがかかります。これらのことを考え合わせると、現状のようにごみを細かく分別する必要があるのか疑問に思いました。そこで詳しく調べてみると、私が住んでいる自治体のごみ処理場は、6種類に分別されたごみのうち、いくつかの種類のものは一緒に処理していることがわかりました。つまり、分別しても処理場では一緒に処理されているのです。そこで私は、自治体に対し、処理の実態に合わせてルールを作り直すよう申し入れることにしました。

この先生は、ごみの分別や処理についてどうすればよいと考えていますか。
1．できるだけ細かく分別して捨てるようにする。
2．分別せずに、全部一緒に捨てるようにする。
3．実際の処理の方法に合うように分別する。
4．これまで通り分別するが、同じ日にすべてのごみを出す。

22番　先生が、Webサイトを用いた集客や商品の販売について話しています。この先生は、企業が作成するWebサイトについて、どのようなことを言っていますか。

　企業にとって、自分の会社のWebサイトをどのように作り、そこにどんな内容を載せるかが、近年ますます重要になっています。今や、Webサイトの作成や維持に使われる費用はどんどん大きくなり、Webサイトの出来によって集客や売り上げにも差が出ます。
　それでは、Webサイトをどのように作ったらよいのでしょうか。よくあるのが、Webサイトのデザインをきれいに作れば、顧客を多く呼び込めるという思い込みです。ところが、必ずしもそうとは限りません。確かに企業のイメージ作りにとって、見た目は重要です。しかし、Webサイトはきれいだけれど、肝心の商品の情報がよくわからない。または、Webサイトの操作が難しい、ということになれば、顧客は離れていってしまいます。商品を買ってもらうには、Webサイトのきれいさよりもむしろ、顧客が必要とする情報をわかりやすく表示していることや、使いやすいことが重要です。

この先生は、企業が作成するWebサイトについて、どのようなことを言っていますか。
1．Webサイトは、消費者の利便性を基準に作るべきだ。
2．Webサイトをきれいなデザインにすれば、自然と顧客を呼び込める。
3．Webサイトによる広告に費用をかけても効果は出ない。
4．Webサイトでは、企業のイメージを伝えることが最も重要だ。

23番　女子学生と男子学生が、音楽祭について話しています。この二人は、何時にどこで待ち合わせを

　　　　しますか。

女子学生：日曜日の音楽祭，12時半にコンサートホールの前で集合だったよね？　電車で行くの？
男子学生：電車は混むから，バスで行こうかと思うんだけど。
女子学生：でも，バスが渋滞に巻き込まれたりすると，何時に着くかわからないよ。
男子学生：たしかに。電車にしようかな。
女子学生：それがいいと思う。
男子学生：電車だと東京駅を11時に出ればいいよね。
女子学生：11時半に出ても，目的地の駅には12時15分に着くから，私はそうする。駅からコンサートホールまでは歩いて10分もかからないし。
男子学生：駅から迷わずに行けるか不安だから11時に出るよ。
女子学生：それだと早く着きすぎるよ。現地に行くのは初めてだっけ？　私，去年も行ったから道はわかるよ。じゃあ，駅のホームで待ち合わせて，一緒に電車で行こうよ。
男子学生：ありがとう，そうしてくれると助かるよ。

この二人は，何時にどこで待ち合わせをしますか。
1．11時にバス停で待ち合わせる。
2．11時に東京駅のホームで待ち合わせる。
3．11時半に東京駅のホームで待ち合わせる。
4．12時15分にコンサートホールの最寄り駅で待ち合わせる。

24番　先生が，速く走る方法について話しています。この先生が，この話の中で一番強調していることは何ですか。

　速く走れるようになりたい，と思っている人は多いと思います。では，実際にはどのようなことをすれば，速く走れるのでしょうか。中には，何も意識せずにひたすら走り込んで，速く走る感覚を身につけたり，自分より足の速い人と一緒に走ることで，足が速くなると考えている人もいますが，それはあまり効果的だとは言えません。
　実は，速く走るにはコツがあります。上半身と下半身の連動を意識することです。走るときは足を使うので下半身を特に意識すべきだと考えがちです。しかし，それだけでは不十分で，腕を振ることによって生じる上半身のエネルギーを，下半身と一緒に使うことが大切です。それによって体全体を効率良く，前に進めることができるのです。ぜひ，連動をイメージして練習をしてみてください。

この先生が，この話の中で一番強調していることは何ですか。
1．走っていないときもイメージトレーニングをすること
2．腕の振りや，上半身と下半身の連動を意識して走ること
3．下半身の動きを意識して，走り込みを行うこと
4．自分より足の速い人と一緒に走ること

25番　先生が，限界集落の問題について説明しています。この先生は，都市部に限界集落ができる原因は何だと言っていますか。

スクリプト

　限界集落という言葉を聞いたことがあるでしょうか。住民のほとんどが65歳以上の高齢者となり，地域の共同体を維持することができなくなっている町や村が全国に存在しています。そのような集落を限界集落と呼んでいます。限界集落といえば，地方の小さな村がまず思い浮かぶと思いますが，この問題は，実は都市部でも起こっているのです。
　都市部に若い人がいなくなっている理由は，土地や家の価格の高さです。あまりお金を持っていない若者は，別の地域に出て行ってしまうのです。高齢者も若者が住むことを望んではいますが，かといって自分の資産を安く売るのも難しいでしょう。結果として高齢者が多くなり，自治体の機能を維持できず，生活に支障が出てしまうのです。今後，各地で同じような問題が起きることでしょう。

この先生は，都市部に限界集落ができる原因は何だと言っていますか。
1．若者が希望する就職先がないから
2．高齢者が，若者が住むことに反対しているから
3．土地や家の価格が高いから
4．自治体のサービスが悪いから

26番　先生が，日本文化の授業で，タヌキという動物の置物について話しています。この先生は，タヌキの置物が店の前に飾られるようになったのはどうしてだと言っていますか。

　タヌキは，実際にはあまり見る機会のない動物です。しかし，町でタヌキの置物を見る機会は，多いと思います。いろいろなお店の入り口付近に置いてあることが多いですが，このタヌキの置物には100年以上の歴史があります。ではなぜ，犬や猫ではなく，タヌキの置物なのでしょうか。
　実は，タヌキの置物がお店の前に置かれているのは，願掛けのためなのです。この願掛けはタヌキと「他を抜く」という言葉を合わせた言葉遊びから来ています。他を抜く，つまり，他の人や，他の店より並外れて商売がうまくいくようにと願って，タヌキの置物が置かれているのです。
　ところで，タヌキの置物はすべて同じように見えますが，タヌキによって手に持っているものや体型が違っていたりします。町で出会ったときは，注意して見てみてください。

この先生は，タヌキの置物が店の前に飾られるようになったのはどうしてだと言っていますか。
1．タヌキを実際に見てみたいと願っているから
2．タヌキの置物を置くことが流行したから
3．タヌキという名前に良い意味があるから
4．タヌキの置物は種類が豊富だから

27番　女子学生と男子学生が，チョウの幼虫とアリの関係について話しています。この女子学生がアリをかわいそうに思う理由はどれですか。

女子学生：本で読んだんだけど，アリの巣の中に住んで，アリからエサをもらうチョウの幼虫がいるらしいね。
男子学生：うん。知っているよ。僕は生物学科で虫の生態を研究しているからね。
女子学生：昆虫同士でも仲良く共存できるんだね。種類が違っても仲良くできるって，いいよね。
男子学生：それなんだけど，仲良くっていうわけでもないと思うよ。例えば，さっき言ってたチョウと

アリの関係は，相手を利用しているんだ。アリはチョウの幼虫が出す甘い蜜を貰う代わりに，幼虫を敵から守っているんだよ。
女子学生：そうなんだ。じゃあ利用し合ってるわけだね。
男子学生：アリと暮らしているチョウの幼虫にもいろいろなものがいるんだ。確かにチョウの幼虫は蜜を出すけど，この蜜を食べたアリの脳を狂わせてしまうらしい。蜜を出さなくなってからもアリを働かせ続ける場合もあって，そうなるとアリを支配している感じがするよね。
女子学生：そうなんだ。それを聞くと，アリがかわいそうな気がするよ。

この女子学生がアリをかわいそうに思う理由はどれですか。
1．チョウの蜜は，アリのエサにするには少ないから
2．アリは，チョウの蜜がないと生きていけないから
3．アリが作った巣の中に，チョウの幼虫が住むことになるから
4．チョウの幼虫がアリを利用しているだけの場合もあるから

第2回

1番　先生が建築学の授業で，木材について話しています。この先生が，話の最後で指差しているのは，図のどの部分ですか。

　この，木の断面図をみてください。外側は，白っぽくて美しい色ですが，内側は濃い色になっていますね。この，色の濃い部分にある細胞は，すでに死んでいます。実は，木は外側にある細胞によって命を維持しているのです。ですから，外側が傷つけられると，木は枯れてしまいます。では，内側は必要ないのかというと，そうではありません。内側は，外側に比べると頑丈で，虫を寄せ付けにくく，木を支える役割を果たしています。
　ところで，家づくりに使われる木材は，構造材と造作材に分けられます。構造材は家を支えるための木材で，強度が求められ，虫の被害を受けにくいことが大切です。一方，造作材は窓枠などに用いられ，美しさが求められます。これらの条件を考え合わせると，構造材に適しているのは，図でいうと，この辺りです。

2番　先生が社会学の授業で，シェアリングエコノミーの5つの領域について話しています。この先生が，話の最後で重要性を強調している領域はどれですか。

　現在，モノやサービス，空間をシェアする，シェアリングエコノミーという考えが日本でも広がってきています。その広がりに伴って，このサービスの仲介をする企業も増えています。シェアリングエコノミーの領域でも，特に，洋服やバッグなどの「モノの領域」と，民泊やシェアハウスといった「空間の領域」の市場規模が大きいと言われています。
　しかしながら，次の領域は重要であるにも関わらず，見落とされがちなのではないでしょうか。それは，ちょっとしたときに乗り物を確保できるサービスを提供する領域です。例えば，このサービスの一つには，同じ目的地に向かう人たちが一緒に車に乗るというものがあります。これを利用することで，一

スクリプト

人ひとりがタクシーを使う場合に比べて安く済みます。都会でも需要はありますが，過疎地などの交通手段が少ない地域でも役に立つと言われています。

3番　女子学生と男子学生が，留学生を対象にしたイベントの案内を作成しています。この女子学生は，どの欄を書き直しますか。

女子学生：イベント募集の案内が完成したよ。確認してもらってもいいかな？
男子学生：お疲れ様。ええっと，イベントの内容，日にち，費用，集合時間…うん，合ってるね。あ，でもちょっと待って。ここ直した方が良いと思うよ。
女子学生：え，どうして？
男子学生：書き方がバラバラで，留学生には分かりにくいんじゃないかな。
女子学生：確かに。どういうふうに統一しようかな。
男子学生：留学生が分かりやすいように，漢字を使わずに数字と記号だけで示すのが良いんじゃないかな。
女子学生：そうだね。書き換えるよ。他にもある？
男子学生：うーん。内容の部分なんだけど，漢字が少し多すぎないかな。ひらがなで書いてみたら？
女子学生：でも，そこを全部ひらがなにしたら読みにくいと思うよ。
男子学生：なるほど。確かにそうだね。

4番　先生が，経営学の授業で，商品のライフサイクルと商品の宣伝について話しています。この先生が最後にする質問の答えはどれですか。

　この図は，新しい商品の売上の変化を表しています。新しい商品は，販売を開始してから売上が徐々に伸びていき，販売量が安定します。しかし，その後は，他の商品との競争や時代の流れとともに人気が衰退し，売上が落ちていくのです。
　企業は，商品を販売するために宣伝をする必要がありますが，それぞれの段階でどのような宣伝が効果的なのかを見ていきましょう。まず新しい商品を売り始めたときには，新商品の登場を多くの人に広く知らせる宣伝が必要になります。そして売上が伸びてくると，買ってくれそうな人を意識した広告に切り替えていきます。さらに販売する量が安定した時期には，お客さんがその商品に愛着を持ってくれるように，また，飽きられないように工夫をした宣伝をしていくのがよいでしょう。そうすれば，お客さんが長年にわたり商品を買ってくれるからです。
　では，テレビコマーシャルを通じた大々的な宣伝が一番効果的なのは，図で言うと，どの段階だと言えますか。

5番　先生が，人の歩行について話しています。この先生が最後にする質問の答えはどれですか。

　二足歩行は人の特徴的な能力だと考えられています。そこで，人がどのように歩いているかを見てみましょう。資料2を見てください。右足を軸足と考え，右足が地面について離れて，またつくまでの時間を歩行周期とします。資料2を見ると，右足が地面についている立脚期は，右足が地面から離れている遊脚期よりも長いですね。
　しかし，実は，右足と左足が地面についている時間の長さは同じぐらいです。立脚期は右足と左足の

両方が地面についている時間を含んでいるので、長く見えるのです。資料1を見るとそれがよく分かります。これは、歩行期間中の時間を各項目に分けたものです。その項目とは、「右足だけが地面についている時間」と「左足だけが地面についている時間」そして「両足が地面についている時間」です。片足のみがついている時間は、だいたい40パーセントずつになります。

　それでは、資料1のCの時間における、人の歩く姿は資料2のどれにあたりますか。

6番　先生が、住まいの安全について話しています。この先生が、このあと説明する対策はどれですか。

　住まいの安全対策は自ら情報を集め、行う必要があります。例えば、家具などを固定しておくことで地震が起きた際に下敷きになる恐れが減ります。また、ベランダにあるものを整理しておくことで、地震が起きても家の外への逃げ道を確保することができます。

　対策を行うのは地震に対してだけではありません。泥棒に入られないためにはカギをかける必要があります。また、家の周りにごみを放置していると放火される危険があるので、ごみの管理にも注意が必要です。このように、様々なリスクを考えて自分の住まいの安全対策を自ら行わなければならないのです。

　地震に対する対策は多くの人が意識しています。しかし、「犯罪から住まいを守る対策」については見落とされがちです。ですから、今日の授業では、この対策について、より詳しくお話ししたいと思います。

7番　先生が天文学の授業で、彗星について話しています。この先生が最後にする質問の答えはどれですか。

　望遠鏡で夜空を眺めていると、時々尾を引いた星を観察することができます。これは彗星という星です。彗星は主に塵や氷でできています。彗星の中には太陽の周りを回っており、一定の周期で太陽に近づくものがあります。太陽に近づくと、太陽からのエネルギーによって彗星の氷が蒸発します。そのときに、彗星の一部が壊れます。この壊れた部分がガスや塵として彗星から出て行くのです。このガスや塵こそが、しっぽのように見える彗星の尾の正体です。これらは太陽から吹き付ける太陽風によって、太陽の反対側に放出されます。彗星が太陽に近づいたことで、受ける太陽風が大きくなれば、その分、尾も長くなります。

　図1を見てください。これは、彗星の軌道と太陽の位置を示したものです。そして、図2は、Dの位置にあるときの、彗星の見え方を示したものです。図2の x は、彗星の、尾を含めた長さを表しています。では彗星がCの位置に来たとき、どのように見えるでしょうか。

8番　男子学生と女子学生が、会議の進め方について話しています。この男子学生は、どの役割を行うことに決めましたか。

男子学生：明日、授業でディスカッションやるんだよね。
女子学生：うん。役割を決めないと。
男子学生：役割ってどんなのがあったっけ。
女子学生：全体をまとめる司会、議論の流れを記録する書記、決まったことを外部に伝える発表者、それから、アイディアを出すアイディアマンと時間を管理するタイムキーパーの5つにするっ

スクリプト

　　　　　て先生が言ってたよ。
男子学生：僕，周りの人を引っ張るのが得意だから，司会をやろうかな。
女子学生：そんなに簡単なものじゃないよ。司会って，いろんな意見を持っている出席者をまとめて，会議をうまく進めていく力が必要なの。そういうの得意だったっけ？
男子学生：あんまり自信がないなあ。
女子学生：確か，字がきれいだったよね。書記はどう？
男子学生：字はいいとしても，話のポイントを図で示したり，その場で要約して書くのは自信がないよ。会議の内容をまとめて話すのは得意なんだけど。
女子学生：それじゃあ，その能力を活かせばいいんじゃない？
男子学生：そうかもしれない。自分の能力を活かせる役割にチャレンジしてみるよ。

9番　先生が，生乳の加工について話しています。この先生が最後に紹介する食品の加工方法は，どの分類にあてはまりますか。

　生乳とは，牛から絞ったままの，何も加工していない乳のことです。私たちは，昔から，この生乳にさまざまな加工をして，栄養豊富な食べ物や飲み物として利用してきました。加工方法には，殺菌加工，濃縮，発酵，遠心分離などの方法があります。では，これらの加工方法について説明しましょう。まず，殺菌加工とは，熱を加えるなどして生乳に含まれる微生物を殺す処理のことです。濃縮とは液体に含まれる水分量を減らす処理のことです。発酵とは微生物を利用して人間に有益な物質を作り出すことです。そして，遠心分離とは，強力な遠心力をかけて物質の成分を分離することです。例えば，牛乳は，生乳に熱を加えて殺菌処理をしたものです。
　では，次の食品の例を考えてみてください。昔，日本には「蘇」と呼ばれる食品がありました。これは生乳を火にかけて十分に煮詰めることによって水分を飛ばし，硬い塊にしたものです。硬くて保存性に優れ，税として国に治められていました。

10番　先生が，企業の経営の違いについて話しています。この先生が見学に行った企業の例は，図のどの部分にあてはまりますか。

　この図は，企業の意思決定の方法と新商品の開発に対する姿勢について表したものです。企業には，何かを決定する際に経営者が独断で意思決定を行う企業と，多くの社員の意見を反映して意思決定を行う企業があります。また新商品の開発に積極的な企業もあれば，消極的な企業もあります。開発に積極的と言うと，良いイメージがあるかもしれませんが，必ずしもそうとは限りません。リスクが増えることもあります。しかし，変化が激しい社会で，新しい商品を開発しなければ，時代に取り残される恐れもあります。どちらにも一長一短があるのです。
　私は先日ある企業の見学に行ってきました。この企業では，現場や顧客の需要をよく知る若手社員が，経営陣が意思決定する場に呼ばれ，意見を伝えることができるのです。そして，新商品の開発にも，どんどん投資をする会社でした。

11番　先生が授業で，ヒトの進化と頭の骨の変化について話しています。この先生が以前発掘した骨の化石はどれですか。

ヒトとチンパンジーなどの類人猿は，共通の祖先を持ちます。約700万年前，2本足で歩くようになって，ヒトは独自の進化を遂げるようになりました。二足歩行による姿勢の変化に伴って頭部の骨の形も変わり，次第に後頭部の割合が大きくなりました。また約250万年前には，木の実だけではなく肉も食べるようになり，この肉食が脳の発達を促したとも言われます。その後も，道具や言葉の使用でますます脳は発達し，後頭部がより大きくなりました。そうして，今の頭の形になっていったと考えられています。

　以前私は，ヒトの頭の骨の化石を発掘しました。近くにあった足跡から二足歩行をしていたことが分かりました。また，周囲から食べ終わった木の実の化石もたくさん採取できましたが，肉を食べていた形跡はありませんでした。

12番　先生が脳科学の授業で，文字の書き取りについて話しています。この先生が最後にする質問の答えはどれですか。

　書き取りとはお手本となる字を見て，真似して書く作業のことです。今日は，右利きで，右手で文字を書く子供のケースを取り上げて，書き取りするときの脳の動きについてみてみましょう。この場合，左側にお手本となる文字を置きますが，左側にある文字の情報は主に右脳に送られます。こうして右脳に情報が送られることで，はじめて文字の形を認知できます。そして右手で文字を書くために，一度左脳に情報を移します。その後，左脳が右手に文字を書くように命令するのです。

　ところで，時々，左右を逆転させて文字を書いてしまう子供がいます。これは左右の脳の間の情報処理がうまくいっていないためであり，目に問題があるわけではありません。時間の経過や先生からの注意によって，このような逆転文字を書く失敗は徐々になくなっていきます。では，質問です。逆転文字を書くことがなくなったのは，どの部分が発達したからだといえますか。

13番　先生が，日本のテーマパークについて話しています。この先生が，この話の中で提案していることはどれですか。

　日本のテーマパークは，入場者へのサービスや，テーマパーク内の清潔度などにとても気を使っており，入場者に気分よく楽しんでもらえるような工夫をたくさんしています。特に，隣接地にホテルや宿泊所といった施設を用意し，テーマパークが閉まったあとも，しっかりとしたアフターサービスを提供できていることは注目に値すると思います。

　しかし，日本の多くのテーマパークでは，少し配慮が足りていないと思うところも見受けられます。それは，混雑がひどいことです。あまりに人が多くて，せっかく来たのにアトラクションを十分に楽しめないという事態も起きています。これを解消するには，チケットの値段を，曜日や時間帯で変動させるなどして，入場する人の数ができるだけ偏らないようにする工夫が必要なのではないでしょうか。

この先生が，この話の中で提案していることはどれですか。
1．入場者をもてなすため，サービスを向上させること
2．清潔に保つため，テーマパーク内の掃除を徹底すること
3．混雑解消のため，チケットの値段を変動させること
4．混雑している場合には入場制限をすること

スクリプト

14番　先生が，感情表現について話しています。この先生は，お互いの理解のためには，どのように感情を表現するのがよいと言っていますか。

　よく，日本人は静かで無表情だと言われます。これは，感情を表に出さないという日本の文化によるものだと思いますが，外国の人々からは，何を考えているかわからないという批判を受けることもあります。
　では，感情をすべてストレートに表現すればよいのかというと，それはまた話が違います。特に，怒りや悲しみの感情をストレートに他人にぶつけると，その人との関係が悪くなってしまうこともあります。ですから，まず感情を自分の中で整理し，表現するときにも，言葉や表情をある程度コントロールすることが大切なのです。
　確かに感情を伝えるというのはお互いの理解のために必要なことですが，それには理性を伴う必要があるのです。感情と理性とのバランスを磨いていかなければいけません。

この先生は，お互いの理解のためには，どのように感情を表現するのがよいと言っていますか。
1．嬉しいときや楽しいときだけ感情を表現する。
2．表情は変えず，言葉で感情を説明する。
3．さまざまな感情をストレートに相手に伝える。
4．感情を整理し，言葉や表情に気をつけて表現する。

15番　男子学生と女子学生が話しています。この男子学生は，これから，どのように大学の授業を受けますか。

男子学生：大学生になってから，高校とは授業の受け方が違うせいで，勉強がうまくいかないよ。
女子学生：授業の受け方が違うってどういうこと？　私は高校の時とあまり変わらないような気がするけど。
男子学生：授業内容をノートに取れなくなったんだ。教授が事前にパソコンで作った資料を，スクリーンにパッと映して話すだろう？　そしてどんどん先に進むから，速すぎてノートが取れないよ。パソコンを使っても間に合わないかも。
女子学生：それって，もしかしてスクリーンに映っている内容や，教授の話を全部書こうとしてるんじゃない？
男子学生：もちろん，そうだよ。
女子学生：それは無理。パソコンを使っても間に合わないし，あとから見直すのもすごく大変じゃない？　全部書くんじゃなくて，手書きでさっとメモを取ればいいんだよ。
男子学生：メモ？
女子学生：うん。メモって，情報を全部書くんじゃなくって，重要なところだけ要約して書くの。慣れてくると，重要なところを意識して授業を聞けるようになるし，授業への理解も深まるから，おすすめだよ。
男子学生：へえ。やってみるよ。

この男子学生は，これから，どのように大学の授業を受けますか。
1．授業内容の重要な点を手書きで書き留める。

2．授業内容を全部そのままノートに取る。
3．手書きはやめて，パソコンでノートを取る。
4．メモを取るよりも授業を理解することに集中する。

16番　先生が，家電量販店について話しています。この先生は，この地方都市の家電量販店について，まず何をすべきだったと考えていますか。

　家庭で使う電化製品を家電といい，家電を売る大型小売店を家電量販店といいます。都市部では毎日，多くの若いお客さんでにぎわっています。しかし，ある量販店グループが地方都市に都市部と同じような店を作ったところ，お客さんがあまり来ませんでした。車で来るお客さんのために店の前に駐車場も作りましたが，それも無駄になってしまいました。
　なぜこのようなことが起こったのでしょうか。もちろん，人口が少ないからということもありますが，主な原因は他にあります。地方都市には高齢者が多く，複雑化した家電を使いこなせない場合が多いのです。高齢者が欲しいのは，家電の機能よりも，使い方がわからないときや，何かトラブルが起きたときに，お店の人がすぐ対応してくれるという安心感です。量販店グループはこの点を見誤っていたのです。
　どういう人がお客さんになるのかをよく調査し，その人たちのニーズに応える店作りが大切だということがよくわかる例ですね。

この先生は，この地方都市の家電量販店について，まず何をすべきだったと考えていますか。
1．最新機能がついている商品を仕入れる。
2．購入後のサポートやサービスを充実させる。
3．家族連れが来やすいように広い駐車場を作る。
4．商品の機能について細かく説明する。

17番　先生が，教育実習の注意事項について話しています。この先生は，反抗期の生徒と接するときに重要なことは何だと言っていますか。

　今回の教育実習で皆さんが担当するのは，いわゆる反抗期の生徒たちです。反抗期とは，思春期の子供たちが他の人に反発したり関わりを避けたりする時期のことで，精神発達の一つの過程です。この時期の子供たちは心や体のバランスが不安定で，ちょっとしたことにも激しく反発することがあります。
　この反抗期にある生徒たちの言い分や態度を無視するのはよくありませんが，それを無条件に許すのも問題です。よくあるのが，生徒の気持ちを大切にしようとするあまり，暴言などを注意しない状況です。生徒の意見や態度を受け入れることは確かに必要ですが，いくら反抗期であっても，許されないことがあると教えるのが，先生として求められていることではないでしょうか。そのためには，生徒と一定の距離を保っておくことも必要です。

この先生は，反抗期の生徒と接するときに重要なことは何だと言っていますか。
1．乱暴な態度に対しても見守るだけにすること
2．生徒との距離を無くし，親身に接すること
3．行き過ぎた態度があれば注意すること

スクリプト

4．反抗しないように，厳しく叱ること

18番 先生と男子学生が，ゴム手袋について話しています。この先生が最も言いたいことは何ですか。

先　　生：日本では，医者が手術などを行うときに，天然ゴムと合成ゴムのどちらを使った手袋を使用することが多いと思いますか。
男子学生：天然ゴムだと思います。天然のほうが体に優しいイメージです。
先　　生：確かに天然ゴムを使うのが一般的ですが，実は，天然ゴムをあえて避けて，合成ゴムを使用している医者も多いんですよ。
男子学生：合成ゴムは化学物質をたくさん使っていて危ないイメージがありますが，なぜですか。
先　　生：天然のゴムに含まれるある成分が体に合わなくて，ひどいアレルギーの症状を引き起こすことがあります。しかし，合成ゴムにはその成分が含まれていないのです。
男子学生：そうなんですか。天然だから安全というわけではないんですね。
先　　生：そうですね。言葉のイメージに頼るのではなく，実際にはどんな影響があるのかについて，自分自身で調べて確かめなければいけません。

この先生が最も言いたいことは何ですか。
1．天然ゴムは体に悪いので，使ってはいけない。
2．合成ゴムの手袋は化学物質をたくさん使っているイメージがある。
3．思い込みによってではなく，内容を調べて判断することが必要だ。
4．医者は，手袋の素材を，天然ゴムか合成ゴムか自由に選べる。

19番 先生が，メコン川という川の近くに生息する生物について話しています。この先生によると，メコン川流域で生物を保護しなければいけない一番の理由はどれですか。

　6つの国々を通るメコン川の流域には多くの生物が存在しています。様々な種類の植物や動物が確認されていて，特に植物に関してはメコン川の流域で約2万種類いると言われています。さらに1997年から2016年までの調査で，新たに2,500種を超える新種が発見されています。
　しかし，今この豊かな自然が脅かされています。なぜなら，メコン川が通る多くの国で急激な開発が進んでおり，この開発が豊かな自然に負荷をかけているからです。例えば，メコン川の水を動力とするダムの建設などが進んでいます。これにより生息地の分断や消滅が起きることで，絶滅する生物が200種ほど出ると予測されています。現在，絶滅が確認されている生物はいませんが，メコン川流域の今にも消えていきそうな生物を何とか保護しようと，研究者たちが対策を講じています。

この先生によると，メコン川流域で生物を保護しなければいけない一番の理由はどれですか。
1．1997年以降，新種の生物が発見されるようになったから
2．6つの国で自然保護の法律が制定されたから
3．多くの生物がすでに絶滅してしまったから
4．200種もの生物が絶滅の危機にあるから

20番 先生が，利他行為について話しています。この先生はこれから，どんな人を助ける場合を詳しく

説明しますか。

　自分の損になっても，他人の利益のためにする行動のことを「利他行為」と言います。例えば，困っている人を助けるような行為は利他行為です。
　しかし，利他行為といっても，必ずしも人類愛のような気持ちからなされるものばかりではありません。利息をつけてお金を貸す行為は，相手を助ける行為であると同時に，自分にも見返りがあることを期待しているといえます。また，自分と価値観や状況が似ている人に共感してその人を助ける場合がありますが，これは共感という気持ちに突き動かされています。この他にも，人助けをすることがルールになっている場合は，利他行為はその時の気持ちとは関係なく義務として行われます。
　今日は，利他行為の中でも，共感から他人のために行動する場合を詳しく説明していきます。

この先生はこれから，どんな人を助ける場合を詳しく説明しますか。
1．法律的に，自分が助ける必要がある人
2．偶然出会った，助けを必要としている人
3．年齢や出身国が自分と同じである人
4．いつも自分に親切にしてくれる人

21番　男子学生と女子学生が話しています。この男子学生は，このあとまず何をしますか。

男子学生：来週提出の日本文化論のレポート，何を書いていいかわからないんだ。先輩が去年書いたレポートを借りて読んだんだけど，すごく詳しいレポートだった。何を参考にして書いたんだろう。インターネットで調べながら書いたのかな。
女子学生：インターネットで読める記事は，内容が少ないでしょう？　ヒントにはなるけど，それだけじゃ内容が足りないと思うよ。
男子学生：でも，参考資料なんてどうやって探せばいいのか分からないよ。君はどうやって資料を探したの？
女子学生：図書館を利用したよ。関係ありそうな本を全部読むのは大変だから，まずインターネットで日本文化に関するいろんな記事にあたってみたの。そうすると，記事の中に引用元や研究者の名前が書いてあるから，それをヒントにして図書館で本を探したんだ。
男子学生：それはいい考えだね。早速やってみるよ。
女子学生：先輩のレポートを写さないようにね。
男子学生：もちろんだよ。

この男子学生は，このあとまず何をしますか。
1．図書館に行って，レポートに関係がありそうな本を全部読む。
2．インターネットでレポートに関係がありそうな文献や研究者を探す。
3．大学の先生に，レポートの参考になりそうな本を尋ねる。
4．先輩のレポートを読んで，参考になりそうな部分を探す。

22番　企業の経営者が，人材の雇用について話しています。この経営者が，実際に行っている面接の方法はどれですか。

スクリプト

　面接をするときに私が重視しているのは，その人の「能力」です。一口に能力といってもさまざまな能力があります。ただ，英語が話せるだとか，勉強ができるというのを私は能力だとは考えていません。他の社員と共同で作業する中で，あるいは企業が大変な状況の中で発揮されるものこそが，本当の能力なのです。

　しかし，能力を持っているかどうかを調べることは簡単なことではありません。英語が話せるかどうかを調べたいなら英語で面接すればいいわけですが，そんな単純な話ではないからです。そこで，私は，面接でわが社の状態や情報を提示して，そこから問題を見つけさせています。そして，社員との対話の中でその解決策を聞き出すようにしています。本人の目標や協調性について知ることも大切ですが，それだけでは十分ではないのです。

この経営者が，実際に行っている面接の方法はどれですか。
1．他の就職希望者と合同での面接をする。
2．自分の目標について詳しく説明させる。
3．日本語ではなく，英語で面接する。
4．企業の問題を発見させ解決方法を考えさせる。

23番　男子学生と女子学生が，本の売り方について話しています。この男子学生は，主にどんな内容を載せた広告を作ることにしましたか。

男子学生：大学の本屋でアルバイトをしてるんだ。雑誌は売れるんだけど，小説がなかなか売れなくって。うちの大学の学生，小説には興味がないのかな。
女子学生：そういえば，私も最近全然読んでないなぁ。面白いのがあれば読むけど。
男子学生：広告でも作って，本を紹介してみようか。作者のことを調べて広告に載せると興味を持ってもらえるかな。
女子学生：作者の情報はいらないんじゃない？　私なら，まず実際に読んだ人の感想を知りたい。
男子学生：なるほど。インターネットで調べればいろんな人の感想が出てくるから，それを編集してみるよ。
女子学生：うーん。それよりも，同年代の大学生の感想を知りたいな。
男子学生：じゃあ，僕やバイト仲間でまず読んで，感想を書いてみるよ。
女子学生：それいいね。でも，小説の内容が分かり過ぎてもつまらないから，うまく編集してね。
男子学生：もちろん。

この男子学生は，主にどんな内容を載せた広告を作ることにしましたか。
1．本の作者についての情報
2．インターネットで集めた，本の感想
3．大学生による本の感想
4．本の詳しい内容

24番　先生が，ボランティア活動について話しています。この先生は，多くの学生がボランティアに参加したくないと思う一番の理由は何だと言っていますか。

日本には，経済的に豊かではない国のために支援をする団体があります。そのような団体でボランティア活動をしたい，と考えている学生も多いのですが，実際に参加している人は少ないのが現状です。
　その理由としては，まず，派遣先での安全の問題があります。これは学生よりも親が心配しているケースが多いようです。一方，多くの学生が参加をためらう主な理由は，派遣期間が長いため，勉強や就職に支障があるということです。そのため，短期派遣への取り組みも始まっていますが，取り組みはまだ不十分です。その他には，少数ではありますが，経済的問題を挙げる人もいます。団体によっては公の機関から予算をもらっていて，参加者に交通費や住宅手当に加えて，給料を支給するところもあります。しかし日本で働くよりも金額が少ないことを覚悟しなければなりません。

この先生は，多くの学生がボランティアに参加したくないと思う一番の理由は何だと言っていますか。
1．治安の悪い国に行って，親を心配させたくないから
2．短期派遣は，途上国の支援にはならないから
3．参加した場合の給料が，日本で働くよりも安いから
4．派遣期間が長く，学業や就職に不都合があるから

25番　先生が，ピクトグラムについて話しています。この先生は，ピクトグラムを作るときに大切なことは何だと言っていますか。

　ピクトグラムとは，何らかの情報を指し示すための，視覚記号のことです。文章では伝わりにくいことを表せますし，言語が分からない人でも一目で情報が分かるため，公共の場で広く使われています。
　ピクトグラムは，オリンピックでも競技を分かりやすく伝えるマークとして，活躍しています。ピクトグラムのデザインには，情報を分かりやすく伝えることが求められ，できるだけ無駄な要素を無くすことが大切です。しかし，あまりに単純化しすぎると，かえって情報が正確に伝わらなかったり，他のピクトグラムと似通ってしまったりします。伝えたい情報の特徴を的確につかんで，シンプルに表現する技術が必要ですから，ピクトグラムを作ることは簡単ではありません。

この先生は，ピクトグラムを作るときに大切なことは何だと言っていますか。
1．特徴や必要な要素を簡潔に表現すること
2．情報をできるだけたくさん盛り込むこと
3．絵だけでなく文字情報も入れること
4．色彩豊かで目立つデザインにすること

26番　先生が，芸術鑑賞について話しています。この先生は，芸術作品を見て感動するのはどういうときだと言っていますか。

　芸術鑑賞と聞くと，みなさんはどのようなことを思い浮かべるでしょうか。難しい，よくわからないと考える人も多いと思います。しかし，みなさんはある芸術作品を見て「よくわからないけど，いいな」と感動したことはないでしょうか。「いいな」と感じるということは，その絵に共感する部分があるということです。そして，この共感するところや，共感の仕方は人によって異なります。
　もちろん，作品を見て，感動できない，理解できないというときもあるでしょう。それは，たまたまその芸術作品に共感するところがなかっただけなので，「自分には芸術は理解できないのだ」と心配する

スクリプト

必要はありません。様々な芸術作品に触れているうちに，あなたの心に響く作品に出会えるはずです。

この先生は，芸術作品を見て感動するのはどういうときだと言っていますか。
1．芸術作品の中に共感できる部分を見つけたとき
2．芸術作品について勉強して，知識を身につけたとき
3．芸術作品から得られる感動を，誰かと共有できたとき
4．芸術作品の作者と自分の生き方に，共通点を見出したとき

27番　女子学生と男子学生が話しています。この男子学生は，試合前の選手は，どのようなことを言うのが一番いいと考えていますか。

女子学生：ねえ，昨日のテニスの試合見た？
男子学生：うん，見た。応援してた選手が負けちゃって残念。
女子学生：でも，試合後の選手インタビューで，試合を楽しめたって言ってたから，いいんじゃない？
男子学生：そりゃそうだけど…。そういえば，よく試合前の選手が，「楽しんでプレーしたいです」って言ってるのを見るけど，僕はあれがいいことだとは思わないよ。
女子学生：え，そうなの？
男子学生：うん。試合前に，応援してくれる人や，練習を支えてくれる家族への感謝の気持ちを表現する人もいるけど，それを言うのは試合が終わった後でいい。
女子学生：どうして？
男子学生：試合のときは，とにかく勝ちたいって気持ちを強く持たなきゃ。僕は，言葉って自分の気持ちを強める働きがあると思うんだ。決意を示すっていうか。なのに，そういう言葉が出ないって，ちょっと弱気な感じがする。
女子学生：自分にプレッシャーをかけないように，リラックスするために，あえて勝ちたいっていう言葉を口にしないのかもしれないよ。
男子学生：そうかなあ。僕には，そうは思えないんだよね。

この男子学生は，試合前の選手は，どのようなことを言うのが一番いいと考えていますか。
1．「試合を楽しんできます」
2．「必ず試合に勝ちます」
3．「家族や応援してくれる人に感謝しています」
4．「あとは運に任せるだけです」

第3回

1番　先生が，経営学の授業で，「ファイブ・フォース分析」という考え方について話しています。この先生が例に挙げた企業が抱えている深刻な脅威は，図のどれにあたりますか。

企業は常に競争にさらされています。経営学では，競争を生む要因を5つに分けて分析することがあ

り、これを「ファイブ・フォース分析」と呼びます。フォースとは、脅威という意味で、ここでは競争要因のことを指しています。ファイブ・フォースを示した図を見てください。ほとんどの企業は、図の中心にある「競争業者」という枠の中にあります。これは、企業が同業者との間で競争をしていることを示しています。そしてこの他にも、企業には新規参入者など4つの脅威が存在すると言われています。

では、例を挙げてみましょう。ある企業はテレビを製造していますが、深刻な脅威を抱えています。それは、テレビがなくても、パソコンやスマートフォンなどの端末でもテレビ番組の視聴ができるようになっていることです。今後は番組を見るために、テレビを買う必要がなくなってくるかもしれません。

2番　女子学生と男子学生が、図を見ながら話しています。この男子学生は、授業の選び方をどのように変えましたか。

女子学生：今日は心理学の授業で、この図について勉強したんだよ。
男子学生：へえ。この図は何を示しているの。
女子学生：これはチャレンジすることのレベルと自分の能力が、どのような関係になっているかを示しているんだよ。
男子学生：なるほど。Yのところがチャレンジすることと能力が釣り合っていることを指しているってことだよね。
女子学生：うん、そうだよ。Xがチャレンジする内容が能力より高すぎるときを示しているんだ。Zは高い能力があるのに、それを十分に活かせていないときを示しているんだよ。
男子学生：へえ、なるほどね。これで以前に僕が失敗した理由がわかったよ。
女子学生：失敗？
男子学生：僕、フランスに住んでいたことがあって、フランス語はけっこう得意なんだよ。いい成績を取りたかったから、一番簡単そうなクラスの授業を受けたんだ。そうしたら、知ってることばかり。授業がつまらなくて欠席していたら、単位を落としそうになっちゃって。
女子学生：簡単だとそういう失敗をしてしまうんだね。
男子学生：うん、今はちょうどいいクラスにいるから、勉強のしがいもあるし、成績も伸びてきたよ。

3番　先生が工学の授業で、バイオミミクリーについて話しています。この先生が最後に挙げる技術開発の例で、参考にした生物はどれですか。

バイオミミクリーとは生物の特性をまねて、新しい技術を開発することです。生物は進化の過程で特有の能力を備えたものが多く、その能力を模倣することは、技術を開発する上で大きなヒントになります。

例えば、蚊という昆虫は、人間の血を吸うために針のような口で皮膚を指しますが、人間は痛みを感じません。このことを利用して、刺しても痛いと感じない注射針を作り出すことができました。

では、新幹線の技術開発について考えてみましょう。新幹線を開発するときにもバイオミミクリーが活用されました。ある生物の特性を模倣することにより、高速で走る新幹線の騒音を少なくすることに成功しました。周辺の住民からの苦情が少なくなることは新幹線の運行にとって重要です。

4番　先生が、日本語の文字について話しています。この先生が最後にする質問の答えはどれですか。

スクリプト

日本語で文章を書くときには，ひらがな・カタカナ・漢字の3つの文字を上手に使い分けなくてはなりません。そこで，日本では子供に文字を教えるときには，多くの場合，まずひらがなを教え，それから，カタカナ，漢字の順番で教えていきます。しかし，文字の歴史を考察してみると，文字の成立の順番は，この順ではありません。実は，ひらがなやカタカナは漢字に由来しており，漢字の歴史のほうが長いのです。

ひらがなやカタカナはどちらも同じ時期に漢字から作られたと言われています。ひらがなは，ひとつの漢字全体を単純に書き換えることでできた文字だと言われています。一方で，カタカナは漢字の一部を取り出して作られたものだと言われています。

それでは，「か」という文字を例にとって考えてみましょう。今私が説明した3種類の文字が生まれた順番を示す図として適切なものはどれですか。

5番　先生が授業で，「IT点呼(てんこ)」について話しています。この先生はIT点呼によって，何を減らすことができると言っていますか。

トラックなどでお客さんの物を運び，お金を得るビジネスを運送業と言います。運送業では，運転手が会社で車に乗るときと帰ってきたときに，「点呼(てんこ)」と呼ばれる，安全確認の作業を行うことがあります。運転手を管理する人は，点呼によって，運転手の飲酒や健康状態などの安全に関わる確認を行います。この点呼は管理者と運転手が直接顔を合わせて行います。このため，管理者を何人も雇う必要があり，これが会社の負担になっていました。

しかし最近は，IT技術を利用して，IT点呼と呼ばれる，新しい点呼の仕組みを導入する会社が増えています。IT点呼では，必ずしも，管理者と運転手が直接顔を合わせる必要はありません。なぜならインターネット回線と携帯電話のような機器を通じて，離れた場所でも安全確認ができるからです。この仕組みによって，管理者が運転手を待つ負担が減り，管理者の数を減らすことができるので，会社にとって人件費の削減になります。こうしたメリットがあるため，IT点呼は急速に普及しています。

6番　先生が経営学の授業で，消費者の購買行動について話しています。この先生が最後にする質問の答えはどれですか。

資料の図を見てください。縦軸は商品の品質を，横軸は価格を示したものです。経営学には，消費者を購入する商品の価格で分けるという考え方があります。

左端は，「貧困のスパイラル」の集団です。この集団は価格が安く低品質のものを買います。この集団に対しては価格を下げることでのみ，販売量を増やすことができます。一方右端の集団は「顕示的消費」の集団です。この集団は価格を気にせず，品質だけを見ます。この層に対しては品質を高めることで，販売量を増やせます。

これらの集団の間には，品質と価格の両方が販売量に影響する，バリューゾーンと呼ばれる範囲があります。この中の「価格フォーカス」の集団に対しては主に価格を下げることで，「品質フォーカス」の集団に対しては，主に品質を上げることで，販売量を増やせます。

では，質問です。ある商品の価格を変えず，品質だけを上げる戦略をとったとき，商品の販売量を今より増やせる可能性が高いのは，どの集団ですか。

7番　先生が，ある探査機を小惑星に着陸させる計画について話しています。この先生が，課題が多かっ

たと考えているのは，図のどの部分ですか。

　小惑星の探査は，宇宙の謎を解明する手がかりになると期待されていますが，成功させるのはとても大変です。
　ある探査機は小惑星に着陸しようとするとき，高度約20キロメートルから徐々に降下していきます。この時は地球から人間が探査機を制御していますが，高度500メートルぐらいから地表に降りるまでの間は，探査機は自動運転を行います。探査機と地球の間にはたいへんな距離があり，情報の送受信に時間がかかりすぎるからです。
　高度45メートルまで近づくと，探査機はあらかじめつけられていた着陸場所の目印をカメラで捉えます。その後，8.5メートルまで近づくと，探査機は目印を頼りに自動的に姿勢を調節し，目標地点に着陸します。勢いよく着陸すると跳ね返るため，速度の加減も重要です。開発中には多くの困難があったと思います。その中でも私としては，目印を頼りに自動で姿勢を制御する技術の開発に課題が多かったと考えています。

8番　女子学生と男子学生が，ワーク・ライフ・バランスについて話しています。この二人が最後に男女の差について比較しているのは，どの項目ですか。

女子学生：仕事と家庭生活どちらを重視しますかっていうアンケートの結果を，男女別に，本人の希望と現実で比べてグラフにしてみたんだ。
男子学生：全体的な傾向としては，「仕事と家庭をうまく両立したい」と考えている人が多いんだね。仕事と家庭の適正なバランスについてわからないと答えている人もいるね。
女子学生：そうだね。自分では適正だと思っていても，他人から見たら不適正だということもあるから答えにくいのかも。
男子学生：自分にとっての良いバランスを見つけることが大事だね。ところで，女性は現実には，男性よりも家庭重視になっている傾向があるみたい。
女子学生：そうだね。いろいろな理由で，家庭重視にせざるを得ないんだと思う。女性は今よりも仕事を優先したいって考えて，不満を募らせてる人が多いんじゃないかな。
男子学生：そうかな。その点に関しては，ほら見て。男性も女性も，そうしたいって希望している人は少ないよ。ただ，希望している割合は男性が女性の約2倍近くになってるね。

9番　先生が地学の授業で，地震について話しています。この先生が最後にする質問の答えはどれですか。

　日本は地震がとても多い国です。今日はその地震について学んでいきましょう。地震が起きると揺れが波として伝わっていきますが，地震によって発生する揺れの波には二つあります。一つは，小さな揺れを伝える速い波，もう一つは，大きな揺れを伝える遅い波です。速い波も遅い波も，同質の地盤ではそれぞれ一定の速度で伝わっていきます。そうすると，同じ地点にいる場合，速い波と遅い波が到着する時間に差が生じます。この到着時間の差を初期微動継続時間といい，その長さは震源からの距離に比例します。
　では，2つの資料を見てください。これは去年起きた地震を記録したものです。資料1を見ると，震源から40キロメートルの地点では初期微動継続時間が5秒，80キロメートル地点では2倍の10秒になっ

スクリプト

ていますね。震源から120キロメートル離れた地点では，15秒になっています。では，初期微動継続時間が30秒だったと考えられるのは，資料2の，どの部分ですか。

10番　先生が物理学の授業で，発光ダイオードについて話しています。この先生が最後にする質問の答えはどれですか。

　ダイオードは，決まった向きにしか電流を流さない部品で，このダイオードを活用したものに，電流を光に変えることができる発光ダイオードがあります。
　では，発光ダイオードを，一定の強さで同じ向きに流れる電流につないでみましょう。正しい向きに取り付けた場合，電流が流れるので，発光ダイオードは点灯し続けます。しかし，反対に取り付けてしまうと，電流が流れないため，点灯することはありません。
　ところで，日本の一般的な家庭で使われているのは，先ほど言ったような，一定の強さで同じ向きに流れている電流ではありません。向きと強さが1秒間に50回や60回と変化している電流が使われています。このような電流に発光ダイオードをつなぐと，発光ダイオードに流れる電流の向きや大きさが絶えず変化するわけです。
　では，家庭の電流に発光ダイオードをつなぐと，どのような状態になりますか。

11番　先生が，図形を描く実験について話しています。この先生の説明によると，実験に参加した学生に丸と三角形を描かせたとき，どの順番に線を描く傾向がありましたか。

　人間が図形を描くとき，図形のかたちや紙の上での配置によって図形の描き方に何らかの傾向があるのでしょうか。大学生に協力してもらい，実験で確かめることにしました。
　この，丸と三角形の図形を見てください。三角形を描くよう指示した場合，多くの学生は，bの線を最初に描き，最後にcの線を描く傾向にありました。
　さらに，丸と三角形の二つの図形を描くように指示した場合，どちらの図形が先に描かれるかということにも，一定の傾向がみられました。すなわち，紙の上での配置で言うと，左側の図形を先に描く，という優先順位があったのです。この傾向がすべての人に当てはまるかどうかは，さらに確かめる必要があります。しかし，今回の実験に参加した学生には，この傾向がみられました。

12番　先生が，カラスという鳥の捕食の仕方について話しています。この先生が意外だと言っているのはどの部分での行動ですか。

　これは，ある日のカラスの行動を示した図です。サクラの木にとまっていた小鳥を捕食しようと一羽のカラスが追っていきました。すると，小鳥の群れはクリの木へと飛び立ちました。カラスもクリの木へと向かいましたが，小鳥の群れは，低木地帯へと逃げてしまい一向に捕まえられそうにありません。低木地帯は小鳥にとってはカラスから身を隠すのに向いています。なぜなら，カラスなどの大きな鳥は，低木地帯の中では翼が木に当たり羽を傷つける恐れがあるので，普通は低木地帯には入ってこないからです。しかし，カラスはそこに向かって飛び込んでいきました。小鳥は慌てて繁みを出たところを別のカラスに捕食されてしまいました。
　カラスが賢いことは知っていましたが，他のカラスと連携して，自ら危険な場所に飛び込む行動をとったのは驚きでした。思っていたよりもカラスはずっと賢い動物であると感じました。

13番　男子学生と図書館員が、本の貸し出しについて話しています。この男子学生は、なぜ本を借りられなかったのですか。

男子学生：すみません。本を借りたいのですが。
図書館員：手続きをしますので少々お待ちください。学生証をお願いします。…ええと、申し訳ありませんが、今日は貸し出しができません。
男子学生：え、どうしてですか。本のどこにも貸し出し禁止と書かれていませんが。
図書館員：同時に貸し出しできるのは最大15冊までなんです。もし新たに本を借りたいようでしたら、現在借りている本を返してから、ということになります。
男子学生：最大20冊までだと勘違いしていました。じゃあ、また来ます。
図書館員：はい。来週は書庫の整理のため閉館時間がいつもより2時間早くなります。来週来られるようならご注意ください。
男子学生：そうですか。わかりました。
図書館員：ではこれらの本は棚に戻してしまってよいですか。
男子学生：はい。お願いします。

この男子学生は、なぜ本を借りられなかったのですか。
1. 学生証を忘れたから
2. 貸し出し上限まで本を借りていたから
3. 貸し出し禁止の本だったから
4. 閉館時間になったから

14番　先生が、風力発電について話しています。この先生は、風力発電システムを導入した企業のどういう点を面白いと言っていますか。

　風力発電では、風の力で発電機のプロペラを回し、この回転のエネルギーを電気へと変換します。風力発電で十分な電力を得るには広い土地が必要な点で、設置条件がなかなか厳しいです。しかし、風力発電には多くのメリットがあります。例えば地球温暖化の原因となる二酸化炭素を出しません。発電の効率も良いですし、太陽光発電と違って夜でも発電可能です。
　このように、さまざまなメリットがある風力発電ですが、風力発電システムを導入している企業は、それら以外にもメリットを感じていることが分かりました。それは発電に使うプロペラの美しさです。企業は、風力発電システムの優雅な見た目がクリーンやエコロジーというイメージと結びつき、自分たちが環境問題に積極的に取り組んでいるということをアピールできると考えているのです。つまり風力発電システムの導入で、発電と企業のPRの両方ができると考えているのです。目の付け所が面白いですね。

この先生は、風力発電システムを導入した企業のどういう点を面白いと言っていますか。
1. 風力発電システムを企業のイメージづくりにも利用している点
2. 空いた土地を利用して発電システムを導入した点
3. 環境問題に積極的に取り組んでいる点
4. 風力発電システムの見た目が優雅だと考えている点

スクリプト

15番　先生が，本の歴史について話しています。この先生は，一般の人々が本を読むようになったのは，字が読める人が増えたこと以外に，どのような理由があると言っていますか。

　本は，昔は手作業で書き写されていたので，非常に高価なものでした。活版印刷という技術が生まれた後も，製本は職人たちが手作業で行ったため，本はやはり高価で，一部のお金持ちしか手にいれられませんでした。このような時代の本の表紙は美しく装飾されており，今でも人気があります。
　一般市民が本を読むようになったのは，その後の産業革命以降です。教育によって字が読める人が増えたことも理由です。しかし，それ以外にも，印刷や製本の技術が発達し，本の値段が下がったことも理由として挙げられます。今では，ベストセラーやミリオンセラーといわれるように，大量の本が読まれていますが，誰もが本を読み，知識を身につけられるようになった背景には，本作りの技術の進歩があるのです。

この先生は，一般の人々が本を読むようになったのは，字が読める人が増えたこと以外に，どのような理由があると言っていますか。
1．職人の作る本の表紙が，美しくて魅力的だったから
2．人々が，本を読んで技術を学びたいと思ったから
3．技術が発達して，本を安く買えるようになったから
4．多くの人々をひきつける，面白い作品が増えたから

16番　男子学生と女子学生が，魚の歯について話しています。この男子学生は昨日見た魚の歯について何と言っていますか。

男子学生：魚の歯って見たことある？　昨日釣りに行って初めて見たよ。
女子学生：魚って歯があるの？　この前見た魚にはなかったよ。
男子学生：魚は食べるものや食べ方で歯の有無や形が変わるんだよ。その時見た魚にたまたまなかっただけじゃないかな。
女子学生：昨日は何を釣りに行ったの。
男子学生：「ヒラメ」っていう魚だよ。顔に特徴があって，目も口も左側に寄っている面白い魚だよ。
女子学生：じゃあ，歯も左に寄っているのね。エサが食べにくそうだね。
男子学生：実はそうじゃないんだよ。この魚，口は寄っているけど，歯は左右で対称なんだ。
女子学生：不思議な魚だね。どんなものを食べているのかな。
男子学生：この魚は，自分より小さな魚をエサとして食べているんだよ。エサの魚を捕まえやすい歯の形をしているんだ。かみ砕くための歯とはちょっと形が違う。ほら，昨日撮った写真を見て。
女子学生：確かに鋭い歯をしていて，小さい魚は一回かみつかれたら逃げられそうにないね。

この男子学生は昨日見た魚の歯について何と言っていますか。
1．口の中に歯はなかった。
2．歯の形や並び方が，左右で異なる。
3．エサをかみ砕きやすい。
4．エサを捕えるのに都合がいい。

17番 専門家が,若者の車離れについて話しています。この専門家は,今後どのような車を作ればよいと言っていますか。

　昨今,自動車市場は大きく変化しています。特に,若者の車離れが進んでおり,国内の自動車の売上が伸びない大きな理由になっています。若者の車離れが進んでいる理由は,所得の低迷や,都市部への人口集中,さらには車に対する価値観の変化など,様々なものがあります。これらのうち,所得の低迷や人口集中は社会的な問題ですから,企業にはどうすることもできません。しかし,価値観の変化に注目すれば,対策を講じることができます。
　昔は,車を持つことはステータスで,大きくて高級感のある車が人気でした。今でもそのような車を好む高齢者は多いようです。しかし今の若者は,車を単なる移動手段として捉えており,エアコンなどの家電と同様に,機能や省エネ性を重視しています。このようなニーズに合わせた車作りをすることが,今後必要になってきます。

この専門家は,今後どのような車を作ればよいと言っていますか。
１．大きくて高級な車を作る。
２．機能や省エネ性に優れた車を作る。
３．派手なデザインの車を作る。
４．高齢者にも運転しやすい車を作る。

18番 先生が,あるテストについて話しています。この先生の話によると,このテストは何のために行うテストですか。

　皆さんは通常,ある一定の範囲を広く見ることが可能です。しかし,事故にあったり病気になったりして脳が通常どおりに働かなくなると,物の見え方に影響を及ぼします。ところが,本人は見え方が変わったことに気づいておらず,知らず知らずのうちに生活に問題が生じている場合もあります。このような場合,本人に問題を自覚してもらう必要があり,医師はそういう場を提供しなければなりません。
　例えば,脳の右側に問題がある場合は次のようなテストを行います。短い直線をランダムにたくさん書いた紙を患者に渡し,その直線に自分でそれぞれ一本直線を書き足して,たくさんのバツマークにするよう言います。すると,患者は,紙の右半分に書かれている直線にはきちんと直線を書き足すことができました。しかし,紙の左半分にある直線には何も書き足すことができませんでした。
　患者にこの結果を教えると,自分の状態を理解し,リハビリに積極的に取り組んでくれるようになりました。

この先生の話によると,このテストは何のために行うテストですか。
１．患者に見え方に問題があることを自覚してもらうため
２．患者が手をうまく使って直線を書けるかを診断するため
３．患者が医師の言葉を理解できているか確認するため
４．患者にリハビリの成果を実感してもらうため

19番 先生が,授業の単位について話しています。この先生は,この授業で単位を取るために必要な条件は何だと言っていますか。

スクリプト

　この授業では，授業への出席と，試験と，グループワークの3つで単位を与えるかを決めます。まず授業ですが，6割以上参加すること。そして試験は，中間試験と期末試験の2つがあって，両方を受けることが必要です。どちらの試験でも6割以上得点しなければいけません。ただし授業への出席および試験への出席は，病気などの特別な理由があるときは，この限りではありません。学生課に行って証明書をもらい，私のところに個別に相談に来てください。

　グループワークは，グループで研究をし，それを授業中に一人の代表が発表するというものです。直接発表しない人も，資料作成などに積極的に関わり，グループの中で自分が何を担当したのかを書いて提出してもらいます。なお，最後の授業で提出してもらうレポートは単位には直接関係ありませんが，学んだことの仕上げとして，ぜひ書いて提出するようにしてください。

この先生は，この授業で単位を取るために必要な条件は何だと言っていますか。
1．病気の場合でも，授業に6割以上出席すること
2．試験を受ける場合，6割以上得点すること
3．グループワークに参加して，自分でも授業中に発表すること
4．最後の授業で，レポートを提出すること

20番　女子学生と男子学生が話しています。この二人は，高齢者が猫を飼う一番の理由を何だと言っていますか。

女子学生：ペットといえば，犬か猫を飼う人が多いけど，だんだん猫を飼う人の方が増えているんだって。
男子学生：へえ。どうしてだろう。僕は犬好きで，犬を飼ってるよ。
女子学生：猫は犬に比べて吠えないし，しつけも楽だからっていう理由もあるし，飼う費用が犬より安いっていうこともあるみたい。
男子学生：たしかに費用は犬の方が高いね。しつけは手間がかかるけど…，僕は手間がかかるからこそ可愛いと思うんだけどな。
女子学生：でも，子供が独立したあとペットを飼い始める人の場合，もう高齢化しているから毎日の散歩が負担なんだと思う。
男子学生：そっか。たしかに高齢者にとっては，そこが大きな悩みの種になるね。
女子学生：うん。うちの母も，その点が気になるから，飼うのなら猫にするって言ってる。
男子学生：それがいいかも。うちの犬は散歩に行かないとストレスが溜まって吠えるんだ。昨日は雨だったから吠えちゃって，近所迷惑になって困ったよ。

この二人は，高齢者が猫を飼う一番の理由を何だと言っていますか。
1．費用が安くて済むから
2．しつけに手間がかかるから
3．散歩をしなくていいから
4．吠えないので静かだから

21番　先生が，人工的な光を使うことのデメリットについて話しています。この先生によると，人工的な光の使用について，一番注意しなければいけないのはどういう人ですか。

私たちは，人工的に作り出した光を使って生活しています。この光のおかげで，夜遅くまで昼間と変わらない生活や仕事ができるようになりました。

　しかし，この人工的な光が健康問題を引き起こしていることも指摘されています。朝起きて，夜寝るという体のリズムは，光によって制御されています。しかし，不適切なタイミングで光を浴びると，そのリズムが壊れてしまうのです。ゲームやテレビを見て夜更かしをする子供は，光が原因で体のリズムが狂って，眠れなくなっている可能性もあります。子供だけの問題ではありません。実はこの人工的な光の影響は，年齢が上がるほど深刻なものになるのです。高齢になるにつれて，睡眠不足のダメージが大きくなる上に，一度体のリズムが壊れるとなおすのも難しくなります。ですから，若い人よりも一層，注意が必要です。

この先生によると，人工的な光の使用について，一番注意しなければいけないのはどういう人ですか。
1．子供
2．夜遅くまで働く人
3．高齢者
4．学生

22番　先生が，知的障がいを持つ人の雇用について話しています。この先生は，知的障がい者の能力についてどのように言っていますか。

　日本で従業員の数が一定の基準を超える企業は，障がいを持つ人を雇うことが法律で義務付けられています。では，彼らの能力を活かすにはどうすればよいのでしょうか。

　知的障がいを持つ人は，抽象的なことを理解するのが苦手な場合が多く，複雑な指示を覚えておくことも苦手です。このため企業側は，まず複雑な仕事を細かく切り分ける必要があります。そして，切り分けた仕事を，知的障がいを持つ人に分かるように説明します。一つひとつ具体的な指示を出していく必要があるわけです。

　一方，知的障がいを持つ人は，単調な作業を繰り返し行うのが比較的得意なことが多いです。作業を正確かつ真面目に行ってくれれば，企業にとって大きな戦力になります。

　これらの特徴を理解し，能力を活かせる仕事をつくれば，知的障がいを持っている人も職場で活躍することができるのです。

この先生は，知的障がい者の能力についてどのように言っていますか。
1．抽象的なことを理解し記憶することができる。
2．単調な作業に真面目に取り組むのが得意である。
3．複雑な物事を細かく切り分けることができる。
4．一つひとつ具体的な指示を出すのが得意である。

23番　先生が，企業の経営戦略について話しています。この話の中で，先生が問題だと考えているのはどのようなことですか。

　商品を販売するビジネスをする上で，売れ残りを減らすことはとても重要です。企業は，商品の値下げをしたり，アウトレット商品を売る店を作るなどして，売れ残りを少しでも減らそうと工夫していま

スクリプト

す。それでも売れ残る場合，一般的には捨てられることになりますが，その廃棄予定の商品に目をつけたビジネスも存在します。商品を原価以下で買い取って安く販売しているのです。しかしそれでもなお，かなりの量の商品が廃棄されています。

　企業の利益のためだけでなく，資源保護の観点からも，一つでも多くの企業が，商品を無駄にしないための戦略を練る必要があります。ある企業は，大量生産の仕組み自体を改めようと，顧客一人ひとりの要望に合った，オーダーメイドの商品を作る戦略に変更しました。このような取り組みをする企業が増えていけば問題は改善していくと考えられます。

この話の中で，先生が問題だと考えているのはどのようなことですか。
1．企業が商品の割引販売を行っていること
2．廃棄される商品を安く買い取って売る企業があること
3．企業が必要以上の商品を生産していること
4．企業が高い価格で商品を売っていること

24番　先生が，自己紹介について話しています。この先生は，自己紹介を成功させるために最も重要なことは何だと言っていますか。

　学校に入学したときや，会社に入社したときなど，自己紹介をする機会は多くあります。しかし，自己紹介を苦手とする人は少なくありません。では，なぜ自己紹介に苦手意識を持ってしまうのでしょうか。

　自己紹介をしてくださいと言われた場合，一般的にはその場で話す内容を考える人が多いと思いますが，この点が自己紹介に苦手意識を持ってしまう原因です。よほど話好きな人でない限り，話す内容が思いつかず，頭が真っ白になってしまうのです。このようなことを防ぐために，話す内容を事前に考えておくことが重要です。先に考えておくことで，自信をもって話すことができるため，相手により良い印象を与えやすくなります。また，しっかりとした自己紹介をすることで，自分のことを覚えてもらうこともできるでしょう。はきはきした話し方や，笑顔が大切だという人もいますが，それも内容がしっかりしているからこそ，生きてくるものです。

この先生は，自己紹介を成功させるために最も重要なことは何だと言っていますか。
1．事前に話す内容を準備すること
2．適切な言葉を選んで話すこと
3．余計なことを考えずに気楽に話すこと
4．好感の持てる態度で話すこと

25番　女子学生と男子学生が，ニュースサイトでのニュースの分類について話しています。この男子学生は，ニュースの分類についてどのように考えていますか。

女子学生：インターネットのニュースサイトって，「スポーツ」とか「経済」というような分類で検索すると記事がたくさん出てくるけど，分類がWebサイトによっていろいろ違うって知ってた？
男子学生：そうだっけ？今まで注意して見ていなかったから，気づかなかったよ。
女子学生：けっこう違うよ。例えば「政治」っていう分類がないWebサイトもあるし。

男子学生：へえ。政治って重要なテーマだし，必ずあるものだと思ってた。
女子学生：ほかにも，IT分野の扱い方も面白くって，私がよく見るWebサイトでは，ITと経済を一つの分類にしているけど，他のWebサイトでは，ITと科学が一つの分類になってるの。経済と科学じゃ全然違う気がするけど…。
男子学生：なるほどね。君がよく見るWebサイトを作っている人は，ITは経済を効率的に動かすものだから，一緒に扱おうと決めたんじゃないかな。もう一つのWebサイトは，ITは科学と切り離せない関係にあるって考えたんだろうね。
女子学生：うん。分類する側の意識によるのかもね。

この男子学生は，ニュースの分類についてどのように考えていますか。
1．ITは独立した分類として扱うほうがよい。
2．「政治」という分類は必ず作るべきだ。
3．Webサイトの分類はあいまいで信用できない。
4．Webサイトの運営会社によって分類が変わる。

26番　先生が，授業で，教育実習について話しています。この先生が話の中で，最も強調していることは何ですか。

　教育実習とは，教員になりたいと思っている人が，講義で学んだ技術や方法を，現場で実践することです。教育実習の心得として，生徒に対して熱意と愛情を持って実習に取り組むことはもちろん重要ですが，教員として，また社会人としてのあるべき姿からかけ離れていてはいけません。よくあるのが，学生の感覚で，生徒と個人的に仲良くし，友達のような関係になることです。これは，教員としての自覚が足りません。
　そして，学校という組織の中で，社会人として常識ある振舞いをすることも必要です。教員は，生徒を指導するだけでなく，学校という組織に属し，その組織のルールを守る必要があります。生徒のことを思っての言葉や行動であっても，その言動が学校全体の規律を乱すものであれば，それは軽率だとみなされ，結局は生徒にも迷惑が掛かってしまいます。皆さんが教育実習に行くときは，今日話したことをよく覚えておいてください。

この先生が話の中で，最も強調していることは何ですか。
1．社会人としての責任を持ち，規律を守ること
2．大学で得た知識を発揮して，質の高い授業をすること
3．組織のルールに縛られず，生徒と信頼関係を築くこと
4．友達に接するように親身に，生徒と接すること

27番　男子学生と女子学生が，英語でのディベートについて話しています。この男子学生は，このあと，まず何をしますか。

男子学生：来週，英語の授業でディベートがあるんだよ。うまくできるか不安だよ。英語苦手だしなあ。
女子学生：何についてディベートするの？
男子学生：人工知能を教育現場で利用するかどうかについてだよ。

スクリプト

女子学生：へえ，面白そう。どういう意見を言うつもり？
男子学生：それが，まだよくわからなくて。これが昨日作った資料なんだけど，アドバイスをくれない？
女子学生：うーん，これ，情報はたくさんあるけど，意見がないよ。意見を言えるようにしておかないと。
男子学生：英語でどう言っていいかわからないんだよ。専門用語が多いから大変なんだ。
女子学生：じゃあ，日本語でまず意見をまとめてみて，専門用語とか表現は辞書で調べるとか，先生に聞くとかしてみたらいいんじゃないかな。
男子学生：そうしてみるよ。作った原稿を使って週末には英語で発表の練習をするから，付き合ってくれない？
女子学生：うん，いいよ。

この男子学生は，このあと，まず何をしますか。
1．人工知能についての情報を集める。
2．自分の意見を日本語で書く。
3．専門用語を英語で言えるように勉強しておく。
4．英語での発表の練習をする。

第4回

1番　先生が経営学の授業で，企業の経営行動について話しています。この先生が挙げる例は，図のどの段階にあてはまりますか。

　近年，多様な人材を求める企業が増えています。多様な人材に対する企業の行動段階は大きく四つに分けられます。一つ目は，反発です。これは，違いを拒否し，多様な人材に対して特別な行動をあえて起こさない，という段階です。二つ目の段階は吸収です。違いを無視し，自分たちと同じように行動することを求めます。三つ目の分断とは，違いを認め始める段階ですが，この段階では，多様性を求めて採用した人材を特定の分野で働かせることしかできません。採用した人材が，様々な分野で活躍できるようになる段階は，四つ目の結合です。このように，段階が進んでいくごとに，企業は多様性をより受け入れていく，ということになります。
　さて，ある企業で働く外国人は，周囲の人たちと快適に仕事ができています。しかし，外国語を使う決まった仕事ばかり任され，その分野でしか働くことができていないようです。このように，受け入れられているように見えても，改善の余地がある例もあります。

2番　女子学生と男子学生が，各学部の説明を見ながら話しています。この女子学生は，弟にどの学部の受験をすすめると考えられますか。

女子学生：来年は弟が大学受験なんだけど，受験する学部をどこにしようか迷っているの。私は理系だから，文系の学部がよく分からなくって。相談にのってくれない？
男子学生：いいよ。4年間通うんだから，興味のあることを学べる学部がいいよ。どんなことに興味が

あるの?
女子学生:英語や,いろいろな国の言語に興味があるみたい。
男子学生:言語を専門にしたいのかな?
女子学生:うーん,言語そのものっていうより,言語を使って文化や風習を勉強したいって言ってた。できれば,半年から1年ぐらい留学もして,現地の大学生と交流をしたいらしいの。
男子学生:なるほど。大学受験では,試験科目も確認しておく必要があるよ。得意な科目で受験できるほうがいいからね。
女子学生:そっか。高校の文系クラスにいるから,数学は今,勉強していないんだよね。
男子学生:そうすると,受験できる学部も限定されてくるよ。
女子学生:そうだね。弟に伝えておく。相談にのってくれてありがとう。

3番　先生が,図を見ながら顧客満足度を上げるための方法について話しています。この先生が,このあと説明するのはどの戦略ですか。

　持続的に企業を運営するためには,顧客を満足させ常に収益を上げる必要があります。しかし,低価格の商品を求めている人もいれば,価格に関係なくとにかく高性能な商品がほしいと考えている人もいるなど,顧客といってもいろいろな人がいます。ですから,経営者は顧客の中でも,ある一定の人たちをターゲットと決め,その顧客層が要求している商品やサービスの提供に集中しなければなりません。このとき,戦略としては図のように4つのやり方があります。
　ある会社は顧客の要望に忠実にこたえるため,一人一人の顧客に対して要求をしっかり聞いてサービスを提供しました。顧客が望むことであれば,今まで提供していなかったようなサービスも提供します。これにより顧客に対して提供する製品やサービスの価値を高めたのです。今日は,この会社がとった戦略について詳しく説明していきます。

4番　先生が薬学の授業で,ある病気のワクチンの作り方について話しています。この先生は,ワクチンの製造過程のうちどの部分の問題を指摘していますか。

　ワクチンとは感染症の予防に用いられる薬のことです。今日は,ある感染症のワクチンの製造についてみていきましょう。最初に行うことは,特別な環境下での鳥の飼育です。この鳥に卵を産ませ,その卵にウイルスを入れ,ウイルスを培養して増やすのです。そしてそれを精製することで病原性を弱め,最後に国の検定を受けてワクチンとして使います。
　現在多くの企業では,ワクチンの製造過程にかかる時間を短くすることを目指しています。しかし,特殊な飼育を施された鳥の準備や,その鳥の卵を用意するために時間がかかっています。つまり,ウイルスを卵の中に投入するよりも前の段階で,すでに多くの時間がかけられているのです。このことによって,ワクチンの製造に長い時間を必要としています。もしワクチンの製造期間の短縮が実現すれば,感染症の大流行があった時にも,今までより早く対応できるようになるでしょう。

5番　女子学生と男子学生が,レポートのテーマについて話しています。この二人が見ている資料はどれですか。

女子学生:今度のレポートのテーマ,決めた?

スクリプト

男子学生：うん，だいたい…。あのね，新聞で読んだんだけど，日本に来る外国からの観光客ってすごく増えているんだって。その情報を使ってレポートを書こうと思っているんだ。
女子学生：へえ。じゃあ，外国人観光客について調べるのね。
男子学生：うん，だけどもう少し話題を絞るつもり。この資料を見て。外国人観光客が増えているのに，この都市にある博物館に来る外国人観光客の数が減っているんだ。都市に来る外国人観光客はいるのに，博物館には来ないらしいんだ。
女子学生：どうしてだろう。たしかに，来館する外国人観光客は減ってるね。ヨーロッパから来ている観光客ではそれがとくにはっきり出てる。
男子学生：そうなんだ。でも，アジアからの来場者は増えてる。その理由も調べながら，外国からの来場者が増えるような運営改革についてレポートにすることにしたんだ。
女子学生：いいテーマだと思う。博物館で多くの人に文化を伝えられるようになればいいね。

6番　先生が，心理学の授業で，人間の欲求について話しています。この先生が最後にする質問の答えはどれですか。

　人間ならだれでも欲求というものを持っています。人間の基本的な欲求は5つに分けることができます。人間は，このピラミッド状の図の下の層から順に欲求を満たそうとするのです。この時，一番上位にある「自己実現の欲求」は成長欲求と言われ，物質的に満たされ，そして精神的にもある程度満たされた状態でのみ現れる，自分の能力や可能性を十分に発揮したいという欲求です。ですからこれより下位の層にある欲求は何かが欠乏している状態で起きると言えます。「安全の欲求」と「生理的欲求」は物質的にモノが手に入れば満たされます。一方，他の3つは社会との関連を持って精神的にも満たされることが重要となります。
　では，質問です。物質的にも精神的にも満たされていないときの欲求を表している矢印はどれですか。

7番　先生が授業で，ある地域の産業について話しています。この先生が話している地域は図の中のどこですか。

　この地域の主な産業は工業で，特に石油を使った化学工業と自動車の製造を行う機械工業が盛んです。この地域でこれらの工業が盛んになったのには理由があります。
　まず地形に関することです。この国では石油が採れないため，海外から輸入をしなければなりません。海外から石油を運ぶ手段として最も利用されているのは，タンカーと呼ばれる大型の船です。ですから，港に近いこの地域は大量の石油を使う工業が盛んになったのです。
　次に道路が整備されていることが挙げられます。自動車を作るために必要な部品を運んできたり，作った自動車を移動させたりするためには，道路が必要です。また，自動車の製造にはたくさんの人の手が必要です。労働力の得やすい内陸と大きな道路でつながっているこの地域では自動車の製造がとても盛んになっています。

8番　先生が経営学の授業で，スポーツジムの経営戦略について話しています。この先生が一番注目している戦略は，図の中のどれですか。

　スポーツジムを運営している，ある企業が注目を集めています。この企業の運営するジムは，責任を

もって顧客に目標を達成させることで有名です。

現在は、さらに事業を拡大しています。例えば、若い人だけではなく、健康を意識している高齢者にまで顧客の層を広げ、スポーツジムの運営に加えて、ダイエットメニューを充実させたレストランも運営し始めました。ジムの提案する健康的な食事が食べられると評判です。また、コンビニエンスストアなどでスポーツジムの名前を記した商品を販売するなど、いろいろな方法で事業の拡大を続けています。

この中でも私が特に注目している戦略は、ジムに関係する商品をジム以外の場所でも売るという戦略です。ジムのことを知らなくても、たまたま商品を買うお客さんもいるでしょうし、そういう人が、いずれジムの顧客になってくれるかもしれません。ジムの認知度を高めるためには、これが一番良い方法だと思います。

9番　先生が環境学の授業で、石油と大気汚染について話しています。この先生が、最も課題が多いと考えているのは、図のどの成分ですか。

私たちは車や電気を使うために多くの石油製品を使っています。地中に埋まっている石油、これを原油と言いますが、それがどのように石油製品になるのかを見ていきましょう。まず、採取された原油は精製工場に運ばれ、様々な種類の成分に分類されます。この分類は、各成分が気体になる温度の違いに基づくものです。資料のように、気体になりやすい順に石油ガス、ガソリンやナフサと続きます。最も気体になりにくいものは重油やアスファルトです。

ところで原油の中には、硫黄という物質が入っているのですが、これは精製の過程で、気体になりにくい成分の中に多く残ります。硫黄は燃やすと大気汚染の元になるので、脱硫技術という硫黄を取り除く技術を用いて処理する必要があります。

硫黄を取り除く技術はまだ完全ではありません。ですので、特に、硫黄を多く含む成分の処理には、まだ課題が多くあります。

10番　先生が授業で、カブトムシという昆虫について話しています。この先生が最後にする質問の答えはどれですか。

昆虫の多くは、幼虫の時期と成虫の時期で形が違います。例として、カブトムシを想像してみましょう。8月から9月にかけて卵からかえったとき、カブトムシは幼虫です。まだ大きな角や羽は持っておらず、成虫とは全く形が違います。この幼虫の時期はカブトムシにとって最も長く、翌年の4月くらいまで幼虫の時期を過ごすのです。成虫になるのは6月から7月で、このときには立派な角を持った状態になり、飛行も可能になります。幼虫から成虫になる途中の時期のカブトムシは、さなぎという状態になり、この間に成虫へと体の形を変えます。さなぎの時期は食べ物や飲み物をまったくとらず、動くこともほとんどありません。

では質問です。説明したように、カブトムシには、幼虫の時期と、さなぎの時期と、成虫の時期の三つがありますが、さなぎの時期を表している矢印はどれですか。

11番　先生が心理学の授業で、ものの配置について話しています。この先生が最後にする質問の答えはどれですか。

皆さんはいろいろなものを見て美しいと感じ、それを他の人と共有することができます。共有できる

スクリプト

ということは，美しさに関して，共通する感覚を持っているということです。美しさに対する感覚は文化の影響も受けますが，ここでは日本での場合を考えてみます。

　日本では一般に，背景がないシンプルな画像の場合であれば，ものの配置が左右対称になるものを美しいと感じる傾向にあります。しかし，風景の写真など，背景がいろいろ写り込んでいる場合には，目的のものが向かって右寄りに配置されているほうが美しいと感じることがわかっています。では，この一般的な傾向を踏まえると，日本人が美しいと感じる図と写真はどれとどれだと推測できますか。

12番　先生が授業で，語学の成績について話しています。この先生の話によると，この先生のところに質問に来た生徒は，成績の伸び方を示した曲線のどの段階にいますか。

　これは，外国語を学ぶ人の成績の伸び方を示した曲線です。語学の学習では，勉強時間に比例して成績が伸びるわけではなく，勉強を始めてから成績が上がってくるまでに時間がかかります。また，やっと成績が上がってきても，すぐ停滞することも少なくありません。これを心理学の言葉ではプラトー現象と言います。プラトー現象は多くの人が経験するものです。

　これとよく似た現象に，スランプというものがありますが，スランプはすでに高い技能を身につけている人が一時的にその力を出せなくなる現象で，これらは根本的に異なるものです。

　先週，学習を続けているのに以前のように成績が伸びない，と勉強法を尋ねに来た学生がいましたが，彼の場合はまだ十分な能力がありませんでした。勉強法を変える必要はなく，そのまま勉強を続けていけばよいでしょう。皆さんも，成績が伸びないときでもすぐにあきらめず，努力を続けるようにしてください。

13番　先生が，企業におけるITシステム導入時の注意点について話しています。この先生は，ITシステムを導入するときに，何をすることが重要だと言っていますか。

　ITシステムを導入する一番のメリットは業務の効率化です。手で行っていたことをコンピュータで一括して管理すれば，業務の効率が飛躍的に上がります。また，蓄えられたデータを利用して売上や発注の予測をするといったこともできます。

　このように，上手く使いこなせば大きなリターンが見込めるITシステムですが，導入前に必ず検討しなければならないことがあります。それは，システムを導入する目的を可能な限り明確にし，関係者と共有することです。つまり，何のために導入するのか，どのような経営課題を解決するのかをはっきりとさせておく必要があります。目的がぼんやりしたままでは，必要以上のものを高く買うことになったり，無駄な機能が多すぎて，かえって使いにくいといった問題が生じます。

この先生は，ITシステムを導入するときに，何をすることが重要だと言っていますか。
1．ITシステムで何をしたいかを明確にする。
2．導入コストが一番安いものを選ぶ。
3．ITシステムを使いこなせる社員を雇う。
4．機能が充実しているものを選ぶ。

14番　女子学生と男子学生が，シティザルと呼ばれる猿について話しています。この女子学生は，シティザルが農作物を荒らす原因を，何だと言っていますか。

スクリプト

女子学生：ニュースで見たんだけど，「シティザル」っていう猿が増えているらしいよ。
男子学生：シティザル？ いったいどんな猿なの？
女子学生：山奥での暮らしを知らずに，人里近くに棲んでいる猿で，農作物を荒らしているんだって。
男子学生：山奥での暮らしを知らないっていうことは，生まれたときから人間が住む場所の近くに棲んでいるわけか。
女子学生：そうだよ。そして人間が改良しながら作った栄養豊富な農作物をずっと食べていて，その味を覚えているわけ。
男子学生：僕はてっきり，彼らは棲む場所を人間に奪われて，仕方なく人里に降りてきていると思っていたよ。
女子学生：少し前まではそういう猿が多かったのかもしれないけど，今増えているシティザルは，そうじゃないみたい。

この女子学生は，シティザルが農作物を荒らす原因を，何だと言っていますか。
1．環境破壊が進み，山に，棲む場所や十分な食べ物がなくなったから
2．人里近くに棲んで，人間が作る農作物を好むようになっているから
3．人里の近くに棲むほうが，天敵が少なく生活しやすいから
4．人間が，農作物などの食べ物を与えているから

15番　先生が，服装について話しています。この先生は，今の日本と昔の日本でどういうことが同じだと言っていますか。

　日本では高校生の多くが制服を着ています。制服を着ることは学校で決められた規則です。しかし，みんなが同じ洋服を着ることに，ストレスを感じる学生も多いのです。こういう場合，スカートを規定より短くしたり，男性ならネクタイをつけなかったりして，学校で禁じられている服装をするのです。
　同じようなことは，今より200年以上も前にもありました。その時期の日本では，法律や命令で服装について決められており，庶民はある地味な素材の服しか着ることを許されませんでした。しかし，自分の好みの服を着たいと思うのは今も昔も変わりません。その時代，お金のある女性は決まりを破ってまで，好みの素材の服を身につけて歩いたそうです。

この先生は，今の日本と昔の日本でどういうことが同じだと言っていますか。
1．服を，決められた素材で作らなければならないこと
2．はじめに決まりを破るのは女性だということ
3．お金に余裕がある人は，服装の決まりを破ること
4．決められた服装に満足せず，反発する人がいること

16番　先生と女子学生が，速く走る方法について話しています。この女子学生は今日の練習で，特にどのようなことを意識して走ると言っていますか。

先　　生：昨日のマラソン大会，記録が更新できなかったみたいだね。
女子学生：はい，なかなかタイムが伸びなくて…。
先　　生：うーん，何が原因か考えてみよう。背筋は伸ばして走っているよね？

スクリプト

女子学生：はい，背筋は意識して伸ばしています。
先　　生：じゃあ腕は？
女子学生：腕？　なるべく大きく振るようにしていますが…。
先　　生：長距離走では，腕は小さく振ったほうがいいんだよ。できるだけまっすぐ，前後同じくらいの幅で振る。それから，着地の仕方にも注意すること。つま先ではなくて，かかとから着地することが大切だからね。
女子学生：足の使い方は特に問題なかったと思いますが，腕を大きく振っていたから，疲れが出るのが早かったのかもしれません。背筋や足ばかり気にしていました。早速今日は，それを意識して練習してみます。

この女子学生は今日の練習で，特にどのようなことを意識して走ると言っていますか。
1．腕を小さく振って走る。
2．つま先から着地する。
3．背筋は少し曲げて走る。
4．呼吸に気をつけて走る。

17番　学部長が受験生に，学部の説明をしています。この学部長は，この学部にはどんな特徴があると言っていますか。

　現代の社会は，様々な問題が複雑に絡み合っているため，これまでのように，一つの専門領域から問題を解き明かすことは，困難になってきています。そこで本学部は，様々な分野について学び，複数の視点から物事を見つめる人材を育成するために，昨年誕生しました。学生のみなさんに快適な環境で学んでもらえるように，学部専用の校舎も新たに建設しました。また，世界を視野に入れて英語教育にも力を入れており，授業の8割は英語で行われています。さらに5年後には，全ての授業を英語で行う予定です。そして現在，私たちの学部では，学部の1年生から4年生まで全員に担当教員をつけ，きめ細やかな指導を行うようにしています。

この学部長は，この学部にはどんな特徴があると言っていますか。
1．現在，全ての授業が英語で行われている。
2．1つの分野を集中的に学習するカリキュラムになっている。
3．全員に担当教員がつき，丁寧な指導が受けられる。
4．歴史のある学部として，長年にわたる教育の蓄積がある。

18番　先生が，カバという動物について話しています。この先生が，カバについて興味深いと言っていることは何ですか。

　カバは川や沼などの水辺に棲む大型の動物です。水の中で5分ぐらい息を止めていられますが，この時，カバは鼻の穴を閉じることができます。カバの皮膚はとても厚く，最も分厚い部分は4センチメートルにもなるといわれ，さらにその下に3センチメートルから5センチメートルの脂肪の層があります。
　しかし，もともと水中生活をするカバの皮膚は，乾燥や紫外線に弱く，陸上にいると水分が失われてすぐにひび割れてしまいます。そのため，カバは体の表面から赤い粘液を出して皮膚を保護しています。

これはよく「赤い汗」と呼ばれますが，カバは体の構造上，汗をかくことができないので，正しくは汗ではありません。この粘液には殺菌作用もあり，ケガをしても感染症にかかることが少なくて済むそうです。このような液体を分泌する動物はとても珍しく，興味深いですね。

この先生が，カバについて興味深いと言っていることは何ですか。
1. 皮膚を保護する特殊な仕組みをもつこと
2. 皮膚から出る粘液を，赤い汗と呼んでいること
3. 水中で鼻の穴を閉じられること
4. 皮膚が厚いのに，乾燥や紫外線に弱いこと

19番　先生が，太陽光発電システムについて話しています。この先生は，太陽光発電システムの普及が進まない一番の理由は何だと考えていますか。

　現在，太陽光発電システムへの注目が高まっています。太陽光発電システムは，発電するときに騒音や温室効果ガスなどを出しませんし，燃料がなくなるということもありません。また，設置には大きな土地を必要としないため，自宅の屋根に太陽光発電システムを設置している人もいます。自宅で発電できれば，電気を買うお金を節約でき，余った電力は電力会社に売ることもできます。
　しかし，まだ普及率が低いのが現状です。安くなってきたとはいえ，やはり，普通の家庭で初期費用を負担するのは難しいということが大きいでしょう。いろいろな補助金の制度はありますが，それでも負担はかなりのものです。それ以外にも，雨や曇りの天気では作られる電気が少なくなることや，電気の買取価格があまり高くないということも，普及が進まない理由だと言われています。

この先生は，太陽光発電システムの普及が進まない一番の理由は何だと考えていますか。
1. 天気の悪い日には電気を作れないから
2. 初期費用が高いから
3. 電気の買取価格が低いから
4. 補助金の制度が複雑で使いにくいから

20番　先生が，登山の注意事項について話しています。この先生は，去年登山した生徒が失敗した理由は何だと言っていますか。

　高い山に登るには体力が必要です。しかし体力があれば登山に成功するわけではありません。それ以外にも，山に登るための十分な準備が必要です。例えば，自分に合った靴や服で登山に臨むこと。また，山の天気をあらかじめ調べることも準備の一つです。
　この他にも，大切なことがあります。それは自分のペースで登ることです。追い越されても，焦る必要はありません。登っている途中で疲れたら一休みする，というように，無理せず登山に臨めばいいのです。去年登山した生徒の中には，事前準備はしっかりしていたものの，ベテランの登山者につられて無理な歩き方をし，結局体調を崩して登山を断念した人がいました。体力に自信がある人でもそれを過信してはいけません。

この先生は，去年登山した生徒が失敗した理由は何だと言っていますか。

スクリプト
1. 登山にふさわしくない恰好だったから
2. 山の天気を調べなかったから
3. 自分のペースを守らなかったから
4. 休憩時間を決めなかったから

21番 女子学生と男子学生が，授業について話しています。この男子学生は，このあと，どの授業を登録しますか。

女子学生：授業の登録はもうした？
男子学生：マーケティングとスペイン語の授業の登録は終わったよ。スペイン語は中級向けのBクラスにした。だけどまだ英語はしていないんだ。もうすぐ締め切りだから，早くしないと。
女子学生：どうしてまだしてないの？
男子学生：英語の授業は三つあるみたいだけど，どの授業を選べばいいか分からないんだ。教えてくれないかな？
女子学生：いいけど…。英語の授業は，入学前に受けた試験の点数によって決まるんだよ。
男子学生：あれ，そうだっけ？
女子学生：うん。100点満点中80点以上の人はAクラス，60点以下の人はCクラス，その間の点数の人はBクラスだよ。あなたは何点だったの？
男子学生：何点だったかな。…確か半分も出来ていなかったよ。これからしっかり勉強しなきゃ。
女子学生：うん，頑張って。

この男子学生は，このあと，どの授業を登録しますか。
1. マーケティングのクラス
2. スペイン語のBクラス
3. 英語のBクラス
4. 英語のCクラス

22番 先生が，日本の地震対策について話しています。この先生は，今日の授業で何について詳しく説明すると言っていますか。

　日本は地震が多い国です。そのため，日本では揺れに強い建物を建てる技術や，補強技術が発達しています。補強技術とはすでに完成している建物を揺れに強くする技術ですが，今日はこれから，補強技術としてよく知られたものを一つ紹介します。
　この補強技術は，補強を行うとき，板や鉄の棒を三角形を作るように建物に取り付けていくというものです。そうすることで，建物に物理的な力が加わっても，建物が変形したり崩れたりしにくくなります。のちほど，写真や資料で解説します。
　この他にも，建物を守るための新しい技術が次々と考え出されており，先日もその新しい補強技術で歴史的な建物の工事が行われたという発表がありました。それについては来週説明しようと思っています。

この先生は，今日の授業で何について詳しく説明すると言っていますか。

1. 日本の建築技術の歴史
2. 日本で起きる地震の多さ
3. 三角形を利用した補強技術
4. 最新の補強技術

23番　先生が、文化論の授業で、神社について話しています。この先生は、神社の参拝について、何が一番大切だと言っていますか。

　日本には数多くの神社があります。近年では、日本の文化として神社が海外に紹介され、日本国内だけでなく海外からも多くの観光客が神社を訪れています。
　さて、神社で行うことといえば参拝です。参拝とは、神社に行って拝むことを言います。参拝のやり方は、神社によって多少異なることもありますが、基本的な作法があり、まず初めに2回お辞儀をし、続いて2回手をたたき、最後にもう1回お辞儀をします。実際に神社に行ってみると、皆この通りに参拝をしている様子が見られます。
　確かに、作法を守るのは素晴らしいことです。しかし、せっかくの参拝なのに、その作法にばかり気をとられて、参拝が形式的になってしまうこともあるようです。参拝するときは、自分の心や思いを込めることのほうが大切なのではないでしょうか。

この先生は、神社の参拝について、何が一番大切だと言っていますか。
1. 作法よりも心を重視すること
2. 作法に込められた意味を知ること
3. 作法を自分なりに工夫すること
4. 作法を神社によって使い分けること

24番　先生が、プラスチックごみの分別について話しています。この先生は、どのようなことが心配だと言っていますか。

　プラスチックごみを燃やすと有害な物質が発生します。このため多くの地域では昔、食品を入れるビニールの袋などを捨てる際、これらを「燃えないごみ」の日に出す必要がありました。しかしプラスチックごみの分類は、次第に「燃えるごみ」へと変わってきています。
　その理由は、第一に、日本では燃えないごみを埋める土地の広さが限られているためです。第二に、技術が発達し、プラスチックごみを燃やしても、発生する有害物質の量を、健康に問題がないレベルまで抑えられるようになってきたためです。
　けれども、分類せずに捨ててしまうことに問題はないのでしょうか。例えば、ごみの分別をきちんと意識するこれまでの習慣がなくなっていき、生態系や環境を気遣う感覚が鈍ってしまう恐れがあります。

この先生は、どのようなことが心配だと言っていますか。
1. プラスチックごみを燃やすと有害物質が出ること
2. 日本ではごみを埋めるための土地が不足していること
3. ごみを分別しなくなると環境への意識が弱まること
4. プラスチックごみの分別ルールが守られていないこと

スクリプト

25番　男子学生と女子学生が，大学の図書館について話しています。この男子学生と女子学生の二人ともに共通する，図書館に対する意見はどれですか。

男子学生：最近，大学の図書館をよく使うんだ。でも，改善してほしいなって思うところがあるんだよね。
女子学生：私もある。もう少し本の種類を増やしてほしいな。流行している本はあるんだけど，学術書が少ないよ。せっかく大学の図書館なんだから学術書を増やしてほしい。
男子学生：それはあまり思わなかったな。僕は，パソコンが使える席の数をもっと増やしてほしいと思う。いつも混んでるんだ。
女子学生：うーん。私は図書館は勉強スペースじゃないと思うからパソコンの席はなくていい気がするな。それより，本を検索できる機械を早く導入してほしい。ほかの図書館は導入されているところが多いのになぁ。
男子学生：あ，それは僕も同じことを思ったことがある。本を探すのに時間がかかるよね。それから，欲しい本を言えば，係の人が取って来てくれて，カウンターで受け取れるサービスがあればいいのに。本のある棚まで行くのが面倒だよ。
女子学生：面倒だなんて言わず，それくらい自分で取りにいかなきゃ。

この男子学生と女子学生の二人ともに共通する，図書館に対する意見はどれですか。
1．学術書を増やしてほしい。
2．欲しい本をカウンターで渡してほしい。
3．パソコンを使える席を増やしてほしい。
4．本を検索できる機械がほしい。

26番　先生が，子供の部屋について話しています。この先生は，子供が勉強に集中できる環境を作るためには，どうすればよいと言っていますか。

　子供にとっては，勉強する場所の環境はとても大切です。子供の部屋はできるだけ日当たりの良いところが適していると考える人が多いと思いますが，勉強に集中するための環境作りという観点から考えると，明るすぎる場所はあまり良くありません。明るすぎると視界に光が多く入ってきて，気が散りやすくなるのです。また，机を窓際に置いてしまうと，外の様子が気になって勉強に集中できないこともあるので，机は壁側に寄せて置くのが良いでしょう。前に壁しかない状態を作れれば，勉強中に気が散るものが目に入らないので，さらに集中力がアップします。気が散らないという点からいうと，部屋が広すぎないということも大切です。

この先生は，子供が勉強に集中できる環境を作るためには，どうすればよいと言っていますか。
1．日当たりはなるべく良くする。
2．できるだけ広い部屋にする。
3．光が入りやすい窓際に机を置く。
4．横や前に壁がある場所に机を置く。

27番　女子学生と男子学生が，大学への進学について話しています。この男子学生は，どのような理由

　　　　で大学を決めたと言っていますか。

女子学生：ねえ，何の本を読んでいるの。
男子学生：これは，僕が進学する大学の教授が書いた本なんだ。この教授，子どもの頃に友達が海の生物の絵を描いていたことがきっかけで，魚や貝に興味を持ったんだって。そこから教授にまでなったんだから，すごいよね。
女子学生：へえ。すごいね。じゃあ大学では，あなたも海の生物の研究をするの？
男子学生：うーん，実はまだ決めてないんだ。ただ，この教授の本はとても興味深いよ。
女子学生：そうなんだ。それにしても，教授の本に興味を持ったからその大学に行くっていうのは，珍しいね。学力との折り合いで大学を決める人が多いのに。
男子学生：実はそういうわけじゃないんだ。家から通える範囲の大学に行こうと思ってて，進学が決まってからその大学について調べていたら，たまたまこの教授の本があったんだ。
女子学生：なんだ，そうなの。私はデザインを勉強したいから美術を学べる大学に決めたんだ。
男子学生：へえ。勉強したいことがはっきりしているんだね。

この男子学生は，どのような理由で大学を決めたと言っていますか。
1．学びたい分野があるから
2．自宅と大学が近いから
3．注目している教授がいるから
4．学力と大学のレベルが合っているから

第5回

1番　先生が授業で，仕事への取り組み方について話しています。この先生によると，新たに働き方を見直すように促すべきなのは図のどのタイプの人ですか。

　どのように働くかは，皆さんにとっても大きな課題だと思います。日本の社会には，長時間労働と呼ばれる問題があります。長い時間働きたくないのに，同僚や上司に強要されて働いている人もいますが，その一方で，仕事を楽しんでいる人もいます。しかし，いくら仕事が楽しくても，働き過ぎると心や体を壊してしまいます。そうすると，仕事が楽しいと思う気持ちも失われ，仕事への意欲も失ってしまいます。このように無気力になった状態を「バーンアウト」と言います。
　今までは，仕事を楽しめていない人たちの長時間労働ばかりが問題視されてきました。しかし，私の行った意識調査では，むしろ仕事を楽しんで長時間働いていた人のほうが，バーンアウトに陥ったときのショックが大きいようです。今後はそのような人たちに対しても，心や体のバランスを崩す前に働き方を見直すよう，促していくことが必要だと考えます。

2番　先生が，インフルエンザという感染症について話しています。この先生の研究によって新たな発見があったのは，どの過程ですか。

スクリプト

　インフルエンザは発熱などを伴う感染症であり，毎年冬に日本で流行します。もともとインフルエンザは鳥が日本に来る時に持ってくるウイルスが原因です。しかし，通常は鳥から直接人間にうつることはありません。鳥から豚に感染することで，ウイルスは豚の体内で性質を変えます。そうして，豚を介して人間に感染してしまうのです。

　では，鳥はどこでインフルエンザに感染するのでしょうか。ウイルスを持ってくる鳥は，日本と日本より寒い国の間を行き来する鳥です。今までは，一般的に日本に来る途中でウイルスに感染し，ウイルスを増殖させると考えられてきました。ところが最近，私の研究によって，その鳥が寒い土地から移動する際に，最初からウイルスを持っていることが分かったのです。今後も，研究を進めていけばまた新たな事実が判明するかもしれないですね。

3番　女子学生と男子学生が，新しい流行を取り入れる時に参考とするものについて話しています。この女子学生は，現在は図と比べてどのように変化していると考えていますか。

女子学生：これ見て。新しい流行を取り入れる時に何を参考にするかについてのアンケートだよ。
男子学生：へえ。意外にインターネットで情報を得る人って少ないんだね。
女子学生：この資料は10年以上前の情報だから，現在では当たり前になっている情報媒体も入っていない可能性があるんだよ。今はスマートフォンが普及して，インターネットで流行を調べるのは当たり前になったよね。
男子学生：なるほど。そういうことだったのか。10年以上前のデータだとこういう順位になるんだね。今もう一度アンケートを取ったら，紙で作られている媒体はきっと人気が落ちているだろうね。
女子学生：うん，そうだね。みんながスマートフォンを持つ時代になったから，きっとこの項目は順位が上がってると思うよ。
男子学生：そうだね。この予想が本当に正しいのか，アンケートを行ってみよう。

4番　先生が，植物の仕組みについて話しています。この先生が，最後にする質問の答えはどれですか。

　植物は常に呼吸を行っており，酸素を吸収し二酸化炭素を放出しています。一方，光合成では，植物は二酸化炭素を吸収し酸素を放出します。では，呼吸と光合成を同時に行う場合，二酸化炭素の放出と吸収はどのようになるのでしょうか。

　光合成は植物に当たる光の強さにより，速度が変わります。速度が速まれば，吸収する二酸化炭素の量も多くなります。光合成の速度が0の時とは，光合成で吸収する二酸化炭素と呼吸で放出する二酸化炭素の量が等しくなる速度のことであり，葉からは二酸化炭素の出入りがないように見えます。光合成の速度がそれより速まれば，葉からは二酸化炭素が吸収されているように見えるのです。ただし，光合成の速度には限界があり，それを最大光合成速度と言います。

　では，質問です。葉が二酸化炭素を放出していると捉えられるのは，図のどの部分ですか。

5番　先生が広告論の授業で，広告の目標について話しています。この先生が，この話の最後で達成できたと言っている目標はどれですか。

　資料の図は，一番上の「広告宣伝」，すなわち，広告を世の中に出した時から，一番下の「財務変動」，つまり売上に広告の効果が表れる時までに各段階で設定される目標を示しています。

例えば、お菓子メーカーがまだ有名ではなく、認知度が低い新商品を出すとき、多くの人に知ってもらうために、大々的にテレビや新聞で広告しました。そして3週間の広告期間が終わった後に、スーパーマーケットでこの商品について知っているか買い物客にアンケートを取りました。そうしたところ、来店した人の約60パーセントが知っていると答えました。最初に目標としていた50パーセントを超えることができたので成功と言えそうです。このアンケートから、お菓子メーカーの広告は、この部分の目標が達成できたと言えます。

6番　先生が心理学の授業で、青年の心理について話しています。この先生は、セミナーを開催して図のどの部分に着手することで、青年の非行を減らそうとしていますか。

青少年が非行に走るのはなぜでしょうか。生まれつきの性格もあるのかもしれません。しかし、それだけではないと考えられています。では、非行行動の形成過程を考えてみましょう。

まず、幼児期ですが、この時期は人格形成にとって重要です。この時期に親や周りの保護者たちと適切に関われなかった場合、弱さや不安などの心の問題を抱えてしまうと言われています。それを分かっているのか、非行少年たちは、親の育て方が悪いから非行に走ったと言ったりもするようです。しかし実際には、心の問題に学校生活への不適応や、いじめ、挫折などの思春期の問題が加わることによって非行行動が出てくる場合が多いのです。私たちは、このような非行行動が現れるプロセスを踏まえて、対応を考えていかなくてはなりません。

私は、非行に走る青少年を少しでも減らすための取り組みとして、5歳の子供を持つ親に子供の人格形成のセミナーを毎月開催しています。

7番　先生が授業で、ある地域の洪水対策について話しています。この先生が話の中で指を差しているのは、図のどの部分ですか。

日本には、川の水があふれやすい地域がありますが、この地域の人々は水害に備えて、さまざまな工夫をしています。

まず、川のすぐ横に人工の堤防を作り、洪水の発生自体を防ぐ工夫をしています。それに加えて、洪水を防げなかった時の対策もしています。あふれた水は低い土地へと流れていくので、一番低い土地には家を建てず、そこは田んぼや畑として活用します。では、どこに家を建てるのかといえば、そこより少し高くなっている平らな土地です。こういう土地は地盤が比較的しっかりしていて、建物を建てやすいそうです。そして家のすぐそばに、石垣を作るなどしてもう少し高い部分を作り、そこに小屋を作って非常食を保管したり避難場所にしたりします。図でいうと、今私が指差しているこの辺りに家や小屋を作るわけです。

このように、災害を防ぐだけでなく、災害が起こっても被害を最小限におさえる取り組みをするのはとても大切です。

8番　先生が保健の授業で、中学生の居眠りについて話しています。この先生の提案は、特にどの集団の睡眠の問題を解決するのに役立つものですか。

ある中学校では、男女ともにかなりの数の生徒が、授業中に居眠りをしているとわかりました。居眠りをする生徒について詳しく調べると、男子生徒と女子生徒で睡眠の状況に少し違いがありました。居

スクリプト

眠りをする男子生徒の多くは寝る時刻が決まっておらず，寝る時刻が決まっている生徒でも，その時間は生徒によってバラバラでした。男子生徒では，就寝時刻と居眠りは関係がないのかもしれません。一方居眠りをしている女子生徒は，就寝時刻はだいたい決まっているものの，深夜1時以降に就寝していたのです。

居眠りを予防するための対策はいくつか挙げられるでしょう。その中でも，すぐに行える対策としては，早く寝させることです。具体的には，毎日，寝た時間を報告させることで，夜遅くに寝ている生徒を発見します。このような生徒に注意をすることで，居眠りを減らすことができるかもしれません。

9番　男子学生と女子学生が，ある実験について話しています。この男子学生がこのあと改良するところは，図のどこですか。

男子学生：太陽電池パネルで吸収したエネルギーを使っておもちゃの車を動かそうと思っているんだけど，なかなか速く動いてくれないんだ。さっきもモーターを調整してみたけど，全く変化がなくて…。
女子学生：太陽電池パネルとモーターをつなぐ導線をできるだけ太いものに変えてみたら？ それかモーターと太陽電池パネルを近づけて，導線が短くなるようにしてみたらどうかな。
男子学生：友達が試してみて，大きな変化はなかったって言ってたよ。導線を改良してもエネルギー自体を大きくすることはできないしね。ということは，改良できるところはタイヤと太陽電池パネルの二つしかないね。
女子学生：タイヤなら，抵抗が少ないものに取り換えることもできるし，太陽電池パネルなら太陽光が効率的に当たるように位置を変えることもできるよね。
男子学生：そうだね。エネルギーをどれだけ効率的に使うかよりも，太陽電池パネルがどれだけ太陽のエネルギーを吸収するかのほうがきっと大事だと思う。だから，まず，そこを改良してみるよ。

10番　先生が授業で，座る位置とコミュニケーションの関係について話しています。この先生が最後にする質問の答えはどれですか。

人とのコミュニケーションは，どういう位置に座るかによって左右されることがあります。ビジネスの場を例にとって考えてみましょう。社内ミーティングでは四角いテーブルは避けるのがよいとされます。座ったときに，正面から向き合う形になったり，座る場所を気にせざるを得ず，相手との間に距離や上下関係が生まれてしまうからです。その点，円形のテーブルは，部下から上司まで気兼ねなく意見を出し合うときには最適です。逆に企業のコンペティションなどでは，意識的に距離を取った席を作り，提案する企業と採用する企業の立場をはっきりさせることが多いです。

ではここに，社員たちと立場に関係なく意見を出し合いたいと考えている社長がいるとします。皆さんはどのようなテーブルを利用するようすすめますか。

11番　先生が観光学の授業で，日本に来る観光客に向けたサービスについて話しています。この先生が話しているサービスは，どの部分の問題を解消できますか。

日本を訪れる外国人の数は年々増えています。そして，日本で過ごしている間に，文化や言語の障害

に遭遇し，不便だと感じることも多いようです。最近では，この，外国人が感じている不便さを情報技術で解決しようとする動きがあります。今日はその技術を使った新しいサービスを紹介したいと思います。

そのサービスとは，日本を代表する観光地を，ロボットと一緒にタクシーで回ることができるサービスです。このサービスでは，ロボットが観光客に通じる言語で観光名所について説明します。そのため，観光名所の表示や解説が日本語でしか書かれていなくても，観光客は楽しく観光地を回ることができます。また，タクシーで観光地を回ることができるため，その他の交通機関を利用する必要がないというメリットもあります。

12番　先生が，企業での人材の確保について話しています。この先生が最後に挙げた例で調べているのはどの力ですか。

企業がどのような人を採用したいのかということについて，真っ先に思い浮かべるのはやる気のある人です。では，どういう人がやる気のある人だと言えるでしょうか。大きなポイントとしては，志望理由が明確で，自己アピールもしっかりできることです。

しかし，企業が社員に対して求める要素は，やる気だけではありません。事業を行う上で，問題は多く発生します。それらを解決できる人材が企業にとって重要です。また，社会の変化が激しい現代では，新しいことに常に挑戦する人材が求められます。企業は，これらの3つの要素について面接の中で確認しなければなりません。

では，実際に行われた面接の例で考えてみましょう。ある学生は面接で，まず，その仕事に就きたい理由を聞かれました。そしてそれに加えて，仕事をする上で想定される問題に取り組むというテストがありました。

13番　先生が，古典文学の学び方について話しています。この先生が，古典文学の学び方について，一番強調していることはどれですか。

何事にも新しさが求められる時代において，なぜ古典のような古い文学を学ぶ必要があるのか，疑問に思う人も多いでしょう。言葉が古いために理解が難しく，興味を持てないかもしれません。しかし，古典は私たちに生きる知恵を与えてくれる貴重なものです。

古典を学ぶ上でまず必要なのは，言うまでもなく古い言葉の理解です。分からない言葉は辞書などで調べてください。そして，古典が書かれた時代背景や，その古典を書いた人の生き方，家族関係なども調べておくと理解が深まるでしょう。

ここで特に注意してほしいことがあります。皆さんが見落としがちなのは，古典を声に出して読むということの大切さです。古典には名文も多く，実際に音の響きを体で感じることによって，古典をより深く味わうことができます。このことをしっかり覚えておいてください。

この先生が，古典文学の学び方について，一番強調していることはどれですか。
1．書かれた時代について調べること
2．作者について調べること
3．分からない言葉を調べること
4．文章を音読すること

スクリプト

14番 女子学生と男子学生が，サークルの部室で，タオルの吸水力について話しています。この男子学生が後から渡したタオルが，先に渡したタオルよりも水をよく吸ったのはなぜですか。

女子学生：お水こぼしちゃった。なにか拭くものある？
男子学生：このタオル使って。
女子学生：ありがとう。でも拭いても水が残っちゃうなぁ。厚みもあってふわふわしてるけど，水をはじいてしまうよ。
男子学生：ちょっとまってて。…ええっと，じゃあこっちのタオルで拭いて。薄いし古いけど水をすぐ吸うから使いやすいよ。
女子学生：ありがとう。すぐに拭き取れたよ。そういえば，新しいタオルは，表面のコーティングが残っているから水をはじくらしいよ。
男子学生：そうなの？ でも，はじめに渡したタオルも，以前から使っていて，10回くらい洗ってるから新しくもないんだけどな。
女子学生：ふわふわしてたし肌触りも良かったよ。新品かと思った。
男子学生：それは柔軟剤のおかげ。
女子学生：それだよ，柔軟剤を使うと繊維の表面にうすい膜ができてしまうから，水を吸いにくくなるの。
男子学生：なるほど。さっきのタオルはいつも水洗いをして，干すだけなんだ。だから水を吸うんだね。

この男子学生が後から渡したタオルが，先に渡したタオルよりも水をよく吸ったのはなぜですか。
1．古くなっているから
2．水洗いしているだけだから
3．まだ新しいから
4．薄い生地でできているから

15番 先生が，野菜の栽培方法について話しています。この先生は，ここで説明している栽培方法には，どのようなメリットがあると言っていますか。

　野菜には，季節によって多く出荷される時期があり，その時期のことを旬と言います。旬の時期には安くて栄養豊富な野菜を買うことができます。
　ところで，この旬の時期を避けて野菜を栽培する方法の一つに促成栽培があります。例えばトマトは夏の野菜ですが，冬でも比較的暖かい地方では，ビニルハウスや温室を使って，トマトを冬から春にかけて栽培し，出荷することができます。ただし，栽培環境をあたたかく保つために，コストが高くなります。また，促成栽培は大都市から離れた場所で行われることが多いのですが，そうすると輸送コストもかかります。しかし，一般的には市場に出回らない時期に野菜を売ることができるので，コストをはるかに上回る，十分な利益を得られるのです。

この先生は，ここで説明している栽培方法には，どのようなメリットがあると言っていますか。
1．旬の時期より野菜を高く売ることができる。
2．輸送にかかるコストを減らすことができる。
3．栄養価が高い野菜を作ることができる。

4．栽培にかかるコストを低く抑えられる。

16番 先生が，交通渋滞について話しています。この先生は，交通の集中による渋滞が起きやすい場所はどこだと言っていますか。

　皆さんは，車で出かけたとき，高速道路で渋滞に巻き込まれて困ったという経験はありませんか。渋滞の原因は，事故などによる交通規制がありますが，それ以外にも，交通量が集中するだけでも渋滞が起きることがあります。交通量が多いときでも，一定の速度で走ることができればさほど混雑はしないはずですが，速度が落ちてしまうことがあるのです。
　例えば，上り坂での渋滞です。とくに，下り坂から上り坂へと緩やかに変わる地点で，渋滞が起きやすいと言われます。下り坂ではそれほどアクセルを踏まなくても，スピードは出ます。そのまま，上り坂になったことに気づかずアクセルを踏み込まないと，適切なスピードが出ず，渋滞してしまうのです。そこで，速度に注意するようにという表示を出したり，道路沿いの壁に，上り坂になったことを知らせるようなマークや模様を入れたりする工夫がされています。

この先生は，交通の集中による渋滞が起きやすい場所はどこだと言っていますか。
1．平らな道がずっと続いている場所
2．上り坂から下り坂になる場所
3．下り坂から上り坂になる場所
4．平らな道から上り坂になる場所

17番 男子学生と女子学生が，学生の起業について話しています。この女子学生は，男子学生に対して，どうして大学を続けたほうがいいと言っていますか。

男子学生：今度，仕事始めるんだ。
女子学生：えっ，どういうこと？
男子学生：学生をやりながら，IT関係の会社を作ろうと思って。
女子学生：大学の勉強は大丈夫なの？
男子学生：大学で勉強するのは嫌いじゃないけど，大学で学問や教養を身につけるよりも，仕事をするほうが面白い。大学は辞めてもいいと思ってるんだ。
女子学生：うーん。でも大学は卒業したほうがいいと思うけどね。もし事業に失敗して，やっぱりどこかの会社に就職するっていうとき，学歴があったほうがいいよ。人に信用してもらえるし。
男子学生：そうかな。これからの時代は，学歴はなくても問題ないと思う。特にIT業界は能力があれば学歴はいらないし。
女子学生：その能力っていうのが，あやふやだから心配なの。あなたはまだIT関係の資格を持っていないはずだし，能力があることをどうやってわかってもらうの？　その点，大学を卒業してるってことは，大きなポイントになると思うよ。
男子学生：大学を辞めて大成功している人はたくさんいるし，大丈夫だって。
女子学生：楽観的すぎて心配だよ。

この女子学生は，男子学生に対して，どうして大学を続けたほうがいいと言っていますか。

スクリプト

1. 大学で学ぶ教養は一生役に立つから
2. 学歴は能力の証明になり，信頼も得られるから
3. IT業界では，学歴が重視されるから
4. 成功している人の多くは，大学を卒業しているから

18番　先生が，日本の夏の暑さの原因について説明しています。この先生は，記録的な暑さをもたらした直接の原因は何だと言っていますか。

　日本の夏はとても暑いですが，先週，関東地方では，統計を取り始めて以来の記録的な暑さになりました。都心でも，平年と比べて，異常に暑さが厳しくなったという結果が出ました。なぜこんなに暑くなってしまったのでしょうか。
　その理由としては，二つの高気圧が日本の上空に居座り，地表付近の空気が熱せられたことが挙げられます。
　別の意見として，都心が特に熱くなったことから，コンクリートなどの材質を多く使った建物が熱を吸収し，熱が籠ったことが理由だとする見方もあります。また，工場やエアコン，自動車から排出される熱が多いためだという人もいます。なかには，太陽の活動が活発になったことが原因だという人もいますが，これらは，先週の異常な暑さの，直接の原因とは言えません。

この先生は，記録的な暑さをもたらした直接の原因は何だと言っていますか。
1. 太陽の活動が変化したこと
2. コンクリートの建物が増えたこと
3. 熱を発するものの使用が増えたこと
4. 二つの高気圧が日本を覆っていたこと

19番　男子学生と女子学生が，スマートフォンの使用について話しています。この2人は，スマートフォンの使い過ぎを防ぐための一番よい解決方法は何だと言っていますか。

男子学生：最近，スマートフォンへの依存が問題になっているよね。
女子学生：そうだね。どうすればこの問題を解決できるのかな。
男子学生：例えば，スマートフォンを使う時間を自分で制限したり，使い過ぎていたら周りの人に注意してもらうという方法はどう？
女子学生：うーん，私も以前同じような方法を試してみたんだけど，あまり長くは続かなかった。それより，今までよく使っていたアプリを削除するという方法は？
男子学生：確かにいいとは思うけど，友達が同じ方法を実践して失敗してたよ。結局またそのアプリをインストールしたらしいんだ。やっぱりちょっと使いたいときもあるからね。
女子学生：そうなんだ。今思いついたのが，制限を設けて，その制限を超えたら，一時的にスマートフォンが使えなくなるというアプリを入れる方法なんだけど，どうかな？
男子学生：その方法，いいね。強制的にスマートフォンが使えなくなるけど，それくらいやらないと依存の問題は解決できないと思う。

この2人は，スマートフォンの使い過ぎを防ぐための一番よい解決方法は何だと言っていますか。

1．自主的に，スマートフォンを使う時間を制限する。
2．よく使うアプリを，スマートフォンから削除する。
3．周りの人に，スマートフォンの使い過ぎを注意してもらう。
4．スマートフォンに使用を制限するアプリを入れる。

20番　先生が，自分の行っている研究について話しています。この先生は，研究を続ける一番の理由は何だと言っていますか。

　皆さんの中には，植物などを栽培する，つまり農業をするのは人間だけだと思っている人が多いのではないでしょうか。しかし，そうではありません。例えば海に棲む，クロソラスズメダイという魚は，エサに適したイトグサという藻を，自分の縄張りで育てます。また，ハキリアリというアリは，木から切り落とした葉を巣の中に運び込み，これを肥料にしてキノコを育てます。これらの例を踏まえると，人間だけでなく動物も，植物などを栽培しているといえます。
　私は，人間の農業と，このような動物の行動の関連を長年研究しています。もちろん，動物の行動を詳しく知りたいからということもありますが，それ以上に，研究を通じて人間の農業がどのように始まり，発展してきたのかを知ることができるのではないかと思っているのです。

この先生は，研究を続ける一番の理由は何だと言っていますか。
1．動物が，植物を育てられるかを知りたいから
2．魚やアリなどの動物の行動を知りたいから
3．人間の農業の起源や歴史を知りたいから
4．人間の農業に，動物の知恵を取り入れたいから

21番　先生が，宇宙エレベーターについて話しています。この先生は，宇宙エレベーターにはどのような問題があると言っていますか。

　宇宙エレベーターはその名の通り，われわれの住む地上から宇宙空間まで伸びる巨大なエレベーターです。長さは数万キロメートルにもおよび，非常に巨大です。宇宙エレベーターは，昔から小説や漫画，アニメなどで描かれてきました。だからといって，空想の産物ではありません。20世紀の中ごろには物理学者が理論を提唱していました。また，日本の大手の建設会社は，21世紀の中ごろまでに，宇宙エレベーターを建設すると発表しています。
　宇宙エレベーターの構想が現実的なものとなったのは，1990年代に，ある新しい素材が脚光を浴びたことによります。それは軽くて非常に強い素材であり，それまで候補に挙がっていた素材では不可能とされた宇宙エレベーターの構想は，新たな段階へと進みました。しかし，この新しい素材は毒性があるとの指摘もあり，人々の健康に被害は生じないのか，その点を調べていかなくてはなりません。

この先生は，宇宙エレベーターにはどのような問題があると言っていますか。
1．1990年代に発表された構想で，歴史が浅いこと
2．大きな建設会社が，建設に反対していること
3．実現する見込みのない構想であること
4．エレベーターの素材の安全性が不明なこと

スクリプト

22番 男子学生と女子学生が，人との出会いを増やす方法について話しています。この男子学生は，まず何をすることにしましたか。

男子学生：大学生になったら，いろんな人と出会えるかと思っていたけど，最近，そうも思えなくって。君はどう？
女子学生：私はいろんな人と出会えてるよ。先月インターンシップに行ってから，また知り合いが増えたの。
男子学生：いいなあ。僕はそういう知り合いがいないよ。サークルのメンバーも同じ大学の学生だし，趣味の合う人だから似た人ばかりだし。
女子学生：そういえば，大学でボランティアを募集していたよ。それに応募してみたら？大学以外の新しい場所に行ってみるのがいいと思う。
男子学生：いい考えだけど，今それは難しいよ。資格試験の勉強もあるし。
女子学生：そっか。じゃあ，よく行く店の人や学校の行き帰りによく会う人がいるでしょう？そういう人に挨拶をしたり，少し話をすることから始めてみたら？
男子学生：顔だけ知ってる人は多いけど，そういえば話をしたことはないなあ。
女子学生：それはもったいないよ。
男子学生：そうだね。まずはそこからやってみるよ。

この男子学生は，まず何をすることにしましたか。
1．よく会う人に話しかける。
2．ボランティア活動に参加する。
3．別のサークルにも入る。
4．行ったことのない場所に行く。

23番 先生が，大学からの情報を手に入れる方法について話しています。この先生は，情報の収集についてどうするのがよいと言っていますか。

　私が大学生のころは，大学の掲示板を毎日しっかり見て，メモして帰りなさいとよく言われたものでした。確かに，毎日掲示板をチェックすることで，休講の情報や提出物の情報などが手に入ります。
　しかし，この方法は，今の学生にとっては古いのかもしれません。毎日情報を取得するという心がけは，充実した大学生活を過ごすために必要なものだと思います。ただ，方法は現代に合う形に変えたほうがいいでしょう。掲示板に出ている情報は，たいていは大学のWebサイトで公表されています。掲示板のところまで行く手間も省けるので，通学時間などを使って，大学のWebサイトから情報を入手するように心がけましょう。

この先生は，情報の収集についてどうするのがよいと言っていますか。
1．情報は目で見るだけでなく，メモをとるとよい。
2．情報を得る方法は，時代に合わせて変えればよい。
3．毎日掲示板を見て，情報を収集するのがよい。
4．Webサイトの情報には間違いが多いので，気を付けたほうがよい。

スクリプト

24番　先生が、教育学の授業で、生徒のやる気を引き出す方法について話しています。この先生は、生徒のやる気を引き出すためには、どうすればよいと言っていますか。

　指導者は、一人ひとりの生徒をよく見て課題を与えていかなくてはなりません。生徒のやる気は課題の難しさで変化します。課題が難しすぎると、どうなるでしょうか。自分で解けないことがわかれば、生徒は諦めて、それ以上課題を解く努力をしなくなります。それだけではなく、他の課題もできないと思い込んでしまうことがあります。一度そうなると、やる気は湧いてこなくなります。
　反対に、課題が簡単すぎる場合はどうでしょうか。簡単すぎると、課題はすぐに解けてしまいます。すぐに解けてしまうのならば、生徒はそれ以上努力をする必要がありません。課題が簡単すぎるのも生徒にやる気を出させる方法としては不適切です。
　生徒が自分自身の目標に向かって努力を継続できるように、うまく課題を与えていくことが大切です。

この先生は、生徒のやる気を引き出すためには、どうすればよいと言っていますか。
1．生徒のレベルにあった課題を出す。
2．生徒に、高い目標を見つけさせる。
3．得意分野の課題に取り組ませ、自信を持たせる。
4．生徒が自分で課題に取り組むまで、じっと待つ。

25番　女子学生と男子学生が、新しくできた図書館について話しています。この男子学生は、どのようなことを提案していますか。

女子学生：駅前にできた図書館、すごいね。中にカフェがあって、飲み物を飲みながら本を読めるの。それに、パソコンや携帯電話の充電のための設備もあって、そこで勉強している学生も多いみたい。高価な本や学術書はあまりないけど、漫画もあって、人気なんだって。
男子学生：へえ。確かに人気は出そうだけど、それで図書館って言えるのかな。
女子学生：私はいいと思うけどな。
男子学生：でも、飲み物をこぼして本が汚れたり、図書館に行っても本を読まずにパソコンや携帯電話を見ている人が多いんじゃ、なんのための図書館かわからないよ。
女子学生：本がある複合施設っていう感じになってきてるんだと思う。
男子学生：うーん。だけど、もっと落ち着いて本を読みたい人もいるよ。
女子学生：ああ、それはそうかも。
男子学生：そういう人のために、例えば、建物の三階だけは読書に集中できるフロアにするとか、そういう工夫があればいいな。
女子学生：そうだね、そうすれば利用者を減らさず、満足度も上がりそう。

この男子学生は、どのようなことを提案していますか。
1．建物の三階だけに本を置く。
2．図書館内での飲食を禁止にする。
3．目的によってフロアを分ける。
4．高価な本や学術書を置く。

スクリプト

26番　先生が，経営学の授業で，動機付けについて話しています。この先生は，長期的に社員にやる気を持たせるには，何が一番重要だと言っていますか。

　社員に長期的に働いてもらうには，社員にやる気を持たせること，つまり動機付けが大切です。
　動機付けには，外発的動機付けと内発的動機付けの二つがあります。外発的動機付けとは，賃金や昇進などを利用した動機付けのことです。それに対して，内発的動機付けとは，仕事のやりがいや面白さを利用した動機付けのことです。重要なのは後者です。なぜなら，払える賃金や昇進のスピードには限界があり，外発的動機付けに頼っていては，いずれ社員はやる気を失い，会社を辞めてしまうからです。
　内発的動機付けを効果的に行うためには，社員をルールで縛るのではなく，社員を信頼して仕事を任せ，会社に欠かせない人材であると社員自身に感じてもらうことが必要です。そうすることで，社員の仕事に対する意識が変わり，社員は，長期的に会社の戦力になってくれるのではないでしょうか。

この先生は，長期的に社員にやる気を持たせるには，何が一番重要だと言っていますか。
1．社員と友好な関係を築く。
2．社員に払う賃金を増やす。
3．社員を昇進させる機会を多くする。
4．社員に仕事の充実感を与える。

27番　先生が，信号機の色の呼び方について話しています。この先生は，日本で信号機の色の一つを青色と呼ぶ理由について，何と言っていますか。

　日本では，信号機の緑色を，目で見ると明らかに緑色に見えるのに，青色と呼んでいます。このことを不思議に思ったことはありませんか。
　昔の日本人は，色についての認識や表現が，赤，黒，白，青の4つだったと言われています。すべての色は，この4つの色のいずれかに分類され，表現されてきたのです。そして，今の緑色と呼ばれる色は，昔は青色と呼ばれていました。
　この分類の仕方は現代にも残っています。代表的な例として，青りんごや青野菜，青虫などが挙げられます。これらはすべて，実際には緑色であるにもかかわらず，青という色の名前が使われています。同じように，日本特有の色の分類と呼び方が，信号機の色の1つにも使われているのです。

この先生は，日本で信号機の色の一つを青色と呼ぶ理由について，何と言っていますか。
1．日本の信号の色が，緑色でなく青色に見えるから
2．日本では昔，青色に分類される色の範囲が広かったから
3．日本人は青色を好む傾向があるから
4．日本人は青色を見やすい色だと感じるから

第6回

1番　先生が，木を切る理由について話しています。この先生が話している例は，図のどの部分にあて

はまりますか。

　木を切るというと，加工して利用するための木材を切り出すために行っているというイメージがあると思います。また人間が木を切り倒すせいで，森林が消えているという悪い印象もあります。しかしながら，木を切ることは環境にとって悪いことばかりではありません。

　木は成長するときに二酸化炭素という地球温暖化を引き起こすガスをたくさん吸収します。つまり，木は地球温暖化を抑制するのに一定の効果があります。地球温暖化を解決するためにも，木には多くの二酸化炭素を吸収してもらうことが必要です。しかし，木の成長が終わりに近づくにつれて，だんだんと吸収する二酸化炭素の量は減っていきます。したがって，そういった木は切って，その場所に新しい木を植えれば，二酸化炭素を吸収してもらう量を増やすことが可能です。

2番　男子学生と女子学生が，若者が旅行をする目的についての調査結果を見ながら話しています。この男子学生が意外だと言っているのは，図のどの項目についてですか。

男子学生：これ見て。授業でもらった資料。旅行経験者に対する意識調査の結果なんだけど…。
女子学生：へえ，おもしろい。男性と女性で分けて旅行の目的を比較してあるのね。
男子学生：そう。これを見ると，男性の方が勉強のために旅行に行きたいと思っている人の割合が多いみたい。
女子学生：そうだね。それに，女性よりも土地の歴史や文化に興味をもっている人が多いね。
男子学生：そういえば，僕の兄も歴史が大好きで，歴史的に有名な場所にときどき旅行に行ってる。
女子学生：女性の方は，テーマパークとかおいしい食事とか，そういう非日常を楽しむ傾向が強いみたい。
男子学生：そうだね。でもこの項目を見てよ。ちょっと意外な感じがするなあ。旅行って，移動に時間がかかるし，あちこち観光地を歩き回って疲れるイメージがあったんだけど。こう考える人もいるんだ。
女子学生：うん。温泉旅館に行ったりすれば，旅館の中で温泉を楽しめるから，移動も少ないし，疲れをとって，体を元気にすることだってできるよ。

3番　先生が授業で，子供の言語の獲得について話しています。この先生によると，実験で一番多く選ばれた絵はどれですか。

　子供が言語を獲得する過程は，一般的には単純な言葉から始まり，次第に複雑な文の理解へと進んでいきます。例えば，「馬」などの名詞や「走る」という動詞などの単語の理解は幼稚園に入る前の年齢でおおよそ身についています。しかし，単語と単語をつなげてできる文の理解は，小学校に入る前の子供には難しいようです。今回は子供が文をどれくらい正しく理解できるかを調べるために，5歳から6歳の子供たちを対象に実験を行いました。まず，「犬は男の子に追いかけられています」という受身形の文を子供たちに聞かせ，そのあと，その内容に合う絵を選ぶように伝えます。そうすると，単語の意味は分かるので，「犬」「男の子」「追いかける」の要素に関しては正しいものを選べました。しかし，「追いかけられている」という受け身表現の解釈を間違えることが多く，正解した子供よりも不正解の子供の方が多かったのです。

スクリプト

4番　先生が，企業における待遇について話しています。この先生が最後に挙げる従業員の例は，入社時と退社時でそれぞれどの部分にあてはまりますか。

　この図は，従業員への待遇のうち，従業員が受け取る給与と，給与以外に受け取ることができる福利厚生というサービスとの関係を表したものです。
　この中で一番良いのは，もちろん，給与水準が高く，福利厚生が充実している企業です。一方，給与水準が高くても福利厚生の少ない会社は，自分でそのサービスの代金を負担しなくてはならず，結果として，給与に見合う生活ができない恐れがあります。
　さて，ある人は，給与が高く，福利厚生が整っている企業に入社しました。ところが福利厚生にかかる費用がかさみ，結果として企業にお金が足りなくなり，給与を減らさざるを得ませんでした。社員食堂などのサービスは続いたものの，給与が低くなったためその人は辞めてしまいました。

5番　先生が，自動車の自動運転について話しています。この先生が，自動車保険の加入者が急激に減り始めると考えているのは，どのレベルの車が普及したときですか。

　現在，自動運転の技術は，自動化の段階によって0から5までの6つのレベルに分けられており，レベルによってドライバーの責任や運転できる環境が異なります。レベル3以上はシステムによる運転が前提であり，それより下のレベルでは基本的に人間が運転します。
　しかし，システムによる運転が可能といっても，例えばレベル3では，自動運転ができる地域は限定されています。また天候が良く，道路状況も整っている必要があります。この条件を満たさない場合は運転者に責任が発生します。技術が向上し，その次のレベルにまで達すると，運転の責任は運転者からシステムに移ると考えられます。システムに責任があるということは，事故を起こした責任を，その車のシステムを作った企業が負うということです。このレベルにある車が一般的になれば，自動車保険の加入者は急激に減り始めるのではないでしょうか。

6番　先生が授業で，メダカという魚について話しています。この先生が行った最後の実験の結果はどれですか。

　メダカが刺激に対してどのように反応するのかを調べるために，三つの実験を行いました。
　一つ目の実験では，水槽の中にメダカを入れ，前側から水槽をたたいてみました。すると，尾びれの部分を右に曲げるものと左に曲げるものがいました。後ろからの刺激も同じ結果でした。ところが，右からたたくと，尾びれを左に曲げ，左からたたくと右に曲げました。これらの結果から，メダカは刺激があった方向とは逆の方向に尾びれを動かすけれども，前や後ろからの刺激にはその法則性はないのだと仮説を立てました。
　二つ目の実験では水槽を布で覆いました。そして左側から水槽をたたいてみましたが，多くのメダカは動きませんでした。そして，動いたメダカも，尾びれの動かし方はいろいろでした。メダカは聴覚よりも視覚で情報を得ているようだと考えられました。
　最後の実験では，仮説を検証するため，もう一度，布を取って水槽の左側をたたいてみました。すると，やはり私の予想通りの結果になりました。

7番　先生が授業で，フェーン現象について話しています。この先生が話の最後にする質問の答えはど

れですか。

　フェーン現象とは，湿った空気が上昇して山を越え，あたたかい空気となって山から吹き降ろす現象のことで，風下の地域では気温が上昇します。
　まず，湿った空気が山を越え，山の反対側に移動するときのことをみてみましょう。風が山の斜面を上昇していくとき，風によって運ばれる湿った空気は100メートル上昇するごとに，温度が1度下がります。すると空気中の水蒸気は小さなつぶになります。これが雲の正体です。そして，雲ができ始めてからは，100メートル上昇するごとに温度が0.5度下がります。雲はやがて雨になって地上に落ちるため，山の頂上から山を下るときには，空気は乾いた状態になっています。このとき空気の温度は100メートル下るごとに1度上昇します。その結果，山を越えた地域では高い気温を記録することがあります。
　では，この現象が起きるとき天気が崩れる恐れがあるのは，図で言うとどこになりますか。

8番　女子学生と男子学生が，発表で使う資料について話しています。この女子学生はどの形の図を，どの順に使って発表することにしましたか。

女子学生：ゴミのリサイクルについて発表するんだけど，どの図を使うか迷ってるんだ。
男子学生：どういう内容を，どういう順番で発表するの？
女子学生：最初にゴミの分別の仕方を示して，次にリサイクルの流れを示して，最後にリサイクルでできる製品の例を話そうと思うの。
男子学生：そっか。最初の，分別の仕方についてだけど，燃えるゴミと燃えないゴミに分けて，燃えないゴミの中でもさらに何種類かに分ける，というようなやり方だから…枝分かれしているのが示せる，この図かな。
女子学生：うん。じゃあ次は…。
男子学生：次の，リサイクルの流れを示す図は，ゴミが捨てられてから，それが回収されて原材料になって，また新しい製品になるというサイクルが示せる図がいいよ。
女子学生：うん，そうだね。最後の図は決めてあるんだ。どのゴミから，どんな製品ができるのかを，左側にゴミの例，右側にリサイクルできる製品の例を挙げて示すの。
男子学生：ちょっと待って。先に製品の例の話をしてから，リサイクルの過程を示すほうが具体的で分かりやすいかも。
女子学生：じゃあそうしよう。

9番　先生が，マーケティングの授業で，チョコレートの購入行動について話しています。この先生の話に合う図はどれですか。

　ストレスを感じたとき，チョコレートを食べる人も多いと思います。最近では，精神的なストレスを減らすと宣伝されているチョコレートが30代の男性に人気です。購入金額の比率を見ると，普通のチョコレートも，ストレス低減チョコレートも，土日よりも平日のほうが購入比率が高いです。仕事が休みになる土日の場合，どちらのチョコレートも購入比率が下がっていますが，普通のチョコレートとストレス低減効果のあるチョコレートの購入比率は逆転し，普通のチョコレートのほうが高くなっています。平日の購入比率の推移を見ると，どちらのチョコレートも月曜日からだんだんと購入比率が上がっています。しかし金曜日には下がっているので，明日から土日だと思うと解放的な気分になってストレスが

スクリプト

減っているのだと推測されます。

10番　先生が、食品の保存方法について話しています。この先生が最後にする質問の答えはどれですか。

　食品を保存するには、腐敗の原因となる菌の増殖を抑えることが重要です。この菌は、水分を好むため、水分をコントロールする必要があります。例えば、乾燥させて食品を保存する方法は、古くから使われていた方法です。また、冷凍という方法は、食品の水分を凍らせることによって、菌を増殖しにくくします。水分をなくしたわけではないので、解凍すれば食品に水分が戻ります。塩や香辛料を使う方法では、食品に味や風味付けをしながら菌の増殖を抑えることができます。
　ところで、日本には、刺身という料理があります。この料理は魚本来の味を味わうことが目的なので、魚に味付けは行われません。また、みずみずしさが大切なので水分をなくしてしまう方法は向いていません。それでは、この料理のために魚を保存するときは、どの保存方法を用いるのがよいですか。

11番　経営コンサルタントの先生が、店内の広告について話しています。この先生が、あるスーパーマーケットにすすめた広告の方法はどれですか。

　店内で商品をPRするとき、商品をピラミッドのように山積みにしておくと、お客さんの目を引くことができます。また、その商品についての広告を、商品を手に取る際に見える位置に置くのも効果的です。ただ、それらはお客さんが売り場の近くにいないと意味がありません。ですから、お客さんが近くにいないときは、お客さんを商品の近くに誘導する必要があります。そのためには天井から広告を吊るすことが一番効果的です。遠くからでも見えますし、売り場が活気ある雰囲気になります。他にも、床に広告を張り付けて誘導する方法がありますが、効果は吊り広告ほどではありません。
　私が訪問したスーパーマーケットは、活気がなく、お客さんを売りたい商品の売り場まで呼び込めていませんでした。そこで、まずは買い物をしたくなるような雰囲気を作り、お客さんに商品の近くまで来てもらえるような広告の方法を提案しました。

12番　先生が、アサガオという花について話しています。この先生が、最後にする質問の答えはどれですか。

　アサガオは、暑い時期の朝につぼみを開いて花を咲かせることで知られています。アサガオは咲き遅れたりすることなく一斉に咲き始めるのですが、どのように開花する時刻を決めているのでしょうか。多くの人は、太陽が出始めてから1時間ほどでつぼみを開くと考えますが、実際はそうではありません。太陽が出ていないにも関わらず、アサガオは咲くことがあります。実はアサガオは、太陽が出始める時ではなく、太陽が沈んだ時を基準の時間として開花を決めているのです。気温によって少し変動はあるものの、アサガオは太陽が沈んだ時間から10時間が経った時に開花を始めるのです。ですから太陽が出ているかいないかは、アサガオにとって関係ないのです。では、夕方の18時に太陽が沈んで、朝6時が日の出だとすると、アサガオは何時に開花すると考えられますか。

13番　男子学生と女子学生が、英語での会話について話しています。この男子学生は、女子学生にどのようなアドバイスをしましたか。

男子学生：次の英語の授業は，英語での会話練習だね。
女子学生：できるかなあ，緊張するよ。
男子学生：君は英語が得意で，前の試験も点数良かったじゃない。
女子学生：筆記試験はできるんだけど，話そうとすると，ぜんぜん話せなくなるの。
男子学生：うまく話そうと思うから話せなくなるんじゃないかな。僕なんか，文法はあやふやだし，難しい単語は分からないけど，イギリスからの留学生とよく話してるよ。
女子学生：どうやったら話せるの？
男子学生：完璧じゃなくていいやって思っているから，話せるんだ。単語を並べるだけのときもあるけど，それでも意思が伝われば，とりあえずはそれでいい。
女子学生：そっか。発音はどうしてるの？
男子学生：努力はしてるけど，まだまだだよ。だけど，発音が悪くて言いたいことを分かってもらえないということは少ないよ。

この男子学生は，女子学生にどのようなアドバイスをしましたか。
1．完璧に話そうとする必要はない。
2．意思が伝わらなくても気にする必要はない。
3．発音の練習をしたほうがいい。
4．単語をたくさん覚えたほうがいい。

14番　先生が，子どもの学力と運動の関係について話しています。この先生は，学力向上のためにはどんなことが効果的だと言っていますか。

　子どもの学力と運動の関係を調べるために，ある小学校で実験が行われました。体育を週2回行うクラスと，毎日行うクラスの，算数，国語，英語の成績を比較する実験です。その結果，後者のクラスのほうが，3科目すべてにおいて優秀な成績であったことが分かったのです。
　なぜ，体育の時間を増やすことが学力向上につながったのでしょうか。それは脳内の海馬という記憶を司る部位が関係していると考えられています。海馬は運動によって刺激を受けると成長します。実際に，よく運動をする子どもの海馬は発達していることが確認されています。海馬の発達によって記憶力が高まり，また，運動直後の集中力の向上がより大きな学習効果をもたらし，成績の伸びにつながったと考えられます。
　現代では室内で遊ぶ子どもが増えていますが，学力向上のためにも，外で体を動かして遊ぶことも重要ではないでしょうか。

この先生は，学力向上のためにはどんなことが効果的だと言っていますか。
1．室内での遊びを禁止して，外で遊ばせる。
2．無理に運動させず，子どもの好きなように遊ばせる。
3．学校では勉強だけに集中させ，運動は家で行わせる。
4．積極的に，体を動かす遊びや運動をさせる。

15番　先生が，海や川に棲む生き物を展示する水族館について話しています。この先生が水族館に一番期待していることは何ですか。

スクリプト

　水族館は，休日に出かける場所として人気があり，都会にある水族館では，夜も営業したり，暗い室内で水槽に照明を当てて，幻想的な空間を作り出したりもしています。また，館内にレストランやカフェを作るなど，お客さんに楽しんでもらおうとする工夫がなされています。

　しかし私は，水族館は本来レジャースポットではなく，水中の生き物について知識を深めてもらう場所だと思っています。生き物について興味をもってもらうには，おしゃれな施設にすることよりも，生き物の特性がわかるような展示の仕方を考え，生き物についての情報を提供することに力を注ぐべきです。情報と言っても，専門家にしかわからないような情報を並べるのでは意味がありません。一般の人にも理解しやすいような工夫が欠かせないのです。

この先生が水族館に一番期待していることは何ですか。
1．来た人が楽しめるように，カフェなどの施設があること
2．生き物についての専門的で詳しい情報を提供すること
3．多くの人が興味を持つような生き物の情報を提供すること
4．生き物が美しく見える幻想的な空間を演出すること

16番　男子学生と女子学生が，教室で話しています。この女子学生は，新しいタイプのスーパーマーケットが成長している理由は何だと言っていますか。

男子学生：何を見ているの？
女子学生：昨日，スーパーマーケットで買い物をした時のレシートだよ。
男子学生：へえ。生鮮食品よりも調理済みの総菜のほうが多いね。
女子学生：生鮮食品はほとんど買わないよ。魚や野菜を買っても使い切れないし，総菜のほうが便利で無駄がないよ。
男子学生：確かにね。最近読んだ雑誌に，新しいタイプのスーパーマーケットが人気だって書いてあったけど，そういう理由なのかもね。
女子学生：どんなお店なの？
男子学生：質の高い総菜に力を入れている高級なスーパーマーケットだよ。その総菜をすぐ食べられるように，店舗の中に購入したものを食べられるスペースもあるんだ。
女子学生：へえ。でもそれは，私のような一人暮らしの学生のためのスーパーマーケットではないと思うよ。
男子学生：え，そう？
女子学生：値段も高いし，すぐ食べられることに注目してみると，料理をする時間がない社会人をターゲットにしているんだと思うよ。そういう人が増えているから，きっと人気なんだね。

この女子学生は，新しいタイプのスーパーマーケットが成長している理由は何だと言っていますか。
1．料理が苦手な人が増えているから
2．一人暮らしの人が増えているから
3．高級な料理を食べたい人が増えているから
4．時間に余裕のない人が増えているから

17番　先生が，資格試験の勉強について話しています。この先生は，受験に失敗した人の多くに共通す

る原因は何だと言っていますか。

　どのように資格試験の勉強をすればよいか分からない，という人が多いようですが，はじめにすべきことは，資格試験の内容を調べることです。そして自分に必要な勉強の計画を立てるわけですが，計画を立てただけで満足してはいけません。計画に沿って勉強を継続することが，合格するためには絶対に欠かせないのです。これは，スポーツが，練習を途中でやめたら結果が出なくなるのと同じです。不合格になった人の多くは，計画を立てるところまでしかできていないのです。

　それから，よく教材選びについての質問を受けますが，評判の良い教材を買っても，結局手を付けずにそのまま本棚に入れている人が多いようです。教材は自分に合うものなら何でもよいと思います。

この先生は，受験に失敗した人の多くに共通する原因は何だと言っていますか。
1．計画通りに勉強を続けられないこと
2．自分に必要な計画を立てられないこと
3．試験勉強に耐えられる体力がないこと
4．評判の良い教材を選ばないこと

18番　先生が，人間の味覚について話しています。この先生は，味の感じ方について何と言っていますか。

　人間は食べ物の味を体のどの部分で感じるのでしょうか。一般的には，舌と答える人が多いのですが，正確には，口の中にある味蕾（みらい）という部分で味を感知しています。この味蕾は，舌以外の口の中にもあります。そして，年齢とともに，その数は減少していくと言われています。次に，味の基本的な要素について話します。味は大きく分けて，甘味，塩味，酸味，苦味，うま味の5つに分けることができます。これらの味の感じ方は，温度によって変わってきます。全ての味は，5度以下になると感じにくくなります。しかし，必ずしも，温度が高ければ感じやすいというわけではありません。例えば，甘味は体温に近いときに最も強く感じますが，苦味や塩味は，温度が低いほうが強く感じます。酸味とうま味は，温度の影響を，あまり受けません。このように，味の種類によって感じ方は異なるのです。

この先生は，味の感じ方について何と言っていますか。
1．人間は舌にある味蕾によってのみ，味を感じている。
2．温度が5度以下になると，全ての味が感じにくくなる。
3．甘味は，温度が高ければ高いほど味を強く感じる。
4．味覚は年齢とともに，鋭くなると言われている。

19番　女子学生と男子学生が，小学校教師のあるべき姿について話しています。この男子学生は，教師が生徒と信頼関係を築くためには，どうすればよいと言っていますか。

女子学生：私，将来は小学校の教師になりたいと思っているんだ。
男子学生：へえ。どんな先生を目指すの？
女子学生：がみがみ言わない先生になりたい。もし悪いことをした生徒がいても，叱らず，その都度，生徒とじっくり話し合っていける先生になりたいの。

スクリプト

男子学生：叱らないの？　うーん，それって，賛成できないな。悪いことをしたときは，その場で叱るべきだよ。
女子学生：そうかもしれないけど…。でも，それで生徒が心を開いてくれなくなるのが怖いんだよね。
男子学生：信頼関係があれば，大丈夫だと思うよ。
女子学生：うーん。どうやったら信頼関係を築けるんだろう？
男子学生：先生の気分次第で叱られるって生徒が感じたら，先生を信頼しなくなる。だから，まず最初に，やって良いことと悪いことのルールを，生徒と一緒に作っておけばいいんじゃない？　決めたことを守ることがお互いの信頼につながると思う。
女子学生：なるほど。

この男子学生は，教師が生徒と信頼関係を築くためには，どうすればよいと言っていますか。
1．生徒の前では感情を出さず，常に冷静でいる。
2．生徒と一緒にルールを作り，それを守る。
3．生徒の良いところを見て，生徒を褒める。
4．問題が起きたら，その都度，生徒と話し合う。

20番　先生が，ある企業が開発した素材について話しています。この先生は，新しい素材を用いることで，どのような効果を得られると言っていますか。

　普段よく目にするプラスチックは，今や生活に欠かせないものとなっています。プラスチックは熱を加えることによって変形する性質を持ち，また，軽い素材でもあるので，ペットボトルやペンなど様々なものを製造するための材料として重宝されています。
　一方で，熱によって形が変わる性質があるため，プラスチックは高温にさらされる場所では使えないというデメリットがありました。ところが，ある企業がこの弱点を克服して，熱に耐えられるプラスチックを作り出したのです。今まで熱に強いという理由で重い金属が使われてきましたが，この新しいプラスチックはその代わりとして使われるようになりました。例えば，エンジンやモーターの周りの部品などです。これによって車の重量が変わり，走るときのエネルギーが少なくて済むと言われています。

この先生は，新しい素材を用いることで，どのような効果を得られると言っていますか。
1．エンジンやモーターが高温にならない。
2．車が生活に欠かせないものになる。
3．車が軽くなり，燃費が良くなる。
4．有害物質が発生しにくくなる。

21番　経営コンサルタントが，企業へのアドバイスの仕方について話しています。この経営コンサルタントが最後に挙げる例では，企業にどのようなアドバイスをすればよいですか。

　企業がどのような成長戦略をとるかは，企業がどのくらいの期間での成長を想定しているのかによって違ってきます。もし短期的に成長したいというのであれば，とにかく利益を重視することが必要です。この時，企業は，社員の育成など時間がかかるものは後回しにせざるを得ません。一方，長期的な成長を希望する場合は，企業の成長の糧となる人材を育てていく必要があるのです。経営コンサルタントは，

それらを踏まえてアドバイスをします。

　時には，企業が短期的な成長か，長期的な成長か決めかねているときもあります。そういう場合は，まず企業の目標について聞き，その目標がどのくらいの期間で達成できそうなのかを探り，その上で必要なアドバイスをするようにしています。

　先日私が訪れた企業は，漠然とした成長戦略しか持っていませんでしたが，「持続的かつ永続的な成長」という目標を持っていました。今日は，この例について考えてみましょう。

この経営コンサルタントが最後に挙げる例では，企業にどのようなアドバイスをすればよいですか。
1．「各事業の利益を追求していきましょう」
2．「適切な人材を育てる社員教育部門を作りましょう」
3．「経費を削減することを考えましょう」
4．「即戦力となる人材を探して雇いましょう」

22番　男子学生と女子学生が，小学生が塾に行くことについて話しています。この女子学生は男子学生のどういう意見に賛成していますか。

男子学生：小学生の宿題を請け負うっていうサービスが話題になってね。そういうサービスは禁止になるという話だけど，当然だよ。
女子学生：うーん，でも私は，そのサービスがあったら使いたかった気もするよ。小学生の頃，夏休みでも塾で忙しくって，学校の宿題をやるのが大変だったから。
男子学生：へえ。僕は塾に行かなかったから分からないけど，学校の勉強より塾の勉強のほうが大切なの？
女子学生：学校の宿題として絵を描いたり読書感想文を書いたりする時間があったら，塾で算数や理科を勉強したいっていう気持ちがあったよ。試験に必要な科目を勉強していい学校に行ったほうが，将来のためになるし。
男子学生：将来のためっていうのなら，なおさら，塾に行きながら学校の宿題もやるべきだよ。いろんなことを同時にやっていく能力って，将来仕事をする上で，すごく大切だと思うよ。
女子学生：そう言われれば，確かにそうだね。

この女子学生は男子学生のどういう意見に賛成していますか。
1．塾よりも，学校のほうが大切だという意見
2．どんな学校に行くかは問題ではないという意見
3．宿題を請け負うサービスは禁止すべきだという意見
4．将来のためにも塾と学校のことを両立すべきだという意見

23番　先生が，レポートの作成について話しています。この先生は，毎年，数人がレポートを再提出することになる原因は何だと言っていますか。

　レポートは，自分の考えを書くものですが，他人に読んでもらうことが前提です。そのため，相手に読みやすいと感じてもらえるようにレポートを作成してください。また，レポートを作成するときに，本やインターネットで得た情報を参考にすると思いますが，参考元はレポートの中に必ず書いてください。

スクリプト

この作業をしなかった場合は誰かの書いたものを盗むことになります。参考元を明らかにしていないレポートは差し戻しますので，参考元を明記して，期限日までに再提出してください。毎年，数人がこれで再提出になっているので，くれぐれも注意してください。それから，再提出分も含めて，指定された日を過ぎてからのレポート提出は認めません。必ず期限を守って提出してください。初めての作成なので，苦労することもあると思いますが，頑張ってください。

この先生は，毎年，数人がレポートを再提出することになる原因は何だと言っていますか。
1．指定された字数制限を守らないこと
2．自分の考えが相手に伝わらないこと
3．参考元をレポートの中で明らかにしないこと
4．本やインターネットから情報を得ていること

24番　先生が，伝統工芸について話しています。この先生は，今後の伝統工芸に必要なことは何だと言っていますか。

　伝統工芸とは，長い間受け継がれてきた技術によって作られる工芸のことです。現在，伝統工芸は，後継者の不足や原材料の確保の難しさ，流通構造の変化など，いろいろな問題を抱えています。
　では，伝統工芸を今後どうしていくべきか，考えてみましょう。伝統工芸に用いられている工芸技術は，過去から現代へと受け継がれてきました。しかし，昔開発された技術だからと軽視してはいけません。最新の工業プロセスに活用されるものなどもあり，その技術の可能性はまだまだ広がりを見せています。だからこそ，このような技術を単なる過去のものとして見るのではなく，改良を加え，今後の伝統をつくっていくことが必要だと考えます。

この先生は，今後の伝統工芸に必要なことは何だと言っていますか。
1．法律を作り，伝統工芸を保護していくこと
2．伝統にこだわらず，消費者のニーズに合わせること
3．昔からの技術を，そのまま後世に伝えていくこと
4．技術を改良して，新たな伝統をつくること

25番　女子学生と男子学生が，企業でのインターンシップについて話しています。この男子学生は，このあとまず，どの期間のインターンシップに申し込むつもりですか。

女子学生：先週，インターンシップに参加してきたんだ。
男子学生：そうなんだ。仕事のイメージをつかむために，僕もインターンシップに参加したいんだけど，どれに行ったらいいのかよくわからないんだ。
女子学生：そうだね。私が行ったのは1日だけのものだったけど，会社の説明や簡単なグループワークがメインで，実際の業務の様子を体験することはできなかったな。でも会社を知るだけなら，ちょうど良かったかも。
男子学生：会社説明会みたいな感じだね。やっぱり業務実践型のインターンシップに参加したいなら，期間が3か月とかの，長めのものに行く必要があるのかな。さすがに1年は無理だけど。
女子学生：季節ごとにインターンシップを開催している企業も多いし，まずは1日のものに行ってみて，

そこで興味を持った企業があれば、そこの業務実践型のインターンシップに参加すれば良いんじゃない？
男子学生：確かに。全然興味が持てないものに数か月を費やすのは時間がもったいないよね。

この男子学生は、このあとまず、どの期間のインターンシップに申し込むつもりですか。
1. 1日
2. 2週間
3. 3か月
4. 1年

26番　先生が、観光について話しています。この先生は、個人客を呼び込むためにこれからすべきことは何だと言っていますか。

　日本の観光地は、昔は、団体客を呼び込むことで利益を獲得していました。しかし、旅行のスタイルが変わって、現在では個人旅行が増えています。そのため、昔ながらの観光地は集客に悩むようになりました。
　個人客に来てもらうには、観光地としての広告を出すだけでは不十分です。個人で旅行をする人は、決められた観光プランや観光コース、娯楽施設などを楽しむよりも、旅先で現地の人とふれあうことや、現地での生活体験などを望んでいるのです。そのような希望に応えるためには、地元の産業全体に力を入れて、地域を活性化させ、住民の生活をより良いものにする必要があります。観光地に住む一般の人々が本当に豊かで幸せであれば、訪れる観光客と気持ち良くふれあえる余裕も生まれます。そうすれば、個人旅行者の間で人気の観光地になるでしょう。

この先生は、個人客を呼び込むためにこれからすべきことは何だと言っていますか。
1. 観光地の住民の生活を豊かにする。
2. 観光産業や娯楽施設を充実させる。
3. 個人向けのさまざまな観光プランをつくる。
4. 住民に広告活動の費用を出してもらう。

27番　先生が、心理学の授業で話しています。この先生は、相手の本心を理解するためには、どうすればいいと言っていますか。

　人は、誰かと話しているときに、自分が本当に思っていることとは別のことを話すことがよくあります。これには、自分を守るためや、相手を傷つけたくないためなど、様々な理由があります。では、本音を読み取るためにはどうすればいいのでしょうか。
　知っておいて欲しいのは、人は、口では嘘が言えても、体では嘘をつくことができないということです。嘘をついているとき、無意識のうちに、体の一部が反応してしまうのです。特に、眉と眉の間の筋肉に、本音があらわれやすいと言われています。例えば、ある人が話し相手を、今日ご飯を一緒に食べないかと誘ったとします。その時に、相手が口では誘いに乗ったとしても、相手の眉と眉の間にシワがあったときは、相手は、本当はその誘いに乗りたくないと思っている可能性が高いのです。このような時には、相手を無理に誘おうとすることは控えておきましょう。

スクリプト

この先生は，相手の本心を理解するためには，どうすればいいと言っていますか。
1．相手の立場になって考える。
2．相手の表情の変化を注意深く見る。
3．相手の声の変化をよく聞く。
4．相手の話の内容の矛盾点を探し出す。

第7回

1番　先生が，企業の社会貢献について話しています。この先生が話の最後で例に挙げた企業の取り組みは，図のどれにあてはまりますか。

　企業活動は，社会の持続的な発展があって成り立つものです。そのため，利益を追求するだけでなく，社会の一員として社会貢献をする企業が増えています。日本で企業の社会貢献が注目されてきたのは1990年代で，まず経済活動で得たお金の一部を社会のために寄付するという取り組みが始まりました。そして，環境問題への意識が高まるにつれ，植林などを通じて環境を保護したり，さらには，文化施設やスポーツ施設を作ったり，人材を派遣したり，さまざまな社会貢献が行われるようになりました。
　ある企業は，社会貢献の一環として，災害が起こった時，従業員に現地での支援活動を行わせるという取り組みを始めました。災害時の資金援助や，被災した人が一時的に住めるテントハウスの提供などを行う企業は他にもありますが，このような貢献をする企業はまだ珍しく，この企業の取り組みは注目を集めています。

2番　男子学生と先生が，人間の知覚について話しています。この先生の実験の結果を示した図はどれですか。

男子学生：人間の知覚には社会的な背景が影響する場合があることについて発表しようと思っているのですが，良い例が見つからないんです。
先　　生：そうですか。では，私が以前やった実験を参考にしてみてはどうですか？
男子学生：それはどのような実験ですか？
先　　生：10人の子供に本物の硬貨と，硬貨と同じ大きさの円板を見せて，それぞれ，見たものと同じ大きさの円を描くように指示しました。すると，子供たちは円板を見せたときにはほぼ正確に大きさを描けたのですが，本物の硬貨を見せたときには大きさを正確には描かなかったのです。
男子学生：もしかして，本物の硬貨より小さく描いたのですか。
先　　生：その逆です。本物の硬貨は社会的に価値がありますよね。子供たちは皆，それを無意識のうちに感じ取って，大きく評価していたのだと考えられます。
男子学生：興味深い実験結果ですね。ぜひ参考にさせていただきます。

3番　先生が授業で，地震が起きた時の移動方法について話しています。この先生が話の最後で描く矢印はどれですか。

日本は地震が大変多い国です。大都市で大きな地震が起きると、主な交通手段である電車が動かなくなり、「帰宅困難者」と呼ばれる、家に帰れない人が発生します。また、外国から来た観光客も移動の手段が奪われて、帰国できなくなる可能性があります。電車が動かなくなると空港に行きづらくなってしまうからです。

交通が麻痺した時の対策としては、船を使った移動が考えられています。今まで船は主に物資の輸送に使われていました。しかし、船は災害の時に移動の手段ともなりえます。帰宅困難者に、川と海を使って、都心からいったん郊外に避難してもらうという計画もあります。また、外国人の観光客も同様に、船で空港へと避難してもらい、その後、飛行機に搭乗できる状態にしたいと考えています。矢印で示すと、外国人の誘導は、このようになります。

4番　先生が、人間の能力のピークとその年齢について話しています。この先生の話に合うように、5つの能力のピークがくる年齢を若い順に並べると、どのようになりますか。

勉強やスポーツなどで成果を出すためには、集中力は欠かすことのできない能力です。しかし、若い人の中には、自分には集中力が無いのではないか、と悩んでいる人がいます。これは、当然のことかもしれません。ある大学の発表では、人の集中力のピークは43歳だということです。若い人は、まだ、集中力のピークに達していないのです。

人間の能力は、若い人の方が優れていると考えがちです。確かに、記憶力は18歳前後というとても若い時にピークを迎えるといわれます。しかし、年齢を重ねた方が、若い人に勝っている能力は多く存在します。例えば、語彙力が最も発達するのは、60代後半から70代にかけてだと言われています。それ以外にも感情認知力は48歳ぐらい、基本的な計算能力もその数年後にピークがくると言われています。

5番　先生が授業で、アカネズミという動物の餌の保存の仕方について話しています。この先生の話によると、アカネズミが餌を保存した場所の分布図はどれですか。

多くの動物は、餌がたくさんとれた時に保存しておこうとする行動をとります。この保存方法には2つあります。1つは大量の餌を一か所に保存する方法、そしてもう1つは、少量の餌を分散させて保存する方法です。アカネズミは後者の方法をとると言われています。それを証明するために実験を行いました。ある位置にアカネズミの好物である木の実を5つ置き、アカネズミがどのように木の実を保存するかを調べたのです。すると、やはり1つずつ分散して保存しました。しかしこれ以外にも面白いことがわかりました。木の実を運んで行った方角です。5つの木の実を置いたところから見ると全ての木の実がほぼ同じ方角に運ばれていたのです。そして木の実を置いた地点からの距離は、近いものから遠いものまでありましたが、すべてアカネズミの行動圏の中に収まっていました。

6番　先生が、心の病気に対する3つの治療法について話しています。この先生の話によると、ある会社員はどの領域の治療を受けましたか。

ある会社員は、気分の落ち込みを感じたり、夜眠れない日が続いて困っていました。
このような場合、治療法は大きく分けて3つあります。第一に、医師の診察を受け、薬を貰って服用することです。これは生物的な側面から心を治療する方法です。第二に、臨床心理士や心理カウンセラーに相談する方法がありますが、これは心理的な側面から心を治療する方法です。最後に、心配ごとや悩

スクリプト

みごとの原因が家族や職場の人間関係にある場合，ソーシャルワーカーや法律の専門家に相談し，一緒に対策を考えてもらうこともあります。これは環境を改善して心の状態を良くしようという取り組みで，社会的な側面から心を治療する方法です。

その会社員の場合，まず心理カウンセラーに相談し，次にカウンセラーから精神科に行くことをすすめられ，精神科で薬を処方してもらいました。そのおかげで次第に症状が改善しています。

7番　先生が，クマという動物について話しています。この先生が最後にする質問の答えはどれですか。

クマは山林地帯に生息する動物ですが，環境の変化によって，人間の住む場所にも現れるようになりました。今日は，クマの出没への対応について説明します。

まず，クマの住宅地への出没をあらかじめ阻止して，クマとの遭遇自体を予防する方法です。1つは，山林と住宅地を明確に分けることです。山林と住宅地が接近している場合，住宅地に来る頻度は高くなります。山林と住宅地の間に大きな道路などを作り，明確な区別をつけることが有効です。また，餌を得られないと分かればクマは来ないので，餌となる物を取れないようにする方法もあります。例えば，果物がなる木の近くに柵を作ったり，生ごみの回収箱にカギをつけるなどです。

そして，クマが現れた時の対応も必要です。例えば，クマの出没を放送で住民に伝えたり，出没した場所に注意を促す看板を設置したりして，人間側に情報を伝えることが有効です。

では，資料を見てください。クマの出没を事前に防ぐための対策はどれですか。

8番　女子学生と男子学生が，組織の形態について話しています。この二人が所属しているクラブの組織の形はどれですか。

女子学生：さっき経営学の授業で，組織の形について習ったんだ。企業じゃなくても，組織なら，だいたい形は決まっているって先生が言ってたよ。
男子学生：そうなんだ。じゃあ，僕たちが所属する語学クラブはどの形になるんだろう。
女子学生：私たちの語学クラブは，クラブ長の指示が各リーダーにいって，そこから下の学年まで一方向に流れるように組織されてるよね。
男子学生：うん。指示はいつも一人の先輩から聞く形になってる。いろんな先輩からいろんな指示があったら，どうしていいかわからなくなっちゃうから，僕はこの形で助かってるよ。
女子学生：あ，でも，特に知識のある学生は，直接にはこの流れの中には入らずに，別のグループを作ってクラブ長や各リーダーをサポートするような形をとっているよ。
男子学生：うん。クラブ長もリーダーたちも，彼らを頼りにしてるみたい。

9番　先生が，生物学の授業で，ダンゴムシという虫の習性について話しています。この先生が最後に示す図はどれですか。

ダンゴムシは，壁などの障害物にぶつかったとき，最初は右に曲がったとすると，次に障害物にぶつかったときには左に曲がるという不思議な習性を持っています。

なぜこのような行動をとるのかは，いくつかの学説があります。ある学説では，ダンゴムシが道の片側の壁に触れながら移動する結果だとされ，またある学説ではどちらか片方の脚だけが疲れないようにするためだとも言われています。

では今日は，まず右に曲がると次は左に曲がるという，交互に曲がる習性を確かめるために，実際に道を作って，ダンゴムシを歩かせる実験をしてみます。左右をはっきりさせるために，曲がり角の角度は90度にしてください。また，条件をそろえるために，道の幅も同じにします。曲がり角は二か所以上用意してください。図に描くと，このような図になります。

10番　先生が，経営学の授業で，企業の戦略について話しています。この先生が見学に行った企業が新しく打ち出した戦略は，図のどこにあてはまるものですか。

　世界には様々な企業があります。企業は，自社の商品を売ったり，企業自体を成長させたりするためにいろいろな戦略を考えなければなりません。今回，私が見学した企業でも，新しい戦略を打ち出していました。今日はそれを紹介しようと思います。
　この企業は，今まで日本国内の市場のみにアプローチしてきました。しかしながら，最近は日本よりも成長率の高い国が増えてきたことを踏まえて，海外のある国で自社の商品を売り出していく戦略を打ち出しました。そして自社の商品がその国の人々にとって受け入れやすい商品であるかを探るために，その国の人たちを対象としたアンケートを実施しました。その結果，現在日本で売っている商品は，その国の人々から良い評価を受けたため，特に改良したりはせず，日本で売っている商品をそのまま売るという戦略を立てました。

11番　先生が，教育学の授業で，子供が描いた絵を見せながら話しています。この資料の絵を描いた子供は，現在どの時期にいると推測できますか。

　情報を伝えようとする時の表現は成長とともに発達していきます。それを示すために，6歳，8歳，10歳の子供たちに，絵を描いてもらう実験を行いました。まず，2つの全く同じ大きさと形のぬいぐるみを用意します。実はこの2つのぬいぐるみのうち1つは軽く，もう1つは重くなっています。そして，その重さを感じてもらうために，子供たちに2つのぬいぐるみを持ってもらいました。その後，「それぞれの重さが分かるように絵を描いてください。」と声をかけました。すると，各年齢で結果に差が出ました。最も年齢の高い子供たちは，天秤などの，実際その場にはなかったものを使って重さを表現する場合が多かったのです。そして年齢が真ん中の層の子供たちは，ぬいぐるみの大きさを変えることで重さを表現しようとすることが多かったのです。それに対して，年齢の最も低い子供たちは，何かを描き足したりすることもなく，見た通り，2つのぬいぐるみを描きました。

12番　先生が，宇宙飛行機を使った旅行について話しています。この先生が最後にする質問の答えはどれですか。

　宇宙飛行機が上空へ行くためには，エンジンの中で燃料を燃やして，空へ行くためのエネルギーを作り出す必要があります。ただし，宇宙空間には酸素がないので，そのままでは燃料は燃えません。そこで，宇宙飛行機に大量の酸化剤を積んで，酸素のかわりにしています。しかし，空気が十分にある高度15キロメートルまでは，地球の酸素を使うようにすれば，酸化剤を使わずに済みます。
　図を見てください。これはある宇宙旅行の計画を示したものです。離陸後，空気が十分にある領域までは，地球の酸素を利用してエネルギーを作り出します。高度50キロメートルまでは，エンジンを動かしつづけなければなりません。その後は，エンジンを止めても上昇しつづけるので，宇宙に到達した後，

スクリプト

着陸するまでは酸化剤は使いません。では，宇宙旅行をした場合に，酸化剤を使ってエネルギーを作り出しているのは図のどの部分だと考えられますか。

13番　先生が，コミュニケーション論の授業で，嘘をつく人の特徴について話しています。この先生は，嘘をついている人にはどのような特徴があると言っていますか。

　相手の嘘を見抜くことができれば，だまされて痛い目に遭うこともなくなります。そこで，今回は嘘をつく人に見られる特徴を紹介します。
　まず，人が嘘をつくときは，質問した言葉をそのまま繰り返すという特徴があります。例えば，「昨日，どこにいたの？」と質問したら，「昨日，どこにいたかって？…研究室だよ。」と返される場合です。このような場合，相手は嘘をつくための時間稼ぎをしていると考えられます。また，目と口が同時に笑っていたら要注意です。笑顔には，本心で笑っているときの笑顔と，作られた笑顔があり，この２つの違いは，目の動きです。作り笑いのときは口と同時に目も動くのです。さらに，質問をしたときに，右斜め上を見ていたら，これも注意すべきです。人は，過去の体験を思い出そうとするときには，左斜め上を，体験したことのないことを想像するときは，右斜め上を見ると言われています。

この先生は，嘘をついている人にはどのような特徴があると言っていますか。
1．質問されていないことまで説明する。
2．左斜め上を見ながら答える。
3．口は笑っているのに，目は笑っていない。
4．質問に対して，すぐには答えない。

14番　先生と女子学生が，速く泳ぐコツについて話しています。この女子学生は次の大会で，どういうことを特に意識して泳ぐと言っていますか。

先　　生：この前の水泳大会，あまり調子が出なかったみたいだね。
女子学生：そうなんです。タイムを伸ばすことができませんでした。
先　　生：そうか。じゃあ今日は速く泳ぐためにはどうしたらいいか，もう一度確認してみよう。
女子学生：ありがとうございます。お願いします。
先　　生：まずは，呼吸をするときに，頭を上げ過ぎないことが重要だね。無駄な動きが増えると体に疲労がたまりやすくなったり，呼吸のタイミングが合わなくなるんだ。
女子学生：そこは注意していたので，うまくできていたと思います。
先　　生：それから，膝をまっすぐに保つこと。膝が曲がったまま泳ぐと，水の抵抗によって，スピードが落ちてしまうんだ。それと，足首はできるだけ柔らかくするように心がけて。
女子学生：そういえば，足首の動きを意識できていなかったかもしれません。最近，息つぎの仕方や腕の動かし方ばかり意識していて，そこまで気が回らなかったんです。次の大会では，その点を特に注意して泳ぐようにします。

この女子学生は次の大会で，どういうことを特に意識して泳ぐと言っていますか。
1．足首を柔らかくする。
2．腕を大きく速く動かす。

3．呼吸のとき頭を上げ過ぎない。
4．膝を軽く曲げて泳ぐ。

15番　先生が，ハリネズミの飼い方について説明しています。この先生は，ハリネズミに慣れてもらうにはどうするのが良いと言っていますか。

　ハリネズミは暑さにも寒さにも弱い動物です。また，非常に憶病で，デリケートな性格です。そのため，ハリネズミが飼い主に慣れるには相当な時間が必要になることがあります。
　では，ハリネズミに，飼い主に慣れてもらうにはどうすればいいでしょうか。ハリネズミは，嗅覚が優れており，匂いにとても敏感です。この点を利用することが，ハリネズミとの距離を近づけるのに最も有効だと言えるでしょう。毎日触れ合うことで，飼い主の匂いを覚えてもらうのです。そうするとハリネズミは飼い主に対して安心感を抱くようになります。
　飼育時には音に気をつける必要もあります。ハリネズミは音にも敏感で，音に驚くと，5000本以上もある針を逆立てます。そうすると飼い主が怪我をする場合もあるので注意が必要です。

この先生は，ハリネズミに慣れてもらうにはどうするのが良いと言っていますか。
1．快適な温度で飼育する。
2．人が来ない静かな部屋で飼育する。
3．飼い主の匂いを覚えさせる。
4．飼い主の顔を覚えさせる。

16番　先生が，ワーカホリックという，仕事に対する中毒状態について話しています。この先生が，最も言いたいことは何ですか。

　ワーカホリックとは，仕事に対する中毒状態のことで，一般に過剰な長時間労働を日常的に行っている状態を指します。否定的な意味で捉えられることの多いワーカホリックですが，一方で肯定的な側面もあります。それは，仕事が好きで，夢中になっているうちに，結果的に長時間労働になる場合です。この場合，労働者は仕事から楽しみを得て，自己を満たしています。ですから，ワーカホリックな人の全員が仕事に対する悩みを抱え，日々の長時間労働に疲れ果てているとは言えません。
　しかし，長時間労働を続けていると心身に悪影響を及ぼすということは，様々な調査によって明らかにされています。仕事が好きだからいくらでも頑張れる，疲れを感じない，と考えるのは誤りです。大切なのは，このような人も含め，すべての人が健康を害さず働けるように，労働環境の整備を積極的に行うことです。

この先生が，最も言いたいことは何ですか。
1．ワーカホリックをすべて否定的に考えるのは誤りである。
2．長時間労働を避け，健康的に働ける環境を作る必要がある。
3．長時間労働でも，仕事が好きな人の場合は問題ない。
4．短時間で仕事を終えられるよう，仕事の効率を上げる必要がある。

17番　先生が，実験の注意点について話しています。この先生が，事故があったことを話して強調して

スクリプト

いるのは，どんな注意点についてですか。

　化学の授業では，実験中，あるいは実験の前やその後にも，さまざまなことに気をつける必要があります。例えば，ガスが発生するような実験では，しっかり換気をしましょう。他にも，何かを燃やす実験では，水の用意を忘れないようにしてください。また，薬品の取り扱いについても注意が必要です。使用後に適切に処理を行うことはもちろんですが，それ以上に，皆さんの身の安全が最優先です。薬品を扱うときには保護メガネをかけるようにしてください。これを忘れて薬品が目に入ると，思わぬ事故につながる可能性があります。実際に去年も，学生が病院に運ばれる事故がありました。幸い，後遺症はありませんでしたが，十分に注意して実験を行う必要があります。

この先生が，事故があったことを話して強調しているのは，どんな注意点についてですか。
1．保護メガネをかけること
2．充分に換気を行うこと
3．使用後に薬品を適切に処理すること
4．水を用意しておくこと

18番　男子学生と女子学生が，エナジードリンクについて話しています。この女子学生は，エナジードリンクが若者に与える影響の中で，最も深刻なのはどんなことだと言っていますか。

男子学生：テストまであと1週間ぐらいしかないね。最近は集中力を高めるために，エナジードリンクをよく飲むんだ。
女子学生：エナジードリンクって，疲れた時に飲む，栄養を補給するための飲み物だよね？
男子学生：そうそう。あれを飲むと本当に眠気がなくなるんだ。
女子学生：でも，エナジードリンクの飲みすぎはあまり良くないって聞くよ。
男子学生：え，どうして？
女子学生：飲み過ぎるといろいろな悪い影響があるらしいよ。特に若い人がその影響を強く受けやすいんだって。
男子学生：確かに，少し前，夜勉強していた時に，エナジードリンクを飲み過ぎて，いざ寝ようと思っても寝られなかったことがあったな。
女子学生：そう。それが，一番問題なの。酷くなると，眠れなくなる日が多くなるんだって。この状態が続くと，だるさや集中力の低下につながるし，重い病気を引き起こすこともあるらしいよ。
男子学生：そうなんだ。それに，砂糖がたくさん入ってるっていうよね。飲みすぎには気をつけるよ。

この女子学生は，エナジードリンクが若者に与える影響の中で，最も深刻なのはどんなことだと言っていますか。
1．うまく眠れなくなること
2．頭が痛くなること
3．砂糖の影響で太ること
4．眠気が取れなくなること

19番　先生が，小学生にテストを受けさせることについて話しています。この先生は，小学生にテスト

を受けさせることにはどんな目的があると言っていますか。

　小学生に頻繁にテストを受けさせることは，競争意識を植え付け，のびのびとした教育を損なうという批判があります。
　しかし，例えば算数などの，理解を一つひとつ積み重ねていくことが必要な科目では，その都度，理解できているかを確認する手段が必要です。そうしなければ，算数がわからないということになっても，どこからわからなくなっているのかが，わかりません。日ごろからテストを繰り返せば，勉強につまずいた時期や分野がはっきりしてきます。学校の先生は，授業中によく「わからないときは質問してください」と言いますが，自分がわからない部分を自覚し，先生に質問できる小学生はほとんどいません。多くの生徒は黙ったままで，これでは状況は悪くなるばかりです。ですから，学力に応じた指導をするために，テストを受けさせることが必要なのです。

この先生は，小学生にテストを受けさせることにはどんな目的があると言っていますか。
1．早いうちから競争意識を持たせるため
2．努力の大切さを教え，達成感を味わわせるため
3．先生に質問をする勇気を持たせるため
4．理解度を確認し，サポートをするため

20番　先生が，経営学の授業で，気温と商品の売上の関係について話しています。この先生が最後にする質問の答えはどれですか。

　商品を仕入れるとき，気温に合わせて，売れる商品を予測することで，事前に仕入れる量を調整することが可能になります。
　では，気温と売り上げの関係を考えてみましょう。気温が高くなると，暑いと感じますよね。このように体感温度が高くなると売れやすい商品を「昇温商品」と言います。アイスクリームやTシャツなどがこれに当たります。反対に，寒いと感じるようになるにつれて売れやすくなる商品を「降温商品」と言います。
　気温の他にも，天気と売り上げの関係もあります。晴れだとレジャーグッズ，雨だとレイングッズが売れるなどです。しかし，話が逸れてしまうので今日は止めておきましょう。
　それでは話を元に戻して，「降温商品」にあてはまるものは何が考えられますか。

この先生が最後にする質問の答えはどれですか。
1．缶詰や水などの保存食
2．傘や長靴などのレイングッズ
3．マフラーなど体を温めるもの
4．キャンプ用品などのレジャーグッズ

21番　先生が，アカウミガメという動物の保護について話しています。この先生は，アカウミガメの保護に関して，一番問題なのはどのようなことだと言っていますか。

　アカウミガメの卵を集めて管理し，人工的にふ化させる取り組みがありますが，いくつかの問題があ

スクリプト

ります。まず，卵を集める際に，卵の中の子ガメが死んでしまうことです。また，オスとメスの，数のバランスの問題もあります。アカウミガメの性別は産卵場所の温度によって決まります。自然界では，砂浜の温度は場所によってさまざまなので，数のバランスがとれています。しかし，一か所に集めてしまうとそれが崩れてしまうのです。

　そして，最も深刻なのは，子ガメの生存率の問題です。人工的にふ化した子ガメを海に放すのですが，子ガメが海へ向かう過程を人間が管理すると，子ガメがもともと持っていた生きる力が弱くなってしまいます。また，一斉に海に放すと，子ガメを食べようとして集まってくる鳥や魚に狙われやすくなるのです。その結果，子ガメの生存率が低くなってしまえば，アカウミガメの数を増やすという目的を達成できません。

この先生は，アカウミガメの保護に関して，一番問題なのはどのようなことだと言っていますか。
1．オスとメスのバランスに偏りが出ること
2．ふ化した後の子ガメの生存率に悪影響があること
3．砂浜の日当たりや風当たりの管理が難しいこと
4．卵を集める時に，子ガメが死んでしまうこと

22番　男子学生と女子学生が，英語の学習について話しています。この男子学生は，これからどんな方法で英語を学習しますか。

男子学生：最近，英語を勉強しているんだけど，なかなかうまくいかないんだよね。
女子学生：そうなんだ。どんな方法で勉強してるの？
男子学生：今のところ，単語や文法を参考書で学習したり，英会話の教室に通ったりしてるんd。どっちも最初のうちは順調に進んだんだけど，なかなか最後まで続かなくて…。
女子学生：なるほどね。私も今，英語の新聞を読むようにしているんだけど，あまり進んでいないよ。最初のうちは楽しいんだけど，だんだん難しい内容が入ってきたりして，やる気がなくなっちゃうよね。
男子学生：そうなんだよ。
女子学生：そういえば，確か音楽が好きだったよね？
男子学生：うん，洋楽が好きだよ。
女子学生：じゃあ，英語の歌を学習に取り入れてみたら？
男子学生：それいいね。単語や文法もその中で勉強したほうが覚えられそうだ。君も一緒にやらない？
女子学生：私は今，英語の新聞を読むので精一杯だから，やめておくよ。

この男子学生は，これからどんな方法で英語を学習しますか。
1．単語や文法を参考書で学ぶ。
2．英会話の教室に通う。
3．歌を通じて英語を勉強する。
4．英語で書かれた新聞を読む。

23番　先生が，授業でのタブレットの使用について話しています。この先生は，どのような理由でタブレットの使用に反対だと言っていますか。

タブレットとは，画面を直接触って操作する，情報を調べるときに使う機器のことです。最近，小学校の授業においてタブレットを導入しようという声が出てきています。これについて私の考えを話したいと思います。結論を先に言うと，私はタブレットの導入に反対です。

確かに，タブレットを導入すれば，子供たちはタブレットを使うことに新鮮さを感じるため，一時的には授業に意欲的になるでしょう。しかし，タブレットを活用して授業をしようとすると，生徒に対して，タブレットの扱い方や操作方法をわかりやすく教えなくてはなりません。そうすると，タブレットで勉強させる以前に，タブレットの使い方を習得させるために授業時間を使うことになるのです。

この先生は，どのような理由でタブレットの使用に反対だと言っていますか。
1．タブレットの扱いや操作の学習に時間がかかるから
2．生徒がタブレットを使って授業中に遊び始めるから
3．タブレットの使用は生徒の学習意欲を低下させるから
4．タブレットを購入するためのコストが高いから

24番　男子学生と女子学生が，卒業論文について話しています。この男子学生が，女子学生に提案したことは何ですか。

男子学生：ねえ，卒業論文はもうできたの？
女子学生：まだ。経営学の論文，英語で書いてるんだけど，言葉を調べながらやってたら時間がかかっちゃって。
男子学生：大変そうだね。
女子学生：うん…。来週，先生がチェックしてくれるんだけど，その前に，できるだけ自分でやろうと思って。
男子学生：そうか。じゃあ僕の友達にイギリスからの留学生がいるから紹介しようか？
女子学生：でも，迷惑じゃないかな？
男子学生：彼も経営学を勉強していて，ちょうど論文に取り組んでいるところなんだ。日本語で書いているらしいよ。お互いにチェックし合えばいいんじゃない？
女子学生：そうだね。それでも分からないところがあれば，先生に聞きにいくようにすればいいよね。
男子学生：うん。今朝，彼に会った時，今日は一日中図書館にある研究室で論文を書くと話していたよ。行ってみたら？
女子学生：ありがとう。私もちょうど，文献を確認しに図書館に行こうと思ってたところだから，そうしてみるよ。

この男子学生が，女子学生に提案したことは何ですか。
1．図書館で，論文に使う文献を探すこと
2．留学生と論文を相互にチェックすること
3．先生に論文をチェックしてもらうこと
4．静かな図書館で，集中して論文を書くこと

25番　先生が，ブックカバーについて話しています。この先生は，現在ブックカバーが注目を浴びているのはどうしてだと言っていますか。

スクリプト

　ブックカバーというのは，本の上に掛ける包みのことですが，これは日本独特のものです。書店で本を買うと，会計をした後に紙でできたブックカバーを無料で掛けてもらえます。
　ブックカバーは，約100年前に誕生したと言われていて，当時も今と同じように，紙が用いられていました。そしてブックカバーの表面に印刷されているデザインは，書店ごとに異なっていましたが，書店名が印刷されることが多かったようです。しかし現在では，書店名だけではなく，一般企業や美術館などの広告を，美しくデザインして印刷している場合もあります。広告媒体としての新しい役割が注目されているのです。誕生した当時は，大切な本が汚れないようにという意味で使っていたのでしょうが，それから100年が経ち，カバーの役割も変化してきています。

この先生は，現在ブックカバーが注目を浴びているのはどうしてだと言っていますか。
1．約100年の伝統があるから
2．本を傷や汚れから守れるから
3．デザイン性があり美しいから
4．広告を載せられるから

26番　先生が，睡眠について話しています。この先生は，良い睡眠をとるためにはどうすればいいと言っていますか。

　うまく睡眠がとれていないと，疲れがたまりやすくなり，体調不良になることも増えてしまいます。今日の授業では，良い睡眠をとる方法について話したいと思います。
　まず，起きてすぐに自然の光を浴びて体を目覚めに導き，夜は明るい光を浴びすぎないようにして眠りに導くようにしましょう。こうすることで，体内時計のリズムが適切になり，夜はぐっすり眠れるようになります。それから，ベッドに入ってもなかなか寝付けない人がいると思いますが，そういう人は，寝付きを良くするために，就寝の2，3時間前に入浴する習慣を身につけることが効果的です。日々の生活が忙しいと，シャワーを浴びるだけになってしまう人も多いと思いますが，入浴することで血行が良くなって，寝付きも良くなり，より深い睡眠を得ることができるのです。

この先生は，良い睡眠をとるためにはどうすればいいと言っていますか。
1．就寝の2，3時間前に運動する。
2．シャワーを浴びる時間を長くする。
3．夜はなるべく光を浴びないようにする。
4．寝る直前に熱いお湯に短時間つかる。

27番　男子学生と女子学生が，ピアノの練習について話しています。この女子学生は，ピアノをうまく弾くためには具体的に何をすればよいと言っていますか。

男子学生：最近，ピアノを弾けるようになりたいと思って，独学で練習しているんだ。でも，なかなかうまくいかないんだよね。
女子学生：どうやって練習してるの？
男子学生：インターネットでピアノ演奏の動画を公開している人がいるから，それを見て真似をしてるんだ。

女子学生：その方法だと，その動画の曲は弾けるようになるかもしれないけど，ピアノを弾く技術自体は上がらないと思う。例えば野球でも素振りをしてバッティングの基本を身につけるでしょ？
男子学生：うん，そうだね。
女子学生：ピアノも同じだと思う。上手く弾けるようになるには，スポーツと同じように，どれだけ土台がしっかりしているかが重要だよ。指を鍛えて，うまく動かすという練習が必要だと思う。
男子学生：なるほどね。
女子学生：地味な練習で飽きてしまうかもしれないけど，継続してやれば後から結果が出てくると思うから，頑張って。
男子学生：ありがとう。やってみるよ。

この女子学生は，ピアノをうまく弾くためには具体的に何をすればよいと言っていますか。
1．動画を見ながら，好きな曲を練習する。
2．練習の合間にスポーツをして指を鍛える。
3．みんなが知っている有名な曲を練習する。
4．指を鍛えられそうな基礎練習を繰り返す。

第8回

1番　先生が，新しくできた望遠鏡について話しています。この先生が最後に話す望遠鏡への期待は，この望遠鏡のどの特徴によって支えられていますか。

　新しくできたこの望遠鏡は，レンズの大きさが日本国内で最も大きいです。レンズが大きいほど遠くの天体を観測できるため，この望遠鏡は，日本で最も遠くを見ることができる望遠鏡と言えます。
　この大きなレンズは1枚でできたものではなく，18枚のレンズを組み合わせています。また，瞬時に，正確に目標を観測できるように，軽さが追求されています。この望遠鏡は重さが20トンありますが，同じ大きさの従来の望遠鏡と比べると5分の1の重さしかありません。軽くなったことで，1分以内にどの方向にも向けるようになりました。このように，遠くをすばやく見るために様々な工夫がなされています。
　ところで，この望遠鏡を使って，宇宙空間で起きる突発的な爆発現象を観測することが期待されています。爆発現象の連絡を受けたらすぐに，爆発のあった方向に望遠鏡の方向転換ができるからです。

2番　先生が，カラスという鳥の頭の良さを調べた実験について話しています。この先生の話によると，1回目と2回目の実験を開始して，それぞれ3分経ったときの筒の状態はどれですか。

　この実験は同じカラスを使って2回行われました。まず透明な筒に水を入れその上に餌を浮かせます。水は筒の真ん中ほどまでしか入っておらず，カラスのくちばしは餌まで届きません。その筒の周りには重いおもりと，軽いビニール製のボールを2つずつ置きます。ボールは，水に入れても沈みませんが，おもりは水に入れると沈みます。このとき，おもりの体積の分だけ水位が上がるので，カラスは餌を取ることができます。

スクリプト

さて，1回目の実験では，カラスは開始1分で，そのままでは餌が取れないことと筒の周りにおもりやボールが置いてあることに気づきました。2分後にはまずボールを1つ水に入れ，直後におもりも1つ水に入れました。そして開始から4分経ったところでもう1つのおもりを水にいれ，餌をとることに成功しました。

2回目の実験では，迷うことなくおもりを2つ使い，開始して1分もかからず餌をとることができました。

3番　女子学生と男子学生が，ゼミナールの発表会のプログラムについて相談しています。この二人は，プログラムのどの部分を短くすることにしましたか。

女子学生：このプログラムの案なんだけど，実は研究の発表をする人が増えてこの時間で発表会を終わらせるのは難しそうなんだ。
男子学生：何人増えたの？　そんなに多くなければ，発表時間を一人一人減らせばできるんじゃないかな。
女子学生：2人だよ。だけど，発表会の一番の目的なんだからみんなの時間を減らすのは良くないんじゃないかな。
男子学生：確かにそうだね。かといって懇親会は先生も参加するし，いろいろな話が聞けるいい機会だから，この時間を減らしたくないな。
女子学生：んー，じゃあ，メンバーの紹介は全員じゃなくて，今回の発表会の中心メンバーだけを紹介すればいいんじゃない？
男子学生：うん。50人以上の人をいきなり紹介されても記憶があいまいになっちゃうしね。
女子学生：先生からの講評はどうしようか。
男子学生：もともと短いし削れないんじゃない？
女子学生：よし，じゃあ，短くするのはここだけだね。

4番　先生がオフィス空間でのストレスの緩和について話しています。この先生が最後にする質問の答えはどれですか。

オフィス空間でのストレスを緩和するにはどんな方法が効果的なのか，実験してみました。

まず，机の間についたてを置いてみたところ，快適だと答える人が多くなりましたが，圧迫感があるという答えもありました。そこで，机の上に植物を置いてみると，このほうがよいと答えた人が大半でした。このことから，ついたてのような人工物だけではなく，植物も置いたほうがストレス緩和には役立つことがわかりました。

次に，植物を置く場所についても調べてみました。まず，机の上に置いた場合，ほぼ全員が自分の机の上にあるほうがよいと答えました。では机以外の場所はどうでしょうか。高い棚の上や後ろ側など，わざわざ見なければいけない位置に置いた場合は，快適だと答えた人はいませんでした。そして，フロアに置いた場合は，快適と答えた人と変わらないと答えた人が半々でした。では，これらの結果をふまえると被験者のストレス緩和に最も大きな効果があるのは，どこに植物を置いた場合でしょうか。

5番　先生が授業で，雪の結晶について話しています。この先生が最後にする質問の答えはどれですか。

雪の結晶は，なぜさまざまな形を持つのでしょうか。研究してみると雪の結晶の形は温度と水蒸気の

量で決まるということが分かりました。

はじめに温度と雪の結晶の関係について説明します。雪の結晶には，厚みが柱のように厚いものや，反対に板のように薄いものがありますが，これらの形はその時の気温によって決まります。マイナス10℃から，マイナス25℃までの間では薄い結晶が発生し，それより暖かかったり，寒かったりすると，柱のような立体的な形ができます。

そして，水蒸気の量が雪の結晶の形の複雑さを決めます。通常水蒸気の少ないところでは，結晶は六角形を保ったまま，柱のように厚くなったり，薄くなったりします。しかし，水蒸気の多いところでは，結晶が枝分かれしたような複雑な形をすることが多いのです。では，資料の左端にある雪の結晶ができるのは，下の図でいうと，どこにあてはまりますか。

6番　先生が授業で，フジツボという海の生物について話しています。この先生の話によると，フジツボの一種であるキタアメリカフジツボは，現在，主にどこに生息していますか。

この図はある地域の海岸の地図です。この地域の海岸の状態は主に二つに分かれます。岩でできていて波の影響を受けやすい岩礁域と，港の近くなど波が穏やかな静穏域です。また，海の様子に注目すると，水温の低い冷温帯区と，比較的暖かい中間温帯区に分かれます。

ところで，この地図の地域には，外国から入ってきたキタアメリカフジツボというフジツボが多く生息しています。外国から来る船に付着していたものが，この海岸に棲み着くようになったと考えられています。キタアメリカフジツボは，原産地が冷温帯で暑さに弱いため，この地域でも冷温帯を好んで生息しています。原産地では岩礁域にも静穏域にも生息していますが，この地域では今のところ岩礁域にはあまり進出できていないようです。

7番　先生が，マーケティングの授業で，顧客について話しています。この先生が最後に挙げる例は，どの顧客からどの顧客に変化させるための方法ですか。

顧客は，商品の購買に対する意識の違いに基づき，図のように分けられます。上の層ほど，商品への安心感や購入の頻度が高くなっています。最下位の「潜在顧客」は，商品をまだ認知していない顧客のことで，商品のことは知っている「見込顧客」と同様に，商品を購入したことがない顧客です。「ファン」と「常連顧客」は購入頻度の高い顧客のことで，特に商品に詳しい人を「ファン」と呼びます。これらの層の購入の頻度は限界まで高まっており，これ以上購入してもらうのは困難です。一方，新規顧客は，初めて商品を買った顧客のことを言います。この新しい顧客は，商品を買う顧客の中では，購入の頻度が少なくなっています。

ある企業は，来店し，初めて商品を購入した顧客に対して，次に来店した時に使える割引券を発行しています。この割引券はこの企業の店でのみ使える割引券です。このような，顧客の階層を引き上げる取り組みが企業には求められます。

8番　女子学生と男子学生が，授業の課題について話しています。この2人が，はじめに取り掛かる課題はどれですか。

女子学生：授業で出された課題についてまとめてみたんだ。何からやるべきか計画を立てようと思っているんだけど，どれも難しそう…。

スクリプト

男子学生：マーケティングの課題は大変だよね。今からちょうど図書館に本を借りに行こうとしていたところなんだ。一緒に行って探してみようよ。
女子学生：うん。だけど，マーケティングの課題よりも締め切りの早いものがあるから，先にその課題を提出したほうがいいと思う。
男子学生：本当だ。先に提出しなきゃいけない課題が2つもあるね。
女子学生：5,000字も書かなきゃいけないレポートがあるよ。これが一番時間がかかりそうだね。
男子学生：時間がかかりそうなものから取り組むべきだと思うよ。
女子学生：そうだね。会社訪問で行きたい会社はもう決めてあるから大丈夫だし，じゃあ，まずこの課題から始めよう。

9番　先生が，経営学の授業で，企業の戦略について話しています。この先生が最後にする質問の答えはどれですか。

　企業の戦略の一つに，集中戦略というものがあります。例えば，化粧品だけを販売している企業は特定分野への集中をしていると言えますし，地域限定の食品や品物を作る企業は，特定地域への集中をしていると言えます。それから，ある特定のお客さんだけをターゲットにしている特定顧客への集中や，通信販売だけで売るといった特定チャネルへの集中もよく行われます。
　では，ある例で考えてみましょう。この企業は，紳士服とビジネス用品を生産していましたが，体格が大きな人のための服を作ってみたところ，売れ行きが好調でした。継続的な需要が見込めるため，今後はビジネス用品の生産は中止し大きいサイズの服を増産することを決定しました。また，店頭販売だけでなくインターネットでも販売をしていくことにしています。この企業の例では，今後，どういう集中戦略を進めていくことになったと言えますか。

10番　先生が，環境学の授業で，プラスチックについて話しています。この先生が最後に挙げた例は図のどれにあてはまりますか。

　石油を原料とするプラスチックは，燃やした時に生じる二酸化炭素が地球温暖化の原因になるなど，環境に悪影響を与えます。そんな中，バイオマスプラスチックという，植物を原料とした新しいプラスチック素材が注目されています。
　植物は燃やした時に，自分が吸収した二酸化炭素しか出しません。このことから，バイオマスプラスチックは環境に優しいと言われています。しかし，気をつけなければならないのが，生分解性です。これは自然界の微生物によって分解されるという性質です。バイオマスプラスチックは生分解性があると思われがちですが，そうでないものもあります。
　一方，石油由来のプラスチックの中にも生分解性を持つものがあります。そのため植物由来だから環境に優しいという思い込みは，逆に環境破壊につながることもあります。先日，バイオマスプラスチックによる海洋汚染がニュースになっていました。この例がまさに，バイオマスプラスチックなら環境にやさしいという誤解によるものです。

11番　先生が，土地の再開発について話しています。この先生によると，この地域は再開発の結果どうなりましたか。

最近，空き家や空き地の増加が問題となっています。この問題への対策として複数の空き家を集め，再開発するという方法があります。

再開発前のある地域では，道路に面していない土地に空き家が連なっていました。これらの空き家は道路に面していないため，解体に必要な車両が入れず，解体したくても解体できませんでした。そこで，駐車場や空き家の所有者に協力を依頼し，空き家が連なっていた場所に車が入れる道路を作り，空き家の解体や土地の再開発が行われました。

その結果，駐車場の所有者は，駐車できる場所が拡大したことで以前より利益を上げられるようになりました。また，空き家の所有者は，土地を高値で売ることに成功し，その土地には新しく家が建てられました。どの物件も道路に面することになったので，この地域の物件は高値で取引されることが期待されています。

12番　先生が，小学校の教育について話しています。この先生が，もっと増やすべきだと言っている質問はどれですか。

この図は，小学校の国語の授業で物語を読むときに，先生が生徒にどのような質問をしたかを調べた結果です。登場人物が何をしたのか，どうやってしたのか，ということを質問して，生徒が物語の内容を具体的に理解できるよう，促しているのが分かります。「誰が」という質問が少なかったのは，主人公をはじめ，登場人物の把握は比較的簡単なので，あらためて質問するまでもなかったのでしょう。気になるのは，いつ起こった出来事なのか，ということや場所を尋ねる質問が少ないことです。これらは物語の場面を把握するためにとても大切で，特に長い物語を読むときは，この2つの要素が分からなくなると，話が分からなくなりがちです。生徒の理解力を伸ばしていくために，これらの質問をもっと増やしていく必要があります。

13番　先生が，読書について話しています。この先生は，読書をするときに心がけるべきことは何だと言っていますか。

日ごろから読書をすることによって，頭が鍛えられたり，記憶力や暗記力が上がるなど，いろいろな効果を得ることができます。

より効果的な読書をするためには，まず，自分が本当に読みたいと思う本を読むようにしましょう。有名な本や話題の本であっても，興味がなければ読む意欲が生まれません。次に，本をできるだけ手元に置いておきましょう。そうしないと，本を取り出してくるのが面倒で，読まなくなってしまうからです。また，自分に合った読書をする場所を見つけましょう。自宅以外の図書館やカフェでもかまいません。通学時に電車の中で読むというのもよいと思います。そして，ある程度のスピードを持って，たくさんの本を読むようにしましょう。そうすることで，多くの考えを取り入れることができ，いろいろな角度から物事を見ることができるようになります。

この先生は，読書をするときに心がけるべきことは何だと言っていますか。
1．読書をしやすい場所を見つける。
2．多くの人に読まれている本を選ぶ。
3．なるべく難しい本に挑戦する。
4．1冊の本をじっくり読む。

スクリプト

14番　男子学生と女子学生が，英語教育について話しています。この女子学生によると，英語を小学生のうちから始めることに反対している人は，どのような考えを持っていますか。

男子学生：僕たちは中学生になってから英語の勉強を始めたけど，今は小学生のうちから英語の勉強を始めるらしいね。僕も小学生のうちから塾に通って英語の勉強を始めておけばよかったなぁ。
女子学生：私もそう思うよ。でも，中には英語を小学生のうちから勉強させることに反対している人もいるんだよ。
男子学生：え，そうなの？　どうして？
女子学生：英語は大事だけど，英語の勉強を小学校から始めることになると，私たちの母国語である日本語の勉強がおろそかになると不安に思ってるみたい。
男子学生：なるほどね。
女子学生：それに，日本語をきちんと理解してから英語を理解したほうが効果が高まるとも思っているみたい。
男子学生：確かにその考えもあるけどね。

この女子学生によると，英語を小学生のうちから始めることに反対している人は，どのような考えを持っていますか。
1．小学校より塾で勉強させたほうが効果が高い。
2．日本で暮らすのだから英語を学ぶ必要はない。
3．小学生はまず母国語をしっかり学ぶべきだ。
4．小学生では英語に対する興味を持てない。

15番　防災センターの職員が，非常用の食料の蓄え方について話しています。この職員は，どのような食べ物を優先して蓄えるべきだと言っていますか。

　大きな災害が起きると，水道やガス，電気などのライフラインが止まってしまいます。そのため，最低でも３日分くらいの食料は蓄えておくようにしましょう。
　災害用の食べ物といえば，ビスケットや乾パンなどを思い浮かべる人が多いと思います。確かに，これらの乾燥した食べ物は長期保存ができて便利ですが，今日，私が特に皆さんに伝えておきたいのは，ビニールパックや缶に入ったおかゆを保管しておくことです。というのも，命を守るために欠かせない水分を一緒に摂ることができるからです。インスタントラーメンなどは，食べると体が温まってよいのですが，災害時には調理するためのお湯が手に入らないことがあります。食べ慣れたお菓子も，あると気持ちが落ち着くかもしれません。しかし何よりも，命を守るために重要な食べ物を優先して蓄えるようにしてください。

この職員は，どのような食べ物を優先して蓄えるべきだと言っていますか。
1．ビスケットなどの乾燥している食べ物
2．インスタントラーメンなどの体が温まる食べ物
3．食べ慣れたお菓子などの気持ちが落ち着く食べ物
4．おかゆなどの水分の多い食べ物

スクリプト

16番　女子学生と男子学生が，女子学生のプレゼンテーションについて話しています。この女子学生は，このあと，何を書き足すと言っていますか。

女子学生：さっきの授業でプレゼンテーションをしたんだけど，担当の先生に見てもらったら修正してくるように言われたんだ。
男子学生：そうなんだ。課題の内容はどういうものだったの？
女子学生：教科書に書いてある事例を一つ選んで，そこにどういう問題があるのかを書くんだ。そのときに，「日本の税金の現状」についても触れる必要があるの。
男子学生：君のプレゼンテーションの資料を見ると，「日本の税金の現状」は詳しく分析できているよね。
女子学生：そうなんだよ。何が良くなかったんだろう。
男子学生：ここじゃないかな。現状についてはしっかり書いてあるけど，自分が選んだ事例にはどんな問題があるのかが，はっきり書けていない気がするよ。
女子学生：なるほど。ありがとう。早速今から，そこを詳しく書いてみるよ。

この女子学生は，このあと，何を書き足すと言っていますか。
1．選んだ事例に含まれる問題点
2．選んだ事例に対する解決策
3．日本の税金制度の歴史
4．日本の税金の現状

17番　先生が，生物の多様性が失われる原因について話しています。この先生が説明している三つの原因の，具体例とは言えないものはどれですか。

　日本の生物の多様性が失われていると言われています。日本に暮らす生物の種類が減っているのです。それには大きく分けて三つの原因があります。
　第一に，人間が，土地の開発によって自然環境を破壊していることです。これによって棲む場所を奪われた生物は多くいます。
　第二に，田んぼや里山のような，人間と生き物たちの共存する場所が少なくなっていることです。田んぼに棲む生物は，人間が田んぼを使わなくなると，棲む場所を失うことになります。
　第三に，人間が外国から日本に存在しない生物を連れてくることです。この，外国から来た生物によって，日本の生物が絶滅の危機にさらされることもあるのです。

この先生が説明している三つの原因の，具体例とは言えないものはどれですか。
1．都市をつくるために山の木を切る。
2．海外の珍しい動物を買い，連れてくる。
3．地球温暖化によって台風の数が増える。
4．田んぼや畑をゴルフ場につくり替える。

18番　女子学生と男子学生が，経済学について話しています。この女子学生は，最初に，どんな方法で経済学を学習すると言っていますか。

スクリプト

女子学生：ちょっと悩みがあるんだけど，聞いてもらってもいい？
男子学生：うん，いいよ。どうしたの？
女子学生：来年，経済学の授業をとるつもりなんだけど，まずは自分で経済学について学んでおこうと思うの。でも何から手をつけていいのかがわからないんだよね。何かいい方法を知っていたら教えてもらえないかな。
男子学生：僕はまず内容が簡単な本を読むことから始めたよ。いきなりレベルの高い専門書を読もうとしても，知識が不足していると途中でついていけなくなるからね。最初はあせらずに，簡単な本を読んで少しずつ知識を身につけていけばいいと思うよ。
女子学生：私もそうするよ。
男子学生：それから，インターネットを使って勉強するときは注意が必要だよ。インターネットを使えば手軽に調べることができるけど，情報が正確ではないことが多いから，あまりお勧めはしないな。
女子学生：わかった。教えてくれてありがとう。

この女子学生は，最初に，どんな方法で経済学を学習すると言っていますか。
1．大学の授業で使うテキストを読むこと
2．自分の知識量に合う本を読むこと
3．高度な内容の専門書を読むこと
4．インターネットを使って勉強すること

19番　先生が，マーケティングについて話しています。この先生は，マーケティングで一番重要なことは何だと言っていますか。

　マーケティングについて，どのようなイメージを持っていますか。広告でお客さんの感じ方や考え方をコントロールして商品を売る。そんなイメージを持ってはいないでしょうか。
　しかし，マーケティングとは本来，お客さんにとって本当に必要なものを理解して，それを商品やサービスという形にして提供する活動のことなのです。まず，お客さんが「こういうものがあったら便利だな」と何気なく思っていることは何かを調査し，分析します。その結果を踏まえて，お客さんが本当に必要とする商品を開発します。そして商品の内容が適切に伝わる広告によって，お客さんに商品を知ってもらいます。この一連の流れがマーケティング活動なのです。このように，本来のマーケティングとは，お客さんを第一に考えるものなのです。

この先生は，マーケティングで一番重要なことは何だと言っていますか。
1．広告でお客さんの考え方を変えていくこと
2．マーケティングをする自分に自信を持つこと
3．常に最新の商品をお客さんに紹介すること
4．お客さんにとって必要なものを理解すること

20番　先生が授業で，ある実験の結果について話しています。この先生は，人間の子供についてどのようなことがわかったと言っていますか。

人間は成長するにつれて，言葉を覚え，人間らしい，知的で社会的な行動ができるようになります。しかし，自然にそうなるわけではありません。

ここに興味深い実験があります。生後1年にも満たない人間の子供とチンパンジーの子供を兄弟のように一緒に育てたのです。すると人間の子供は，まるでチンパンジーのような行動をし始め，意思疎通をするときも，うなったり吠えたりするだけで，人間の言葉をほとんど使いませんでした。

この結果から，人間は，人間らしい言葉やふるまいを本能として身につけているのではなく，置かれた環境に応じて，それらの能力を身につけていくことがわかりました。

この先生は，人間の子供についてどのようなことがわかったと言っていますか。
1．人間らしい行動は本能的なもので，環境による影響は少ない。
2．行動や言語の習得は，身近な仲間や環境の影響を強く受ける。
3．行動や言語の学習能力は，チンパンジーよりも低い。
4．自分と同じ種類の動物のふるまいを選んで習得する。

21番　女子学生と先生が，アンケートの方法について話しています。この女子学生は，このあと何をすると言っていますか。

女子学生：ボランティア活動に対する意識調査のアンケートをまとめている途中なんですが，結果のまとめ方に迷っています。グラフを円グラフにしてみたのですが，帯グラフのほうがわかりやすいでしょうか？
先　　生：うーん，これはアンケートをやり直したほうがいいんじゃないかな。
女子学生：え，どうしてですか？　先生がおっしゃっていた人数よりも多く調べました。年代別に話を聞きましたが，もっと他の年代の人にも協力してもらったほうがよかったでしょうか？
先　　生：いや，そういうわけじゃないよ。確かに20代から60代の人の意見を偏りなく調べてはあるけど，これ，どこでアンケートを行ったの？
女子学生：先週，私の住んでいる町で，ボランティアによるごみ拾いがありました。そこに集まっていた人に協力してもらったんです。
先　　生：それだと，ボランティアに協力的な人の意見しかわからないよね。どこでアンケートを行うかが問題だよ。
女子学生：わかりました。やり直してみます。

この女子学生は，このあと何をすると言っていますか。
1．駅などの，普通の人が行き交う場所でアンケートを行う。
2．帯グラフを使って，アンケート結果をまとめなおす。
3．10代や70代以上の人にもアンケートに協力してもらう。
4．他の地域のボランティア団体の人にアンケートに協力してもらう。

22番　先生が，コンビニエンスストアの戦略について話しています。この先生が紹介しているコンビニエンスストアの戦略はどれですか。

大手のコンビニエンスストアチェーンが，最近少し変わったお店を出しています。お店の中に椅子や

スクリプト

テーブルがあったり，肩を揉む機械があったり，朝早い時間には，高齢者の好きな食品を集めて売る朝市を開いたりしています。実はこのコンビニエンスストアは，地域に多く住んでいる高齢者を主な利用者として作られた店舗なのです。

その他にも，いろいろな変わったお店があります。例えば，私が先日行った観光都市のコンビニエンスストアには，その土地のお土産が置いてありました。これは，観光客を主な利用者として考えている取り組みです。皆さんも，自分がよく行くコンビニエンスストアの特徴を探してみると，なにか面白い発見があるかもしれません。

この先生が紹介しているコンビニエンスストアの戦略はどれですか。
1．商品の価格を低く抑える戦略
2．安全でおいしい食品を売る戦略
3．利用者の特徴に合わせた店作りをする戦略
4．利用者が立ち寄りやすい場所に店を作る戦略

23番　先生が，心理学の授業で，怒りという感情について話しています。この先生は，人はどうして怒ると言っていますか。

人は誰でも，誰かに突然怒られたり，逆に，自分の感情のままに誰かに対して怒るといった経験があると思います。人は，どうして怒ってしまうのでしょうか。

例えば親は，子供の学校での成績が悪いと，その子供に対して怒るということがよくあります。これは，自分の大切な子供の将来が心配だという気持ちの裏返しです。また，仕事をしていて，部下が失敗すると，上司が部下に対して怒るという場合もあります。会社では，自分がリーダーを務めるチームが仕事で成果をあげられない場合，自分が昇進できなかったり，最悪の場合，会社から仕事を辞めるように言われることがあります。そのため，うまくいかなかったらどうしようと思う気持ちが生まれ，相手に対して怒りをぶつけてしまうのです。

怒りを完全になくすことはできなくても，怒りを引き起こす自分の気持ちを見つめ直すことによって，冷静さを取り戻す心がけが大切です。

この先生は，人はどうして怒ると言っていますか。
1．相手と良い関係を築きたいから
2．不安や心配を抱えているから
3．相手が悪いことをするから
4．恥ずかしさを隠したいから

24番　先生が，会議で使う資料について話しています。この先生の話によると，良い資料とはどのような資料ですか。

大学や企業の会議では，資料が配られることがあります。いろいろな会議に出席してきて，資料の質によって内容の分かりやすさが大きく異なることに気がつきました。

それでは，分かりにくい資料の特徴は何でしょうか。一言で言えば，余計なものが多いということです。例えば，文の下に引かれる，下線の数が多すぎるということが挙げられます。これでは，線の引か

れた言葉を強調するという，下線の本来の役割を果たせていません。同じ理由で，記号を多用することもおすすめできません。また，色分けが多いのも分かりにくい資料にありがちです。色分けをする明確な理由があれば良いのですが，内容に関係なく，見栄えが良いと思って色をつけていることが多いようです。自分では工夫しているつもりでも，かえって内容を分かりにくくしているのです。

この先生の話によると，良い資料とはどのような資料ですか。
1．文章の重要な部分だけに下線を引いてある資料
2．多くの色が使われていて見栄えが良い資料
3．さまざまな記号を使って内容を示してある資料
4．文章が少なく，早く読み終えられる資料

25番　女子学生と男子学生が，アルバイトについて話しています。この男子学生は，アルバイトに応募するために，最初に何をしなければなりませんか。

女子学生：このポスターを見て。入学試験の試験監督のアルバイトを募集しているよ。応募してみようかな。
男子学生：へえ，いいね。僕も応募しようかな。
女子学生：募集要項の条件は満たしているの？
男子学生：ええっと…，学部の3年生以上で，12月15日までに，入試課に応募書類を提出すること。1月20日に行われる事前説明会に参加できること。うん，大丈夫だと思う。
女子学生：でも，確か，ゼミに入っていなかったよね。
男子学生：そうだよ，入りたいゼミの抽選に落ちちゃったから。
女子学生：応募には，ゼミの教授の推薦状が必要と書かれているよ。
男子学生：ほんとだ。そうか，困ったなぁ。
女子学生：あっ，でも，ゼミに入っていない学生は学生課に相談するように書かれてる。
男子学生：そうか，じゃあ，行って話をしてみようかな。
女子学生：私は明日，ゼミの先生に推薦状をお願いしてみる。

この男子学生は，アルバイトに応募するために，最初に何をしなければなりませんか。
1．ゼミの先生に推薦状を書いてもらう。
2．事前に行われる説明会に参加する。
3．入試課に応募書類を提出する。
4．学生課で応募条件について相談する。

26番　先生が，記憶力について説明しています。この先生は，記憶力を上げるためには，どうするのが一番良いと言っていますか。

　皆さんは勉強をしているとき，覚えるべき内容がなかなか頭に入らないことはありませんか。そんなとき，もっと楽に覚えられたらいいのに，と考えることがあると思います。
　では，一般的には，どうすれば覚えやすくなるのでしょうか。まず，脳の記憶の仕組みを理解することから始めましょう。脳の中には記憶を形成する場所があります。海馬と呼ばれる場所です。海馬が，覚

スクリプト

えるべき情報なのかを判断する基準は，その情報が繰り返し入ってくるかどうか，ということです。その情報が繰り返し入ってくるのなら，この情報は覚えるべき内容だと海馬が判断するのです。そのため，何かを覚えようとするときは，その情報に接する回数を増やすことをおすすめします。例えば英単語を覚えるとき，声に出して読んだり，例文を作ったりと工夫をすると思いますが，それらは何度も行ってこそ，効果を発揮するのです。

この先生は，記憶力を上げるためには，どうするのが一番良いと言っていますか。
1．覚えたい情報を何かと関連付ける。
2．覚えたい情報に繰り返し触れる。
3．覚えたい情報を声に出して耳に聞かせる。
4．覚えたい情報を寝る前に見る。

27番　先生が，猫について話しています。この先生は，猫を飼う人が増えている一番大きな理由は何だと言っていますか。

　最近，猫を飼う人が増えています。その背景には，少子化が進み，家族と呼べる人の数が減っているという社会の変化があると考えられます。家族の代わりに愛情を注ぐ対象として，猫が選ばれているのです。また，共働きが増えている現在の日本では，散歩の必要がない猫が飼いやすいという事情もあります。
　しかし，理由は他にもあります。猫と飼い主の関係性です。猫は懐きにくい動物であり，飼い主がどれほど可愛がっても，猫が飼い主に愛情を抱くとは限りません。飼い主は一方的に猫に愛情を注ぐだけですが，猫好きな飼い主にとっては，それでよいのです。このような関係は，人間同士では，なかなか成立しないでしょう。このような珍しい関係を持てることが，猫ブームの大きな原因ではないかと私は考えています。

この先生は，猫を飼う人が増えている一番大きな理由は何だと言っていますか。
1．猫との独特の関係を好む人が多いから
2．猫は，世話をすれば愛情を返してくれるから
3．猫は，世話をするのが比較的簡単だから
4．少子化が進み，家族がいない人が増えたから

第9回

1番　先生が授業で，山の管理形態について話しています。この先生が直接解決しようとしているのは，図のどの部分に最も関係することですか。

　日本のある地域では，山の所有者が近隣に住んでいないことが多いため，山の保護や管理を他の人に委任する「山守」という制度があります。山守は，所有者から管理費用などを受け取って山を管理する専門家です。ところが，この山守の制度がうまくいかなくなってきています。それは，外国から安い木

材が輸入されるようになり、この地域の木材が使われなくなったことが根本的な原因です。木材が出荷されないため、山の所有者は利益を得られず、山守に渡すお金も少なくなりました。その結果、山守になる若い世代がどんどん減り、人材不足に陥っているのです。

私は山守制度を守るため、根本的な問題の解決を目指しています。つまり、日本国内の木材の需要が増えるよう、方法を考えていきたいと思います。まずは、この地域の木材の良さを知ってもらうために、展示会を開いたり、建築関係者と一緒に勉強会を開くつもりです。

2番　先生が、情報の伝え方について説明しています。この先生が最後にする質問の答えはどれですか。

情報をわかりやすく伝えるにはどうしたらよいでしょうか。資料1は、大学が行っている取り組みについて、大学のパンフレットに載せようと作ったものです。しかし、単に取り組みを並べただけでは、大学の取り組みの特徴が十分に伝わりません。特徴を明確に相手に伝えるためには、取り組みを内容ごとに分類して示すのがよいでしょう。

今回は、大学が取り組んでいる内容について、資料2の3つのキーワードで分類しました。このキーワードにしたがって、資料1の取り組みを分類していきましょう。まず「スポーツ」というキーワードに基づいて分類してみると「スポーツウェア企業との連携」と「体育各部の設置・強化」があります。次の「経済支援」には、まず「被災者への緊急奨学金」が入りますね。そしてここに入る取り組みがもう一つありますが、それはどれでしょうか。

3番　男子学生と女子学生が、企業の戦略について話しています。この男子学生はどのような戦略で飲み物を売るのが良いと考えていますか。

男子学生：ねえ、このマス目の並んだ図は何を示しているの？
女子学生：これは、企業がどの商品をどの大きさの市場で売っているかを示したものだよ。企業が参入しているところには丸が書いてあるんだ。
男子学生：そうなんだ。すべての市場ですべての商品を売れれば企業は成功したってことだね。
女子学生：そうとも言えないんじゃないかな。すべての市場に売るってことはそれだけ費用が必要なんだよ。費用と収益のバランスがいいことが重要なんだよ。
男子学生：確かにそうだね。
女子学生：それにいきなり大きな市場に参入することも難しいと思う。例えば、飲み物を大きな市場で売ろうとしても、生産設備が整っていなかったら、商品を販売する量だけ作るのは難しいと思う。
男子学生：うん。はじめは小さい規模で、商品の種類も少ないところから始めて、事業を徐々に拡大していくのがいいね。
女子学生：そうだね。最終的には、すべての市場で流通させるよりも、一番売り上げが多い市場にターゲットをしぼって、いろんな種類の商品を売るのが良いと思うんだ。
男子学生：うん。僕もそれに賛成だよ。

4番　先生が授業で、3Dプリンターについて話しています。この先生がこのあと説明するのは、どのプリンターについてですか。

スクリプト

　3Dプリンターとは，3次元のデータをもとに立体物を作り上げる機械で，試作品の作成や，模型の作成など，さまざまな用途に用いられます。3Dプリンターは方式の違いによりいくつかの種類に分かれます。

　今回は4つの方式の長所と短所を説明します。まずFDMという方式は，素材を熱で液状に溶かして形を作り上げます。この方式で作ったものは比較的頑丈ですが，表面の見た目が滑らかになりません。次にマテリアルジェッティングという方式は素材を紫外線で固めることで形を作ります。見た目が美しい製品を作れますが，太陽光にさらされ続けると劣化し，それほど頑丈ではありません。バインダージェッティングという方式は，液体状の薬を噴射して，粉末を固めることで形を作りますが，見た目がざらついた感じになり，また頑丈でもありません。ではこれから，残りの一つの方式について説明していきます。

5番　経営学の授業で先生が，不正の発生について話しています。この先生が話の最後に挙げる対策は，図のどれに対するものですか。

　不正が起きる要因は3つあると言われています。この要因を，企業の情報を他の会社に売っていた，ある会社員を例にとって説明します。

　動機とは，不正を行う理由です。彼は会社からの給与が少なく，生活に困っていました。ですので，不正を犯す理由はあったようです。機会とは，不正ができる環境のことです。彼は，会社の情報の管理を1人で行っており，不正ができる環境にありました。最後の要因は正当化です。これは不正を悪いことだと考えないようにすることです。彼は自分に対する会社からの評価が低いと考えていました。能力を認められず，給与も低いのだから，情報を売って対価を得るぐらいかまわないと考えることで，自分を正当化していたのです。

　不正を防止するには，これらの要因をなくすことが必要です。例えば，この場合では，情報を複数人で管理するなどの対策が考えられます。

6番　先生が，生物学の授業でミミズという動物について話しています。この先生の話によると，ミミズが移動した場所は，図のどこですか。

　ミミズは体内に水分が多い動物です。この実験ではミミズが生活する土壌の水分量について注目します。ミミズは，水分の多い所を好み，移動します。しかし，土壌の水分量の差が100gまでだと，自分のいる場所に留まり続ける傾向にあります。なぜなら，水分量があまり変わらない環境で移動すると，それだけ自分のエネルギーを使わなくてはならないからです。

　体内の水分が多いことは，明るい場所を好むか，暗い場所を好むかということにも影響します。明るい場所は暗い場所と比べて気温や土壌の温度が高くなる傾向にあります。温度が高くなるとミミズの体内からより多くの水分が蒸発する可能性があり，ミミズにとっていいことではありません。ですから，そのような場所から離れられる状況であれば，ミミズはその環境から逃げようと移動します。

7番　先生が授業で，組織の形について話しています。この先生の話によると，以前，この大学の学生が作った会社の組織は，どの形ですか。

　組織には，特にリーダーを置かず，同じ立場で相互に連携しているものや，何人かの中心メンバーが

いて，リーダー的役割を果たしているものなどがあります。中心メンバーが複数いる組織は，意思決定の際に話し合いが必要なので，通常，決定に時間がかかります。意思決定が速いのは，一人のリーダーが中心にいて，他のメンバーがその人に直接つながる形で組織を作っている場合です。また同じように一人のリーダーを置く場合でも，リーダーに直接つながる人から，さらに枝分かれして人がつながっていく形の組織もあります。

　以前この大学で，学生が会社を立ち上げましたが，ビジョンを共有できる数人の中心メンバーがいて，そのメンバーそれぞれに補助的役割をする人がいるという形の組織でした。中心メンバーが頻繁に顔を合わせることで，組織上の弱点をカバーし，素早い意思決定ができていたようです。

8番　女子学生と男子学生が，表を見ながら資格試験について話しています。この女子学生が申し込む試験はどの資格試験ですか。

女子学生：ねえ，何か資格って持ってる？
男子学生：いや，まだ持っていないんだよ。就職活動にも使えそうだし，大学を卒業するまでには一つぐらい持っておきたいと思っているんだけど。
女子学生：私もそう思って，年明けに行われる資格試験について調べてみたんだけど，どれがいいのかな。
男子学生：そうだなぁ，僕だったら，英語についての試験を受けるかな。
女子学生：どうして？
男子学生：大学の勉強とも合っているし，大学生でも取ることができるからね。
女子学生：そっか。私も，学生の間の，勉強に集中できる時期に資格取得を目指したい。それに，資格があると就職活動でも有利だから，2月中には，資格を取得したって言えるようにしたいな。3月から就職活動を始めるつもりなんだ。
男子学生：それなら，この資格がいいと思うよ。
女子学生：そうだね。インターネットで申し込みができるみたいだから，すぐに申し込むよ。

9番　先生が授業で，記憶に関する実験について話しています。この先生が説明している実験の結果をグラフで表すと，どのようになりますか。

　人間の記憶についての興味深い実験を紹介します。まず，実験への参加者30人を10人ずつに分け，A，B，Cの3つのグループを作ります。次に，各グループに犬の1日を追った映像を見せ，それぞれに違ったお願いをします。Aグループには，「犬のことを覚えておいてください」とお願いします。Bグループには，「覚えても覚えなくても，どちらでもかまいません」と伝えます。そしてCグループには，「絶対に覚えないでください」と伝えます。そして数か月後，参加者を集めて映像について尋ねるテストをしました。この結果，犬の映像を最もよく覚えていたのは「覚えないでください」と言われていたグループで，平均点が90点を超えていました。記憶が最も曖昧だったグループは，覚えているように言われたグループでした。この実験は5回行いましたが，ほぼすべての実験が同じ結果でした。この実験から，覚えるように言われたほうが覚えられないということがわかりました。

10番　先生が，情報サービス産業について話しています。この先生が，今後，作業を行う場所が変更されると考えているのはどの工程ですか。

スクリプト

　今日は情報サービス産業の分業体制について説明します。この図は，顧客が望むシステムの内容を聞き出し，何をするのかを決める「要件定義」という工程から，システムを実際に使えるようにする「運用」という工程までの流れを示しています。そして，現在その作業がどこで行われることが多いのかを，都市と地方に分けています。要件定義，大まかな設計などは顧客の企業が実際にある場所で行うほうがよいため，企業が集まる都市で行われることが多いのです。

　一方，細かい設計や開発という工程は顧客が近くにいなくてもパソコンがあれば行える作業なので，都市でも地方でも行うことが可能です。しかし，地方の人口が減ってきており，地方にはシステムに関して知識が豊富な人材も少ないのが現実です。今後は，あらゆる工程を，人口が集中している地域で行う必要が出てくるのではないかと考えています。

11番　先生が心理学の授業で，ストレスについて話しています。この先生が最後にする質問の答えはどれですか。

　ストレスの原因となるものをストレッサーと呼びますが，この図は，ストレッサーによる，私たちの体の抵抗力の変化を示しています。

　まず，ストレッサーにさらされた直後には，抵抗力が一時的に下がるショック相という時期があります。しかし徐々に防衛反応が整ってきます。この時期は，反ショック相と言い，さらされたストレッサーだけでなく，他のストレッサーに対しても抵抗力が高まります。これらの時期を合わせて警告反応期といいます。その後，抵抗期と呼ばれる時期に入ります。抵抗期は警告反応期よりも抵抗力が増大しますが，すでにあるストレッサーにしか抵抗力が発揮されず，他のストレッサーに対しては抵抗力が低下しています。次の疲はい期となると，ストレッサーへの抵抗が長く続き過ぎたために，抵抗力が失われてしまいます。では，複数のストレッサーに対抗できる期間は，図のどこにあたりますか。

12番　先生が環境学の授業で，酸性雨について話しています。この先生が，知らない人が多いと言っているのは，図のどの部分に関することですか。

　酸性雨の原因は工場などから大気中に排出される大気汚染ガスです。これが大気中で化学変化を起こし，雨に溶け込むことで酸性雨になるのです。これはよく知られていますね。では，酸性雨によって木が枯れるのを防ぐためには，木に覆いをかければいいのでしょうか。

　実はそうではないのです。深刻な問題は，土の中で起こっているのです。土の中では，アルミニウムイオンというものが粘土性の鉱物と結合しています。しかし，酸性雨が降って土に浸透すると，この結合が壊れます。自由になったアルミニウムイオンは植物の根に吸着するため，植物は水や養分を充分に吸収できなくなります。これが木が枯れる大きな原因です。しかし，多くの人はこのことを知りません。これを知っていれば，酸性雨を避けるために木の葉の部分に覆いをかけても，あまり意味はないということがわかります。

13番　先生と学生が，高校生の読書量の変化について話しています。この学生は，最終的に，読書量が変化した一番大きな原因は何だと考えるようになりましたか。

先　　生：最近，学生の読書量が減っているということをよく聞くと思いますが，何が原因だと思いますか。

学　　　生：ゲームという人が多いですが，私は，そうではなくて，スマートフォンの普及が原因だと思います。
先　　　生：なるほど。では，具体的に，スマートフォンが普及したことによって，なぜ学生が読書をしなくなるのかを考えてみましょう。
学　　　生：昔は読書が娯楽というイメージがあり，暇があれば読書をしていたと思います。しかし，現在では，最も身近な娯楽はスマートフォンなのではないでしょうか。スマートフォンはいろいろなことをすることができるため，読書に取って代わったのだと思います。
先　　　生：そうですね。では，学生はスマートフォンで何をやっていることが多いと感じますか。
学　　　生：おそらく，インターネットにつなげて楽しむゲームだと思います。
先　　　生：ということは，読書量が減った原因は，多くの人の言う通りではないでしょうか。
学　　　生：あ，そう言われればそうですね。

この学生は，最終的に，読書量が変化した一番大きな原因は何だと考えるようになりましたか。
1．ゲームが読書に取って代わったこと
2．読みたいと思う本がなくなったこと
3．読書より友人関係に関心を持つようになったこと
4．スマートフォンにたくさんの機能があること

14番　先生が，会議での意思決定について話しています。この先生は，会議で下す判断が誤りやすくなるのはどうしてだと言っていますか。

　会議では，組織のメンバー全員で話し合って決めるため，個人で考えるよりも良い結論を出すことができると思われがちです。しかし，そうとも限らないことが，心理学の実験によって明らかになっています。皆さんも，議論が思いがけない方向に進んでしまい，結果的にリスクのある選択をしてしまったという経験があるのではないでしょうか。
　しかし，なぜこのような選択をしてしまうのでしょうか。それは，多くの人が集まって物事を決めると，物事を真剣に考えなくなってしまう傾向があるからです。話し合いに参加している人は，もしこの選択をして失敗してしまったとしても，みんなで決めたことなので，自分だけのせいではないと考えてしまうのです。そのため，最近では，会議の存在自体に疑問を持つ人が増えています。

この先生は，会議で下す判断が誤りやすくなるのはどうしてだと言っていますか。
1．リスクを恐れて，慎重になり過ぎてしまうから
2．立場が上の人の意見ばかりが採用されるから
3．一人ひとりの責任感が薄くなってしまうから
4．話し合いが長くなって，集中力が低下するから

15番　先生が，新しく開発されたビンについて説明しています。この先生は，新しいビンに関して，どのような課題があると言っていますか。

　これまで，ジュースやビールを入れるのに使われるビンは，重さが問題となっていました。流通業界や飲食店では女性や高齢者が働くことも増えているので，重いビンだと運ぶのが大変です。それだけで

スクリプト

はなく，重いビンを輸送するには多くのエネルギーを消費します。エネルギーを消費するということは，環境にも負荷がかかるのです。これらのことから，ビンの軽量化が望まれていました。

そして，ある企業が，ついにビンの軽量化を実現しました。新しく作られたビンは，従来のものよりも薄く，重さも2割ほど軽くなっています。ビンにコーティングを行っているので，薄くても割れにくいのです。ビンの軽量化は画期的なことですが，市場に出回っているビンの本数は大変多く，すべてを新しい軽いビンに切り変えるには，まだまだ時間がかかりそうです。この点が今後の課題と言えるでしょう。

この先生は，新しいビンに関して，どのような課題があると言っていますか。
1．薄いので割れやすいこと
2．環境への負荷が大きくなること
3．値段が高いこと
4．切り替えに時間がかかること

16番　先生が，教育学の授業で，勉強について話しています。この先生が最後にする質問の答えはどれですか。

勉強は，将来のために必要なことです。しかし子供は，勉強よりもゲームやテレビに夢中になり，なかなか勉強をしようとはしません。だからといって，子供に強制的に勉強をさせようとしても，子供は言うことを聞きません。

子供に勉強をさせるためには，子供にやる気を出させることが必要です。そのために，子供が喜びそうなごほうびを設定するという方法があります。その他にも，勉強のメリットや目的を伝えるという方法もあります。ただし，親にとってのメリットや目的をそのまま伝えても意味がありません。子供がイメージしやすいように，子供の視点に立って説明することが重要です。

では，質問です。親の言うことを聞かずに毎日ゲームばかりしている子供がいます。この場合親は，子供にどう言えばよいでしょうか。

この先生が最後にする質問の答えはどれですか。
1．「家でゲームばかりするなら，塾に行かせるよ」
2．「ゲームばかりしてないで，早く勉強しなさい」
3．「勉強をして，いい会社に入ってお母さんを安心させて」
4．「1時間続けて勉強できたら，ケーキを食べていいよ」

17番　男子学生と女子学生が，小学生の教育に関わるボランティア活動について話しています。この女子学生は，今やっているボランティアの活動目標は何だと言っていますか。

男子学生：1年前から小学生に国語を教えるボランティアをやっているんだって？
女子学生：そうなんだ。でも，国語の先生みたいなことをしているわけじゃないよ。小学生に，いろんな言葉に触れ合えるような遊びや本を紹介しているんだ。
男子学生：たくさんの言葉を教え込んで，成績を伸ばすことが目標なんでしょう？ 小学生の子どもたちはきっと嫌だろうな。

女子学生：結果として成績は上がるかもしれないけど，嫌がってる小学生はいないよ。この活動の一番の目標は，楽しんで言葉に触れてもらうことで，覚えさせようということじゃないの。
男子学生：そっか。楽しんで言葉に出会っていくうちに使える言葉が増えていくなんて素敵な活動だね。
女子学生：うん。学年ごとに，みんなが楽しんで参加できるように工夫しているんだ。

この女子学生は，今やっているボランティアの活動目標は何だと言っていますか。
1．小学生の成績を効率良く上げていくこと
2．楽しんで言葉に出会える場を設けること
3．小学生たちが仲良くなれる場を提供すること
4．学年に応じた言葉をたくさん暗記させること

18番　先生が，ヒトや動物の能力について話しています。この先生は，この話の中で，ゴリラという動物はどのような能力を持っていると言っていますか。

　今日は，人間と動物の能力を比べてみましょう。まず人間の能力の中で重要な柱となるものは言語ではないでしょうか。今のところ言語を自由に使いこなすことができるのはヒトだけだと言われています。また，「1」や「2」といった数字も言語に依存した数の認識です。つまり数の認識も言語能力があるからこそできるのです。
　では，言語能力がないと言われる，人間以外の動物は，数量を，まったく認知できないのでしょうか。実際は，そういうわけではありません。例えば，ゾウは3つのリンゴと4つのリンゴを見せると，どちらが多いかを理解することができます。つまり，初歩的な数の大小関係であれば，数を認知することができるのです。この能力については，チンパンジーやゴリラなどでも確認されています。

この先生は，この話の中で，ゴリラという動物はどのような能力を持っていると言っていますか。
1．言葉を自由に扱う能力
2．数を，言語に依存して認識する能力
3．数の大小を，相対的に把握する能力
4．他の種類の動物とコミュニケーションをとる能力

19番　先生が，社会学の授業で，ハイブリッド車について説明しています。この先生は，ハイブリッド車にはどのようなデメリットがあると言っていますか。

　ハイブリッド車とは，通常の自動車より排気ガスの排出量を削減した，環境に優しい自動車のことです。このハイブリッド車は，環境問題を解決するために作られた車として良いイメージがあります。確かに，燃料を効率良く使えたり，自動車に関する税金が安くなったり，音が静かであるなどの良い点があります。
　しかし，音が静かであるという点は，同時に問題点にもなります。というのも，ハイブリッド車が後ろから近づいても，歩行者がハイブリッド車の存在に気付かないことがあるからです。そのため，運転手も不注意で歩行者の存在に気付かなかった場合，歩行者と接触してしまう可能性があります。また，故障した時に修理にかかる費用が高いので，これも問題点だと言えます。

スクリプト

この先生は，ハイブリッド車にはどのようなデメリットがあると言っていますか。
1．車の発する音が小さい。
2．車を買うときの価格が高い。
3．自動車関連の税金が高くなる。
4．修理するのに時間がかかる。

20番　男子学生と先生が，ロケーションツーリズムについて話しています。この話の中で，男子学生と先生が心配しているのはどういうことですか。

男子学生：先週，アニメに出てくる町を旅行してきました。いわゆる観光地ではなかったのですが，楽しく観光できました。
先　　生：なるほど。ロケーションツーリズムと呼ばれるものですね。
男子学生：ロケーションツーリズムとは何ですか？
先　　生：映画やアニメに出てきた場所に行くことを目的とした旅行です。最近注目されていますよ。
男子学生：そういえば，アニメなどの舞台に行くツアーを組んでいる旅行会社もあるようです。
先　　生：ええ。旅行会社などの民間企業だけでなく，自治体もロケーションツーリズムを推し進めているんですよ。自治体の観光課が，SNSでアニメに関する投稿をしているケースもあるのです。観光客を呼び込めば，地域の活性化になりますからね。
男子学生：でも，そのようにして人を呼び込んでも，すぐ飽きられてしまいそうです。
先　　生：そう。そこが心配な点です。そうならないよう，自治体はアニメなどに頼り過ぎず，独自の魅力もアピールすることが必要です。

この話の中で，男子学生と先生が心配しているのはどういうことですか。
1．地域の伝統や文化が，アニメなどによって壊されてしまうこと
2．アニメなどを通じて得られる地域の活性化は長続きしないこと
3．自治体の観光課の活動が，SNSを通じて行われていること
4．観光について，民間企業と自治体が協力できていないこと

21番　先生が，仮装と心理について話しています。この先生は，仮装をするときの注意点としてどのようなことを言っていますか。

　仮装とは，仮面や衣装を使って，何かになりきることを言います。実在する人物や動物に仮装する人もいれば，そうでない人もいます。
　今日の授業では，仮装が人の心理に与える影響について考えてみたいと思います。例えば，あなたがお気に入りのキャラクターになりきるとします。自分が選んだ役柄になりきることで気分が高揚しますし，仮装という非日常感を楽しむことができるでしょう。
　一方で，仮装をするときに注意が必要なことがあります。それは，集団で同じような仮装をするときに特に起こりやすい，モラルの低下です。一説によると，個人が集団に混ざることで，個人のモラルは低下してしまいます。仮装による非日常感もあるため，衝動的な行動をしないよう注意しなくてはなりません。

この先生は，仮装をするときの注意点としてどのようなことを言っていますか。
1．モラルを保つために，実在の人物の仮装はしてはいけない。
2．仮装をするときは，その役柄になりきらなくてはならない。
3．モラルが低下するので，集団で同じような仮装をしてはいけない。
4．仮装をするときは，とくに，行動に責任を持たなければならない。

22番　先生が，AIについて話しています。この先生は，AIは今後，人間や社会にどのような影響を与えると言っていますか。

　AIが人間の能力を超えて社会に大きな変化をもたらす時代は，二十一世紀の半ばに到来すると言われています。今，脅威とされているのが，AIが人間の仕事や雇用を奪うという状況です。しかし，私はむしろ，その状況に希望を見出しています。
　私たちは一般に，働くことを前提に生きています。つまり，仕事を失えば生活に困るという社会の仕組みを当然のこととしているのです。しかし，AIが仕事を担うようになれば，人間の仕事が減り，仕事がなくても生きていける社会へと，その仕組みが転換する可能性があります。そういった社会が到来すれば，仕事を中心とした生活や価値観から解放されるでしょう。時間に追われることもなくなり，今よりも家族や友人と過ごす時間を大切にすることができ，有意義な生活を送れるのではないでしょうか。

この先生は，AIは今後，人間や社会にどのような影響を与えると言っていますか。
1．AIに仕事を奪われる人が増え，社会が混乱する。
2．家族や友人ではなく，AIに心を許すようになる。
3．価値観が変わり，精神的に豊かな生き方ができる。
4．働くことに楽しみや喜びを見出す人が増える。

23番　男子学生と女子学生が，取得する単位について話しています。この男子学生は，今学期は何単位を取得することにしましたか。

男子学生：あと1年で大学も卒業だね。
女子学生：そうだね。単位は順調に取れてる？
男子学生：それが，そうでもないんだ。うちの学部は4年間で最低124単位必要なんだけど，僕はまだ98単位しか取れていないんだ。
女子学生：そうなんだ…。今学期は何単位取る予定なの？
男子学生：実は，来学期は資格試験の勉強をしたいから，授業はあまり取れないと思うんだ。だから，今学期に20単位は取っておきたいと思っているよ。
女子学生：そっか。来学期は，他にやりたいことがあるんだね。じゃあ，今学期の単位はもっと増やすべきじゃない？
男子学生：確かに。じゃあ，あと4単位増やそうかな。
女子学生：せっかくだから，もう2単位ぐらい増やしたら？
男子学生：そうだね。そうしてみるよ。

この男子学生は，今学期は何単位を取得することにしましたか。

スクリプト

1. 18単位
2. 20単位
3. 24単位
4. 26単位

24番　先生が，直感について話しています。この先生は，直感力を高めるためには，どうすればいいと言っていますか。

　さまざまな分野で成功している人たちは，優れた直感力を持つと言われています。ここで私が説明する直感力とは，ひらめきをもたらす力のことを言います。ひらめきといっても全く偶然にアイデアが頭の中に浮かぶものではありません。経験や思考が下地になっています。つまり，経験や思考を重ねることが感覚を磨き，その感覚が，ふとした瞬間にひらめきをもたらすのです。そしてひらめきは，リラックスして脳を休ませているときに生まれやすいと言われます。
　直感力を高めるために重要なのは，先入観を排除することです。なぜなら，先入観を排除することによって，より自由な発想が可能になるからです。経験の少ない若い人のほうが直感力に優れていると言われるのは，ひらめきの妨げになる先入観が少ないからだと考えられています。

この先生は，直感力を高めるためには，どうすればいいと言っていますか。
1. 知識や経験に基づいた先入観をもつ。
2. 物事に対して，柔軟な見方をする。
3. 物事を論理的に考えることをやめる。
4. 自分を追い込んで緊張感を高める。

25番　先生が，スズメバチというハチについて話しています。この先生は，スズメバチの巣にはどのような特徴があると言っていますか。

　スズメバチの巣といえば，丸い大きな巣を思い浮かべますが，今日は巣がどのような作りになっているのかを詳しく説明したいと思います。
　スズメバチの巣は，スズメバチがかじり取って運んできた木の繊維などから作られています。壁が何層にもなっていて，通気性にも優れ，中の温度は一定に保たれています。しかも水をはじくので，雨や風にさらされても，巣が壊れにくいのです。巣には，スズメバチが出入りするために多くの穴があるように思っている人もいますが，実は穴は一つだけです。そして，その穴の大きさは昼と夜で変えられるようになっていて，スズメバチが活発に動いている昼間には大きく，夜には小さくなります。そしてその穴には常に見張り役のスズメバチがいて，巣を守る役割をしています。この見張り役がいるおかげで，外部の敵に，素早く対応できるのです。

この先生は，スズメバチの巣にはどのような特徴があると言っていますか。
1. 穴の大きさは時間帯によって異なる。
2. 夜は敵が侵入しないように穴を閉じている。
3. 見張り役のハチは夜にのみ存在する。
4. 多くの穴があるが，使う穴は一つだけである。

スクリプト

26番 男子学生と女子学生が，頭痛について話しています。この女子学生は，頭痛に悩まされているときにはどうすればいいと言っていますか。

男子学生：さっきの授業の途中から，ずっと頭が痛いんだ。少しは良くなってきたけど…。今日は帰ったら早めに寝るよ。
女子学生：大丈夫？ 病院には行かないの？
男子学生：うん，行かない。今日は近所の病院が休みだし，家に頭痛薬があるからそれを飲むよ。いつもそうしてるんだ。あんまり効かないけど…。
女子学生：そういえば，よく頭痛がするって言ってるよね。薬にばかり頼るのも良くないと思うよ。薬の効き目も感じられないようだし，頭痛に効くツボを押してみたらどう？
男子学生：ツボ？
女子学生：うん。頭痛が起きたときに，それを楽にするツボがあるの。こめかみや，手にあるツボを押すと結構楽になるよ。
男子学生：へぇ，それなら授業中でも自分でできるね。
女子学生：うん。授業中や試験前に頭痛がするときは，私は，薬は飲まずにそれで乗り切ってる。薬を飲むと眠くて勉強できなくなるから。
男子学生：なるほどね。ゆっくり休むのがいいんだろうけど，なかなかそうもいかないもんね。

この女子学生は，頭痛に悩まされているときにはどうすればいいと言っていますか。
1．横になって安静にする。
2．頭痛に効く薬を飲む。
3．ツボを押してくれる病院に行く。
4．頭痛が和らぐツボを押す。

27番 先生が，リーダーシップについて話しています。この先生は，上司としてリーダーシップを発揮するためには，どうすればいいと言っていますか。

　上司としてリーダーシップを発揮することは，仕事を効率良く進めるために必要なことです。しかし，リーダーシップを発揮できず，社員をうまくまとめることができないことに悩んでいる人が多くいます。
　リーダーシップを発揮するには，部下が感じていることを読み取る必要があります。多くの部下は，上司に対して，自分の仕事ぶりを認めてほしい，仕事を進めるうえで自分が欠かせない存在だと思ってほしい，と考えているはずです。そのような部下に対して，問題点ばかりを指摘して叱り続けることは，部下の意欲をそぐことになります。
　むしろ，部下に対して，「君ならできるよ」と言って仕事を任せることが，リーダーシップを発揮する一番の方法だと思います。それによって，部下の意欲を高めることができ，社員のまとまりも良くなって，仕事が効率良く進むようになります。

この先生は，上司としてリーダーシップを発揮するためには，どうすればいいと言っていますか。
1．部下が仕事をしやすいように，細かく指示を出す。
2．仕事上の問題点を，明確に部下に伝える。
3．部下を信頼し，仕事の判断をある程度任せる。

スクリプト

4. 部下と親しくなり過ぎないように気をつける。

第10回

1番　先生が，観光学の授業で，ある観光地について話しています。この先生が最後にする質問の答えはどれですか。

　ある観光地は観光客が減少しており，対策を講じることが求められています。そのためにはまず現状の分析が必要ですが，その方法の一つに，分析対象の内部環境と周囲の状況，つまり外部環境をそれぞれ分析するというものがあります。内部環境については「強み」と「弱み」，外部環境については「機会」と「脅威」に分けて考えます。
　では実際に，ある観光地の現状を分析してみます。この観光地は，かつては多くの観光客を集めていましたが，年々，周辺の観光地との競争が激しくなっています。周辺の観光地が積極的に宣伝を始めたこと，そして，この観光地には外国人向けの観光ガイドやWi-Fiサービスが少なく，素晴らしい文化財があってもそれを活かせていないといったことが挙げられます。これらの状況を，図に当てはめてみましょう。例えば，文化財の案内サービスが整っていないという点は図のどこに当てはまりますか。

2番　先生が授業で，屋根の作り方について話しています。この先生が最も高く評価している屋根はどのタイプですか。

　屋根は雨や雪から家を守るという重要な要件を満たしている必要があります。今日は，日本によくある4種類の屋根についてみていきます。
　「切妻屋根」は，屋根の頂上部から2面が下降している屋根で，単純な構造なので雨に耐え，丈夫です。「片流れ屋根」は流行のデザインで，屋根が一枚のため，雨漏りが少ないことが特徴です。「方形屋根」は，一つの頂点から四面が同じ角度で傾斜した屋根のことです。複数の面があることから，結合部分で雨漏りが発生する可能性が高く，メンテナンスにも費用がかかります。「方形屋根」と同様に4つの面をもつ「寄棟屋根」という屋根もあります。この屋根は性質も「方形屋根」とよく似ています。このように屋根にはいろいろな種類がありますが，私は，雨に強いという要件を満たしているこの2つの屋根が最も理想的だと考えます。

3番　女子学生と男子学生が話しています。この女子学生は，このあと，どの会場を予約しますか。

女子学生：あ，いけない。来月のダンスの発表会の会場を予約するのを忘れてた。まだ，間に合うかな。
男子学生：まだ間に合うと思うよ。インターネットで調べてみようよ。日付は？
女子学生：4日。4日の午前。
男子学生：見て。まだまだたくさん空いてるよ。ダンスクラブの人数は30人ぐらいだったっけ？
女子学生：そうだよ。でも，観客はその3倍ぐらいの人数を想定しているの。
男子学生：それじゃあ，結構大きいホールじゃなきゃいけないね。えーと，午前ってことは12時まででいいのかな？

女子学生：終了時間は午後の1時にする予定なんだけど，そこまで空いているホールはないかな？
男子学生：一つあるけど，だいぶ客席が多いよ。大丈夫？
女子学生：大きい分には大丈夫だよ。早速予約の電話をするよ。助けてくれてありがとう。
男子学生：どういたしまして。

4番　学生が，実験結果について発表しています。この学生が，2つ目の実験を行う前に予想していた実験の結果はどれですか。

　今回の実験はあたためられた空気がどのようになるかを調べるというものでした。
　1つ目の実験では，フラスコの口にゆるく栓をして空気を閉じ込めました。ゆるくした理由は，栓をきつく締めるとフラスコが割れる恐れがあると先生に教えられたからです。そして，フラスコの口を上に向けてあたためました。すると，栓が少し上に動きました。このことから私はあたためられたフラスコの中の空気が上に動いて栓を持ち上げたのだと考えました。
　次の実験では，口を下に向けてフラスコをあたためました。1つ目の実験の結果から，フラスコの中の空気はあたためると上に動き，栓も同じ動きをすると考えていました。ところが実際には栓は押し出されてしまいました。
　この2つの実験から，空気はあたためると膨張してフラスコの外に出ようとするのでゴム栓を押し出すということがわかりました。先生が，フラスコが割れると教えてくれた理由もわかりました。

5番　先生が授業で，情報の安全性を高めるうえで考慮すべき三要素について話しています。この先生が最後にする質問の答えはどれですか。

　「情報セキュリティの三要素」とは，情報を脅威から守るうえで考慮すべき三つの要素のことです。まず，情報の内容を勝手に変更できないようにする必要があります。それから，情報を守るためには，認められた人しか情報を閲覧できないようにする必要があります。例えば，情報を閲覧できるパソコンを制限するなどの方法で外部からの閲覧を防ぎます。しかし，情報の自由度を縛ることは，情報の活用に支障をきたす恐れがあります。許可された利用者が，必要なときに情報を使えることも情報セキュリティを考えるうえで必要です。
　さて，ある企業では，在宅ワークを促進するために，情報を閲覧できるパソコンの幅を広げ，自宅のパソコンからでも情報を見られるようにしたところ，情報が改ざんはされなかったものの漏洩してしまいました。今までの説明によると，なぜこのようなことが起こったと考えられますか。

6番　先生が，アブラムシという虫について話しています。この先生が最後にする質問の答えはどれですか。

　ある種類のアブラムシは，社会性が高く，個体の役割が明確に分かれています。子孫を残す役割と兵隊のような役割です。子孫を残す個体は，脱皮をし，成虫となって卵を産み始めます。この個体は巣の外に出ることは稀です。
　一方，兵隊のような役割をする個体，ここでは兵隊アブラムシと呼ぶことにしますが，この個体は脱皮を行わず幼虫のままです。アブラムシは人工飼育すると20日程度生きられますが，生後10日目ぐらいまでの若い兵隊アブラムシは，巣の中の清掃を行います。そして歳をとるにつれて巣の奥から入口へと

スクリプト

移動し，巣の防衛を主な仕事にします。生まれてから15日以上経ったような個体は外敵と戦うためにもっぱら巣の外で働きます。このように，兵隊アブラムシは，生まれてからの日数で役割が決まっているのです。

では質問です。脱皮をしないままの，生まれてから16日目のアブラムシの役割を示しているのは，図のどこですか。

7番　先生が，スポーツ心理学の授業で，サッカーをするときの目の動きについて話しています。この先生が最後にする質問の答えはどれですか。

これらの図は，試合中の選手の視線を表しています。縦の欄は，自分の足元，相手チームの選手，味方チームの中のパスを送る相手，そして，味方チームのそれ以外の選手のうち，どこに視線を合わせているかを示しています。横の欄は誰がボールを持っているかを示しており，視線を合わせている部分に黒い色をつけています。

サッカーでは，足でボールを扱うため自分の足元を見る人が多いのですが，熟練した技術を持つ上級者はそうではありません。自分がボールを持っているときは，これからパスを送る相手のほうを見ていることがほとんどです。そして，パスを送った後，味方の選手がボールを持っている間は相手チームの選手の場所などを把握することが多いようです。

では上級者の視線の動きを示しているのは，どの図でしょうか。

8番　先生が，ある冷暖房のシステムについて話しています。このシステムにおける，冷凍機の使用法について適切に示している図はどれですか。

冷凍機とは何か知っていますか。冷凍機と言うと，物を凍らせるもののように考えてしまいがちですが，実際はそれ以外の目的にも活用されているのです。例えば，ビルなどの大きな施設の空調に使われます。大型施設で冷房を使うためには水を冷却することが必要で，冷凍機はその場面で使用されています。つまり，冷凍機は冷たい空気を作り出すのではなく，冷たい水を作り出すために使われるのです。

この技術を使った大規模な事例として，地域冷暖房システムがあります。地域冷暖房システムとは，ある一定の地域内にあるいくつかの建物に対して，1つの冷暖房設備を使うシステムのことです。このシステムによって，冷暖房を使う時に必要なエネルギーの効率化を図ることができます。今日はこの中でも冷房に焦点を当ててみていきます。

9番　男子学生と女子学生が話しています。この二人の話によると，男子学生の実家のある地域は，図のどの部分ですか。

男子学生：僕の実家がある地域では，桃やぶどうの栽培が盛んなんだ。
女子学生：へえ。でも，なぜ，果物の栽培が盛んなの？
男子学生：果物作りに向いている地形なんだよ。
女子学生：それはどのような地形なの？
男子学生：山の間の狭いところを通り抜けて流れて来た川が，盆地や広い平地に出た所に，土砂が堆積してできた土地なんだ。こういう土地を，扇状地（せんじょうち）っていうんだよ。
女子学生：それなら，私も見たことがあるよ。三角の形をした土地でしょう？　川が海に流れ出る所にも

あるよね。
男子学生：似ているけど，それは，三角州という別のものなんだ。
女子学生：そうなの？知らなかった。ところで，なぜ扇状地は果物作りに向いているの？
男子学生：扇状地のような地形は，山から流されてきた土砂がたまっているから，地面の水はけがいいんだ。果物作りには水が必要だけど，地面に水が溜まり過ぎると，果物の木の根っこが腐ってしまうんだ。君がさっき言ってた三角州は，水はけがあまり良くないんだよ。
女子学生：そうなんだ。

10番　先生が，公共事業を行う時に必要なコミュニケーションについて話しています。この先生が，来週の授業で説明するのは，図のどの部分ですか。

　公共事業を行う時には，近隣の住民と十分なコミュニケーションをとり，実施する事業について意見が一致している必要があります。コミュニケーションの手法は，図のように4つに分類することができます。
　まず，公共事業を行う目的や，近隣への影響を説明するため，説明会を設ける必要があります。しかし，住民が説明会に参加してくれるかどうか分かりません。そこで，回覧板や市のホームページなどで住民に情報を提供する必要があります。説明を聞いた人や情報を見た人たちは，様々な意見を持つことでしょう。ですから，互いの意見を交換する場所も必要になります。意見を交換することは，新しい選択肢を増やすことにもなるので，とても重要です。残りの一つについては，来週の授業で詳しく説明していくことにします。

11番　先生が，ある島の生態系について話しています。この先生は，どのような対策が必要だと言っていますか。

　この図は，ある島の生態系の一部を示したものです。アマミトゲネズミとハブはこの島の固有種であり，マングースとクマネズミは海外から持ち込まれた外来種です。実はマングースは，毒性が高く危険なハブと，外来種であり生態系を壊しているクマネズミを排除するために島に放されました。しかし，クマネズミやハブが夜行性であるのに対して，マングースは昼間に活動するため，期待通りにマングースがそれらを駆除することはなかったのです。
　代わりにエサになったのは，固有種であるアマミトゲネズミでした。マングースに食べられて個体数も減り，今では絶滅を危惧されています。このように，外から動物を連れて来ると地域特有の動物が危機にさらされるという問題が生じることがあります。この島でも，この問題を解決するために何らかの対策を講じる必要があります。

12番　先生が，授業で，マッハ効果について話しています。この先生が最後にする質問の答えはどれですか。

　色の濃さが急激に変化する境界の付近では，実際よりも色が明るく知覚されたり，逆に暗く知覚されたりすることが知られています。これを，マッハ効果と言います。例えば，資料1のAの方が，Bよりも色が暗く感じる人が多いようです。しかし，実際にはAもBも同じ色です。つまり，Aを実際の色よりも暗い色だと感じています。このような現象が起こるのは，人が，物の輪郭をはっきり捉えようとす

スクリプト

るためです。Bでも，色の違いをはっきり認識するために，実際の色より明るく見えるというマッハ効果が起きています。

資料2を見てください。点線で示されているのは人が目で見て知覚している色の明るさで，灰色の実線で示されているのは実際の色の明るさです。では，資料1のAは，資料2では，どの辺りになるでしょうか。

13番　先生が，労働者が持つ不満について話しています。この先生が，最近の傾向として注目していることはどれですか。

働きたくないと思っている人が増えていると言われていますが，その理由には働くことへの不満があります。では，労働者はどういう不満を持っているのでしょうか。

一つは，賃金の問題ですが，これは以前より不満に思う人が減っています。次に，決まりきった仕事ばかりで，自分のアイデアや工夫が生かされないことへの不満です。指示に従うばかりだと，やる気を失ってしまう人がいるようです。また，仕事を通じて自分が成長しているという実感がない場合も，自分はこれでいいのかという疑問を持つようになります。そして，最近増えているのが，自分の仕事が世の中の役に立っているのかどうかが分からない，という悩みです。

賃金が少ない，自分の能力が発揮できないなどの理由でやる気を失う人がいるのも事実ですが，それよりも，自分の仕事が社会においてどのような意味を持っているのかに悩み，働く意欲を持てずにいる人が増えているのです。

この先生が，最近の傾向として注目していることはどれですか。
1．世の中の役に立っている実感がないという不満
2．自分の仕事に対する社会的な評価が低いという不満
3．仕事を通じて自分の成長が感じられないという不満
4．自分のアイデアや工夫が生かされないという不満

14番　先生が，人間の食の行動について話しています。この先生は，食事で満腹になっても甘いものなら食べられる理由は何だと言っていますか。

日本には「甘いものは別腹」という言葉があります。おなかがいっぱいになっても，甘いものなら食べられるということです。これは実際に科学的にも証明されています。といっても，本当にもう一つ胃ができるわけではありません。ではなぜ，満腹でも甘いものは食べられるのでしょうか。

ここに興味深い実験があります。ある動物に何十分間か同じ味の食事を与え続けると途中で食べるのをやめてしまいます。しかし，違う味のものを与えると，また食べ始めるのです。これは人間にも当てはまります。つまり，満腹の時は，「しょっぱい」「すっぱい」「苦い」という味の感覚に飽きている状態ですが，通常の食事では，甘みの強い料理はあまり見かけませんから，まだ甘いという感覚には飽きていないのです。これが「甘いものは別腹」になる理由です。

この先生は，食事で満腹になっても甘いものなら食べられる理由は何だと言っていますか。
1．甘いにおいをかぐと食欲が刺激されるから
2．甘いものなら，いくら食べても食べ飽きないから

3．他の味覚と甘みでは感じる速度が異なるから
4．通常の食事には甘みの強い料理が少ないから

15番 先生と男子学生が，落語という伝統芸能について話しています。この男子学生は，落語を聴きに来るお客さんが少ない理由は何だと考えていますか。

先　　生：君は，落語についてのレポートを書くそうですね。
男子学生：はい，そのために学生割引でチケットを買って，落語を聴きに行きました。落語が行われている会場に行ったのは初めてです。
先　　生：いいですね。楽しめましたか？
男子学生：それが…。独特の言葉や古い言葉があって，落語は難しいと感じました。だから，お客さんが離れていくのではないでしょうか。聴きに来ているお客さんは少なかったです。
先　　生：確かに，とくに若い人には，落語の言葉はわかりにくいかもしれないですね。
男子学生：そうなんです。お客さんも，ほとんどが高齢の方でした。これでは，今後ますます落語が衰退していくと思います。そこで僕は，お客さんを増やすにはどうしたらいいのかをレポートに書くつもりです。
先　　生：いいアイデアは浮かびましたか？
男子学生：僕と同じように感じて，落語は難しいから聴きに行かないという人が多いと思うんです。だから，現代のわかりやすい言葉で落語を行うという案を考えました。
先　　生：なるほど。レポートの提出を楽しみにしていますよ。

この男子学生は，落語を聴きに来るお客さんが少ない理由は何だと考えていますか。
1．落語の話の内容が現代には合わないから
2．落語の会場が入りにくい雰囲気だから
3．落語で使われる言葉がわかりにくいから
4．落語のチケットが高いから

16番 先生が，専業主婦について話しています。この先生は，専業主婦はどんなことを意識すればよいと言っていますか。

　近年，結婚後も仕事を続ける女性の数が増えていて，働く女性を応援しようという社会の動きがあります。ところが，事情があって外で働くことができない人や，あえて外で働かないことを選んだ人は，この社会の動きに困惑しているという事実もあります。実際に，専業主婦の経験者に，「専業主婦であることにうしろめたさを感じたことがあるか」と質問したところ，約60％が「ある」または「少しはある」と回答しました。「ある」と答えた人に，なぜそう思うのかを質問すると「経済的に，夫に依存しているから」というのが主な理由でした。
　現在の，働く女性を応援しようという社会の動きは，決して主婦業を否定するものであってはなりません。専業主婦自身も，自分の役割に誇りを持ってほしいと思います。働きたい女性がより働きやすくなる社会を実現する一方で，専業主婦も社会にとって重要な存在であることを忘れてはいけません。

この先生は，専業主婦はどんなことを意識すればよいと言っていますか。

スクリプト

1. 家庭を経済的に支えている人に感謝すること
2. 専業主婦も社会を支える存在であると自信を持つこと
3. 家事も仕事であることを認識し，家事能力を高めること
4. 職に就くために，必要な技能を身につけること

17番 先生が，新しくできたホテルについて話しています。この先生は，今回新しくできたホテルは，今までのホテルと比べてどのような特徴があると言っていますか。

　最近ある街にできたホテルは，都市部に位置していますが，ビジネスマンではなく，観光客を対象としています。今までもそのようなホテルはありましたが，ホテル周辺の飲食店の人が，ホテルに経済効果を期待することはありませんでした。しかし，今回新しく建てられたホテルにはこれまでにないほど経済効果が期待されていて，話題になっています。
　その理由は，このホテルが，ホテルの中にそのままいるのでなく，外に出たいと思わせる多彩な仕掛けをしているからです。例えば，このホテルにはレストランがありません。これは夕食などを外の飲食店などで楽しんでもらうためなのです。また，ホテルの中では周辺の飲食店マップを配っています。つまり，あえてホテルの中で旅を完結させないという経営戦略なのです。ホテル周辺の経済が活性化して街全体が魅力あるものになれば，訪れる観光客はもっと増えます。ホテルは街と一体化してお客さんを呼び込もうとしているのです。

この先生は，今回新しくできたホテルは，今までのホテルと比べてどのような特徴があると言っていますか。
1. ホテルから街に出てもらうための工夫をしている。
2. ターゲットを観光客だけにしぼっている。
3. 人気の飲食店などが多い場所に建っている。
4. ホテル内の飲食店のマップを作成している。

18番 男子学生と女子学生が，面接について話しています。この女子学生は，面接で成功するためにはどうすればいいと言っていますか。

男子学生：今度の週末，大学院に行くための面接があるんだけど，自信がないんだよね。緊張して眠れなくなりそう。
女子学生：そうなんだ。確かに面接って，慣れていないとできる気がしないよね。
男子学生：うん，残り1週間でどう対策すればいいか，何かアドバイスがあれば教えてくれない？
女子学生：いいよ。まず，面接でどのようなことを聞かれるかを考えて，それに対する答えをまとめておくといいね。考えた質問がそのまま出ることはないにしても，考えた質問と答えを応用して，答えられると思う。
男子学生：なるほど。
女子学生：あ，でも暗記はだめだよ。もし暗記していたことを忘れたら，焦って実力を出せなくなることがあるからね。周りの人に面接官の代わりになってもらって，練習しておけばいいと思う。
男子学生：なるほど。そうだね。じゃあ，面接官の役をやってもらえる？
女子学生：もちろん。

男子学生:ありがとう。成功しそうな気がしてきたよ。

この女子学生は,面接で成功するためにはどうすればいいと言っていますか。
1. 面接の前の日によく眠るようにする。
2. 面接で話すことを,事前にすべて暗記する。
3. 成功するイメージを頭の中で描く。
4. 質問と答えを想定して,模擬面接をする。

19番 先生が,ゼミの選び方について話しています。この先生は,ゼミを選ぶときに,どのようなことを中心に考えるべきだと言っていますか。

ゼミは,自分が学びたい専門分野に対する理解を深めるための場所です。皆さんは,1年後に自分が入るゼミを選ぶことになっていますが,どのゼミに入るべきか,まだ迷っていると思います。

私も大学生のとき,入るゼミをすぐに決めることはできませんでした。そして最初は,ゼミの内容をよく調べることもせず,評判の良さそうなゼミや,居心地の良さそうなゼミに入ろうかな,としか考えていなかったのです。

しかし,ゼミに入る目的を改めて考えたときに,自分がどういう道に進みたいのかを考えて,それに合うゼミを選ばなければならないと思い直しました。そのように考えてゼミを決めた結果,充実した大学生活を送ることができ,競い合う友達もできました。どのゼミに入るかで大学生活やその後の充実度が変わってきます。

この先生は,ゼミを選ぶときに,どのようなことを中心に考えるべきだと言っていますか。
1. 自分の将来に役立ちそうかということ
2. 友達と一緒に入れるかということ
3. ゼミの評判がよいかということ
4. 居心地がよいかということ

20番 先生が,アブラムシという昆虫について話しています。この先生が,非常に興味深い仕組みだと言っているのはどういうことですか。

アブラムシは社会性の高い昆虫で,においを発することで互いにコミュニケーションを取っています。アブラムシは巣を作って集団で暮らしています。兵隊の役割をするアブラムシは,巣が狙われたり,巣の近くに天敵がいたりすると,においを発して,他のアブラムシに敵への攻撃や周囲の巡回に参加するように促します。そうすることで,巣を敵から守っているのです。

ところが,ごくたまに,兵隊の役割をするアブラムシのいない場所から,敵が巣を攻撃することがあります。敵の攻撃に気づかないと大きな被害が出てしまいます。しかし,この場合,非常に興味深い仕組みによって被害を食い止めています。巣の,攻撃によって壊された部分から危険を知らせるにおいが出るのです。これによってアブラムシは,逃げたり,敵を攻撃したりといった行動を始めることができるのです。

この先生が,非常に興味深い仕組みだと言っているのはどういうことですか。

スクリプト

1. 巣を攻撃している敵がにおいを出すこと
2. 巣の入り口を守っているアブラムシがにおいを出すこと
3. アブラムシは食べられた時ににおいを出すこと
4. 巣の，壊された場所がにおいを出すこと

21番 女子学生と男子学生が，信頼関係について話しています。この男子学生は，信頼関係を築くためにはどうすればよいと言っていますか。

女子学生：友達と仲良くなること自体はできるんだけど，その友達と深い信頼関係を築くことがなかなかできないんだよね。
男子学生：深い関係を築くことって難しいよね。僕もいろいろ試してみたけど，問題が起きて，上辺だけの関係になったり，関係が悪化したこともある。
女子学生：うん。それは本当によくわかる。本音で話して信頼関係を築こうと思っても，つい言い過ぎて，喧嘩になったりね。
男子学生：でも最近，良い方法を見つけられた気がするんだ。
女子学生：え？それはどんな方法？
男子学生：人間って，自分の良い部分を相手に見せて，評価されたいって思うよね。だから失敗を隠そうとするけど，むしろその失敗を相手に見せた方がいいんじゃないかな。相手に本当の自分を見せることができるから，相手も同じように本当の自分を見せるようになるんだ。そうすると良い関係を築いていけると思うんだ。
女子学生：なるほどね，うまくいく気がしてきたよ。

この男子学生は，信頼関係を築くためにはどうすればよいと言っていますか。
1. 相手の良い部分を褒める。
2. 自分の良い部分を相手に見せる。
3. 相手に自分の弱みを見せる。
4. 相手と，程よい距離を保つ。

22番 先生が，子供同士の喧嘩について話しています。この先生は，子供同士の喧嘩に対して，親はどのような態度をとるのが良いと言っていますか。

　子供は生まれてからしばらくは，自分一人の世界，または自分と親だけの世界で生きています。公園に遊びに行ったり，幼稚園や保育園へ入園したりしてはじめて，同世代の子供たちと出会います。それまでは，わがままを言っても親が聞いてくれましたが，子供同士となるとそうはいきません。お互いの欲求を叶えようとして喧嘩が起きることが多くあります。
　しかし，この子供同士の喧嘩が，いろいろな力を養うことにつながります。自分の意思を表現する力，相手の気持ちを考える力などがそれにあたります。これらはコミュニケーションの基本となるものです。つまり，子供同士の喧嘩は，生きていく上で必要な能力の土台作りとなるのです。ですから，親は子供同士が喧嘩を始めたとき，無関心ではいけませんが，行き過ぎた喧嘩にならない限りは無理に止めることはしないほうがよいのです。

この先生は，子供同士の喧嘩に対して，親はどのような態度をとるのが良いと言っていますか。
1．すぐに喧嘩を止める。
2．喧嘩のやり方を教える。
3．注意深く見守る。
4．何が起こっても無視する。

23番　女子学生と男子学生が，テレビの視聴について話しています。この女子学生は，テレビの視聴者数が減少した一番の原因は何だと考えていますか。

女子学生：そういえば，テレビ離れが起きているって，よく話題になっているよね。
男子学生：そうだね。何が原因なんだろう？パソコンやスマートフォンが普及してきたからかな。
女子学生：うん，そうかもね。テレビは一つの番組を見るのに時間がかかり過ぎるよ。パソコンやスマートフォンで動画を見るのと違って，好きな部分だけを見ることができないから。
男子学生：それに最近，放送されている番組がどれも似た内容で，つまらなくなっていることも原因だと思う。
女子学生：そうそう。パソコンやスマートフォンの普及より，そっちの方が深刻だと思う。あまり面白くないのに，出演者が無理に盛り上げているような番組が多いね。チャンネルを変えても同じような番組ばっかり。
男子学生：うん。さすがに飽きる。視聴者のニーズをきちんと研究してほしいよ。
女子学生：それができるかどうかが，視聴者の数を増やす上で大事だろうね。

この女子学生は，テレビの視聴者数が減少した一番の原因は何だと考えていますか。
1．テレビ番組の数が増え過ぎているから
2．テレビ番組の内容がつまらなくなっているから
3．テレビ以外の娯楽が多くなっているから
4．テレビを見る時間がなくなっているから

24番　先生が，子どもとインターネットについて話しています。この先生は，大人は子どもに対して，どのような態度をとればよいと言っていますか。

　子どもは，成長するにしたがって，周囲から得た情報をもとに話をするようになります。こういう時大人は，どこでその情報を手に入れたのかを子どもに確認してみましょう。「新聞に書いてあった」「本で読んだ」などの答えが返ってくると思います。
　この時，「インターネットで見た」と答えた場合は注意が必要で，子どもと一緒にその情報の内容を検証してみることが大切です。なぜなら，インターネットは新聞や書籍とは異なり誰でも情報を発信できるので，中には信用できない情報もあるのです。
　ですから，子どもに，その情報の発信者は誰なのか，何のために情報を発信しているのかなどを確認しながらインターネットを使うよう教えなければなりません。これを繰り返していけば，子どもは情報を吟味し，判断する力をつけていきます。

この先生は，大人は子どもに対して，どのような態度をとればよいと言っていますか。

スクリプト

1．子どもに，自分で情報を発信する機会を与える。
2．子どもに，情報の信頼性を確認する習慣をもたせる。
3．子どもがインターネットを使用できないようにする。
4．子どもに，正しい情報だけを与えるようにする。

25番　先生が，キツネという動物について話しています。この先生は，キツネの餌の摂り方について，どのように言っていますか。

　キツネは，人間と同じで何でも食べる動物です。しかし，人間のように毎日様々なものを食べるのではなく，季節によって食べるものを変えています。
　まず春には，森の中の動物を餌にします。この時期は，積もっていた雪がなくなり，餌になる動物を発見しやすくなることが理由だと考えられています。その後，短い期間ですが，人間から与えられた餌を食べる時期があります。自然界にある餌が相対的に減っていることが原因です。ですから，自然界に餌があれば，人間から与えられる餌を食べることはありません。そして，夏には，季節に応じて増えてきた昆虫を食べるようになります。そして，寒くなって昆虫が少なくなってくる時期は，木の実などを食べるようになります。

この先生は，キツネの餌の摂り方について，どのように言っていますか。
1．自然界にある餌が減ると，人間が与える餌を食べるようになる。
2．人間と同じように，毎日さまざまな種類の食べ物を摂っている。
3．人間から餌をもらうのは，自然界の餌より栄養が豊富だからである。
4．餌が少なくなっても人間から餌をもらうことはない。

26番　女子学生と男子学生が，就職活動について話しています。この女子学生は，就職活動の進め方について，どのような提案をしましたか。

女子学生：就職活動も本格化してくる頃だね。あなたは何を目指しているの？
男子学生：公務員だよ。ただ，公務員試験に受かるか心配で…。
女子学生：公務員だけなら確かに心配だね。民間企業は受けないの？
男子学生：勉強が忙しくてそこまで手が回らないよ。まあ，落ちた時に考えようかな。
女子学生：私の先輩であなたと同じような人がいたな。彼は結局落ちてしまって，その後慌てて民間企業の就職活動を始めていたけど，とても大変そうだったよ。
男子学生：そうなんだ…。まあ，公務員試験に落ちても，来年受け直すっていう手もあるよ。そうすれば一年間勉強できるし。
女子学生：うーん。でも，一応就職して，働きながら勉強を続ける方がいいんじゃないかな。時間ができると，あなたの場合，遊んでしまいそうだし。
男子学生：そんなことない…，と言いたいところだけど，確かにそうだね。早速，この後就職支援センターでどんな企業があるのか調べてみるよ。
女子学生：同時進行は大変だと思うけど，いつでも相談に乗るよ。

この女子学生は，就職活動の進め方について，どのような提案をしましたか。

1. 民間企業への就職活動はせず，公務員試験のみを受ける。
2. 公務員試験に落ちたら，民間企業の就職活動を始める。
3. 公務員を目指すのはやめて，民間企業だけを受ける。
4. 公務員を目指しながら，民間企業の就職活動も進める。

27番 先生が，心理学について話しています。この先生は，相手の気分を害さないように誘いを断るには，どうすればいいと言っていますか。

誘いを受けて，本当は断りたいと思っていても，相手に嫌われたくないという考えから，その誘いに乗る人も多いと思います。しかし，このようなことが増えると，自分を苦しめることになります。こういう時，うまく断ることができれば，相手との関係を良好に保つことができるとともに，自分を苦しめることもなくなります。

具体例を挙げて説明しましょう。すでに予定が入っている日に，仕事の取引先の相手から食事に誘われた場面を想定してください。このようなときに，「予定があるので行けません。」という返事だけでは，相手の気分を害する恐れがあります。そこで，このあとに，「来週の金曜日は空いていますが，どうでしょうか。」などと付け加えると，相手の気分が悪くなることもなくなり，相手に好印象を与えることも可能になるでしょう。

この先生は，相手の気分を害さないように誘いを断るには，どうすればいいと言っていますか。
1. 相手に代わりの案を提示する。
2. 相手に断る理由を伝える。
3. 柔らかい表現を使って断る。
4. 普段から良い関係を築いておく。

スクリプト

解答

解答

日本語 JAPANESE AS FOREIGN LANGUAGE　日本留学試験模擬試験
EJU Simulation Text for International Students

日 本 語　解 答 用 紙
JAPANESE AS FOREIGN LANGUAGE ANSWER SHEET

受験番号 Examinee Registration Number

名前 Name

↑ あなたの受験票と同じかどうか確かめてください。Check that these are the same as your Examination Voucher

注意事項 Note

1. 必ず鉛筆（HB）で記入してください。
   Use a medium soft (HB or No.2) Pencil.
2. この解答用紙を汚したり折ったりしてはいけません。
   Do not soil or bend this sheet.
3. マークは下のよい例のように、○わく内を完全にぬりつぶしてください。
   Marking Examples.

よい例 Correct	悪い例 Incorrect
●	⊘ ⦸ ◐ ○

4. 訂正する場合はプラスチック消しゴムで完全に消し、消しくずを残してはいけません。
   Erase any unintended marks completely and leave no rubber marks.
5. 所定の欄以外には何も書いてはいけません。
   Do not write anything in the margins.
6. この解答用紙はすべて機械で処理しますので、以上の1から5までが守られていないと採点されません。
   The answer sheet will be processed mechanically. Failure to observe instructions above may result in rejection from evaluation.

読解 Reading Comprehension

解答番号	解答欄 Answer			
	1	2	3	4
1	①	②	③	④
2	①	②	③	④
3	①	②	③	④
4	①	②	③	④
5	①	②	③	④
6	①	②	③	④
7	①	②	③	④
8	①	②	③	④
9	①	②	③	④
10	①	②	③	④
11	①	②	③	④
12	①	②	③	④
13	①	②	③	④
14	①	②	③	④
15	①	②	③	④
16	①	②	③	④
17	①	②	③	④
18	①	②	③	④
19	①	②	③	④
20	①	②	③	④
21	①	②	③	④
22	①	②	③	④
23	①	②	③	④
24	①	②	③	④
25	①	②	③	④

聴読解・聴解 Listening and Listening-Reading Comprehension

聴読解 Listening-Reading Comprehension

解答番号		解答欄 Answer			
		1	2	3	4
練習		①	②	●	④
1	正しい / 正しくない	①	②	③	④
2	正しい / 正しくない	①	②	③	④
3	正しい / 正しくない	①	②	③	④
4	正しい / 正しくない	①	②	③	④
5	正しい / 正しくない	①	②	③	④
6	正しい / 正しくない	①	②	③	④
7	正しい / 正しくない	①	②	③	④
8	正しい / 正しくない	①	②	③	④
9	正しい / 正しくない	①	②	③	④
10	正しい / 正しくない	①	②	③	④
11	正しい / 正しくない	①	②	③	④
12	正しい / 正しくない	①	②	③	④

聴解 Listening Comprehension

解答番号		解答欄 Answer			
		1	2	3	4
練習		①	②	●	④
13	正しい / 正しくない	①	②	③	④
14	正しい / 正しくない	①	②	③	④
15	正しい / 正しくない	①	②	③	④
16	正しい / 正しくない	①	②	③	④
17	正しい / 正しくない	①	②	③	④
18	正しい / 正しくない	①	②	③	④
19	正しい / 正しくない	①	②	③	④
20	正しい / 正しくない	①	②	③	④
21	正しい / 正しくない	①	②	③	④
22	正しい / 正しくない	①	②	③	④
23	正しい / 正しくない	①	②	③	④
24	正しい / 正しくない	①	②	③	④
25	正しい / 正しくない	①	②	③	④
26	正しい / 正しくない	①	②	③	④
27	正しい / 正しくない	①	②	③	④

解 答

第1回 実戦問題 解答

聴読解			聴 解		
問	解答番号	正解	問	解答番号	正解
1番	1	2	13番	13	3
2番	2	3	14番	14	1
3番	3	4	15番	15	1
4番	4	3	16番	16	2
5番	5	1	17番	17	3
6番	6	4	18番	18	4
7番	7	2	19番	19	4
8番	8	4	20番	20	2
9番	9	3	21番	21	3
10番	10	1	22番	22	1
11番	11	2	23番	23	3
12番	12	2	24番	24	2
			25番	25	3
			26番	26	3
			27番	27	4

第2回 実戦問題 解答

聴読解			聴 解		
問	解答番号	正解	問	解答番号	正解
1番	1	4	13番	13	3
2番	2	1	14番	14	4
3番	3	4	15番	15	1
4番	4	1	16番	16	2
5番	5	3	17番	17	3
6番	6	2	18番	18	3
7番	7	3	19番	19	4
8番	8	3	20番	20	3
9番	9	2	21番	21	2
10番	10	4	22番	22	4
11番	11	2	23番	23	3
12番	12	1	24番	24	4
			25番	25	1
			26番	26	1
			27番	27	2

第3回 実戦問題 解答

聴読解			聴 解		
問	解答番号	正解	問	解答番号	正解
1番	1	3	13番	13	2
2番	2	1	14番	14	1
3番	3	4	15番	15	3
4番	4	2	16番	16	4
5番	5	1	17番	17	2
6番	6	4	18番	18	1
7番	7	4	19番	19	2
8番	8	1	20番	20	3
9番	9	4	21番	21	3
10番	10	3	22番	22	2
11番	11	2	23番	23	3
12番	12	2	24番	24	1
			25番	25	4
			26番	26	1
			27番	27	2

第4回 実戦問題 解答

聴読解			聴 解		
問	解答番号	正解	問	解答番号	正解
1番	1	3	13番	13	1
2番	2	2	14番	14	2
3番	3	3	15番	15	4
4番	4	1	16番	16	1
5番	5	2	17番	17	3
6番	6	2	18番	18	1
7番	7	3	19番	19	2
8番	8	4	20番	20	3
9番	9	4	21番	21	4
10番	10	4	22番	22	3
11番	11	1	23番	23	1
12番	12	2	24番	24	3
			25番	25	4
			26番	26	4
			27番	27	2

解 答

第5回 実戦問題 解答

聴読解			聴解		
問	解答番号	正解	問	解答番号	正解
1番	1	2	13番	13	4
2番	2	1	14番	14	2
3番	3	3	15番	15	1
4番	4	4	16番	16	3
5番	5	2	17番	17	2
6番	6	2	18番	18	4
7番	7	3	19番	19	4
8番	8	4	20番	20	3
9番	9	1	21番	21	4
10番	10	1	22番	22	1
11番	11	3	23番	23	2
12番	12	2	24番	24	1
			25番	25	3
			26番	26	4
			27番	27	2

第6回 実戦問題 解答

聴読解			聴解		
問	解答番号	正解	問	解答番号	正解
1番	1	3	13番	13	1
2番	2	2	14番	14	4
3番	3	1	15番	15	3
4番	4	2	16番	16	4
5番	5	3	17番	17	1
6番	6	4	18番	18	2
7番	7	2	19番	19	2
8番	8	4	20番	20	3
9番	9	1	21番	21	2
10番	10	3	22番	22	4
11番	11	1	23番	23	3
12番	12	3	24番	24	4
			25番	25	1
			26番	26	1
			27番	27	2

第7回 実戦問題 解答

聴読解			聴解		
問	解答番号	正解	問	解答番号	正解
1番	1	4	13番	13	4
2番	2	3	14番	14	1
3番	3	4	15番	15	3
4番	4	2	16番	16	2
5番	5	4	17番	17	1
6番	6	1	18番	18	1
7番	7	1	19番	19	4
8番	8	3	20番	20	3
9番	9	1	21番	21	2
10番	10	3	22番	22	3
11番	11	2	23番	23	1
12番	12	2	24番	24	2
			25番	25	4
			26番	26	3
			27番	27	4

第8回 実戦問題 解答

聴読解			聴解		
問	解答番号	正解	問	解答番号	正解
1番	1	2	13番	13	1
2番	2	1	14番	14	3
3番	3	1	15番	15	4
4番	4	3	16番	16	1
5番	5	2	17番	17	3
6番	6	2	18番	18	2
7番	7	1	19番	19	4
8番	8	4	20番	20	2
9番	9	3	21番	21	1
10番	10	4	22番	22	3
11番	11	2	23番	23	2
12番	12	4	24番	24	1
			25番	25	4
			26番	26	2
			27番	27	1

解　答

第9回　実戦問題　解答

聴読解			聴　解		
問	解答番号	正解	問	解答番号	正解
1番	1	3	13番	13	1
2番	2	1	14番	14	3
3番	3	2	15番	15	4
4番	4	3	16番	16	4
5番	5	2	17番	17	2
6番	6	3	18番	18	3
7番	7	1	19番	19	1
8番	8	3	20番	20	2
9番	9	1	21番	21	4
10番	10	3	22番	22	3
11番	11	2	23番	23	4
12番	12	3	24番	24	2
			25番	25	1
			26番	26	4
			27番	27	3

第10回　実戦問題　解答

聴読解			聴　解		
問	解答番号	正解	問	解答番号	正解
1番	1	2	13番	13	1
2番	2	1	14番	14	4
3番	3	3	15番	15	3
4番	4	4	16番	16	2
5番	5	2	17番	17	1
6番	6	3	18番	18	4
7番	7	4	19番	19	1
8番	8	1	20番	20	4
9番	9	1	21番	21	3
10番	10	2	22番	22	3
11番	11	2	23番	23	2
12番	12	2	24番	24	2
			25番	25	1
			26番	26	4
			27番	27	1

시사일본어학원 수원EJU플랜센터
EJU 일본대학전문학원

EJU문과종합반　**EJU이과종합반**　**미대(예체능)대비반**

시사 EJUplan이 일본 명문대 진학의 길을 열어드립니다!

01 최단기간 합격에 맞춘 최상의 커리큘럼(타의 추종을 불허하는 스케줄!!)
- 초단기간에 N2완성 및 EJU 전과목 학습 시작
- 한자/독해/회화/문법의 체계적인 학습(어학연수 프로그램도입)
- 스케줄대로 따라 오면 반드시 고득점이 나온다.

02 담임제 학원입학부터 최종 대학입학까지 관리
- 담임선생님이 최종 입학때 까지 학습 관리
- 일본유학 상담 12년 경력의 상담선생님의 주기적인 관리
- 3개월 단위 부모님 상담 및 학습성취도 관리

03 최고의 강사진이 고득점을 반드시 달성한다.
- 서울 유명학원의 강사진을 능가하는 최고의 강사진
- JLPT 및 EJU 전과목 강사진의 탁월한 강의력

04 체계적인 대학지원 및 전략수립 원서대행
- 12년 경력의 전문상담 선생님의 대학지원 상담
- 최근 5년 합격/불합격 자료를 바탕으로 반드시 합격시킨다.

05 본고사 및 면접대비/지망이유서의 체계적인 관리
- 이제 EJU점수만으로 합격을 안심할 수 없다.
- 구두시문/본고사완벽대비/ 면접/지망이유서의 체계적인 작성
- 최다 일본인 선생님의 전방위적인 지원

06 영어성적이 이제 명문대 합격을 좌우한다.
- 20년 경력의 토플선생님이 반드시 고득점을 보장한다.
- 최고의 토익강사진이 단기간에 토익 목표 달성

www.sisasuwon.co.kr

수원역점 수원역 9번출구 031) **224-1582**
영 통 점 영통역 1번출구 031) **273-7311**

문과·예체능 유학 전문
토토로하우스어학원

토토로하우스에서는 당신이 주인공입니다.

토토로하우스가
이 모든 과정의
동반자가 되겠습니다.

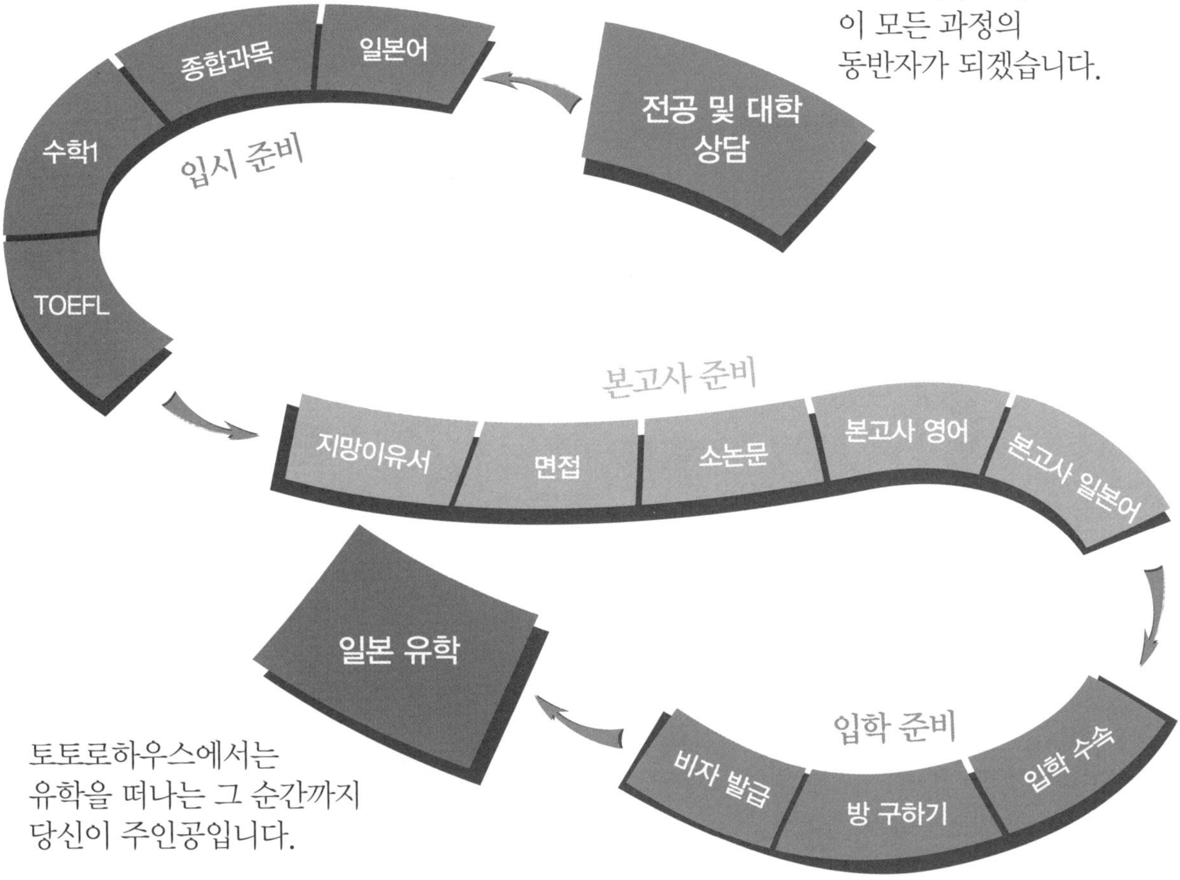

입시 준비
- 수학1
- 종합과목
- 일본어
- TOEFL
- 전공 및 대학 상담

본고사 준비
- 지망이유서
- 면접
- 소논문
- 본고사 영어
- 본고사 일본어

입학 준비
- 입학 수속
- 방 구하기
- 비자 발급

일본 유학

토토로하우스에서는
유학을 떠나는 그 순간까지
당신이 주인공입니다.

강남점
서울 강남구 강남대로 354 14층,
TEL (02)538-1213
http://www.yuhak.totorohouse.co.kr

홍대점
서울 마포구 와우산로23길 9 6층
TEL (02)322-5237
http://www.totorohouse.co.kr

EJU 수험생 필독서

「일본유학시험(EJU) 일본어단어·어휘 10000어」

온라인 테스트 10,000문제 제공!

일본 유명 진학 학원 메코시코주쿠 편저

국내 유일의 EJU 단어집

12년분 EJU 출제 단어 빈도순 수록

▶ 일본어 학습자를 위한 궁극의 단어집!

▶ EJU 중요 키워드 수록!

▶ 음성 녹음 파일로 생생한 일본어 학습 가능!

▶ 본시험에 가까운 예문 수록!

▶ 단어 암기용 셀로판지 포함!

(주)해외교육사업단 발행 | 536페이지 | 정가 20,000원

메코시코주쿠 일본유학시험(EJU) 실전문제집 시리즈

일본어 기술·독해	일본어 청독해·청해	종합과목	수학 코스1	수학 코스2

㈜해외교육사업단 발행 도서

일본유학시험(EJU)
2023년 2회 기출문제

일본유학시험(EJU)
대비 개념서 하이레벨
종합과목 개정 제2판

일본유학시험(EJU)
대비 개념서 하이레벨
이과 물리·화학·생물 개정판

일본유학시험(EJU)
대비 개념서 하이레벨
수학 코스1

일본유학시험(EJU)
모의시험 10회분
일본어 기술·독해

일본유학시험(EJU)
모의시험 10회분
일본어 청독해·청해

일본유학시험(EJU)
실전문제집(10회분)
일본어 기술·독해 vol.1

일본유학시험(EJU)
실전문제집(10회분)
일본어 청독해·청해 vol.1

일본유학정보도서
일본대학 학과도감

일본유학정보도서
일본 고등학교 유학가기

일본유학정보도서
일본 유학으로 성공하기

일본유학정보도서
일본 유학 수속 가이드

▶ 판매처 : 교보문고, 영풍문고, 예스24, 알라딘, 인터파크 (각 서점 및 사이트에서 구입 가능)

▶ 해외교육사업단 : 전화 02-552-1010/ 팩스 02-552-1062/ 이메일 hedc@hed.co.kr

일본유학시험(EJU) 실전문제집
일본어 청독해·청해 Vol. 1

발 행 일 :	2019년 11월 20일 초판 1쇄
	2021년 10월 01일 초판 2쇄
	2024년 09월 03일 초판 3쇄
저 자 :	메코시코주쿠 (名校志向塾)
발 행 인 :	송부영
발 행 처 :	(주)해외교육사업단
출 판 등 록 :	제16-1456호
주 소 :	서울시 서초구 강남대로 381
전 화 :	02-736-1010
이 메 일 :	song@hed.co.kr
홈 페 이 지 :	www.hedgroup.co.kr

* 이 도서의 국립중앙도서관 출판예정도서목록(CIP)은 서지정보유통지원시스템 홈페이지(http://seoji.nl.go.kr)와 국가자료종합목록 구축시스템(http://kolis-net.nl.go.kr)에서 이용하실 수 있습니다. (CIP제어번호 : CIP2019045187)
* 이 책은 저작권법에 의해 보호를 받는 저작물이므로 무단 전재와 복제를 금합니다.
* 잘못된 책은 구입하신 서점이나 본사에서 교환해드립니다.